中国科普场馆年鉴

2015卷

中国自然科学博物馆协会　编

中国科学技术出版社
·北　京·

图书在版编目（CIP）数据

中国科普场馆年鉴 2015 卷 / 中国自然科学博物馆协会编.
—北京：中国科学技术出版社，2016.3
ISBN 978-7-5046-7102-8

Ⅰ. ①中… Ⅱ. ①中… Ⅲ. ①科学技术－展览馆－中国－2015－年鉴 Ⅳ. ① G245-54

中国版本图书馆 CIP 数据核字 (2016) 第 043314 号

责任编辑	韩　颖　李双北
装帧设计	中文天地
责任校对	刘洪岩
责任印制	张建农

出　　版	中国科学技术出版社
发　　行	科学普及出版社发行部
地　　址	北京市海淀区中关村南大街 16 号
邮　　编	100081
发行电话	010-62103130
传　　真	010-62179148
网　　址	http://www.cspbooks.com.cn

开　　本	889mm × 1194mm　1/16
字　　数	400 千字
印　　张	11.25
版　　次	2016 年 5 月第 1 版
印　　次	2016 年 5 月第 1 次印刷
印　　刷	北京华联印刷有限公司
书　　号	ISBN 978-7-5046-7102-8 / G · 715
盘　　号	ISBN 978-7-900282-29-3
定　　价	48.00 元（含 1CD-ROM）

年鉴编委会

年鉴编辑部

编写说明

1.《中国科普场馆年鉴 2015 卷》是由中国自然科学博物馆协会编辑的用于汇集我国自然科学类博物馆的现状、发展情况等重要信息的年鉴类出版物。中国自然科学博物馆协会作为在民政部正式注册的国家一级学会，自 1980 年成立以来，致力于促进我国自然科学类博物馆相互之间的业务交流，为推动行业发展做出了重要贡献。协会现有正式注册单位会员 500 余家，下设 9 个专业委员会和 7 个工作委员会，单位会员绝大部分为自然科学类博物馆。《中国科普场馆年鉴 2014 卷》已于 2014 年 12 月正式出版发行，这是协会首次编辑《中国科普场馆年鉴》，结束了我国自然科学类博物馆长期以来缺乏行业信息汇总的正式出版物的历史。年鉴计划每年出版一卷,《中国科普场馆年鉴 2015 卷》汇集了中国自然科学博物馆协会单位会员 2014 年整体情况。本卷年鉴的问世将继续为我国科普基础设施整体服务能力的提高提供可分析研究的信息和数据基础，对行业的发展具有重要的参考和指导意义。

2.《中国科普场馆年鉴 2015 卷》共收录 182 家科普场馆信息，所列场馆全部为中国自然科学博物馆协会注册会员。“场馆信息篇”中所列场馆按照协会专业委员会隶属关系进行分类，每个专业委员会的会员场馆按照理事单位、行政区划顺序排序。在 2014 卷年鉴基础上，本卷年鉴根据工作需要，增加了“科普场馆特效影院”“地方自然科学类博物馆组织”及“自然科学类博物馆相关企业”，收录信息覆盖面进一步拓展。

3. 年鉴中出现的场馆数据为各会员场馆依据协会下发统一资料模板提供并经法定代表人认可，在编辑过程中不做修改；为保证文字风格统一，对资料中的项目顺序、文字叙述进行适当调整和删减。

4. “科普场馆特效影院专业委员会”由于专业特殊性，由“影院概述”“影院设备与资源”项目代替其他专业委员会场馆中的相应项目。

5. 特效影院基本上附属于其他场馆，是整体场馆的组成部分，故作为科普场馆特效影院专业委员会成员场馆呈现信息时只列出与影院工作相关的部分。

6. 由于资料收集原因，自然保护区专业委员会所属单位会员信息量较少，更多的信息将在今后年鉴编辑工作中呈现。

7. 2015 卷年鉴增设“年度发展篇”这一新的部分，收录协会 2014 年开展的研究项目报告，呈现协会学术研究的基本面貌。

中国自然科学博物馆协会承办第十六届中国科协年会第 16 分会场

中国科协副主席、中国自然科学博物馆协会理事长程东红在第十六届中国科协年会第 16 分会场开幕式上致辞

中国科协党组成员、中国自然科学博物馆协会常务副理事长、中国科技馆馆长束为出席第十六届中国科协年会第 16 分会场并致辞

中国自然科学博物馆协会名誉理事长李象益在第十六届中国科协年会第 16 分会场做专题报告

上海师范大学教授鲍贤清在第十六届中国科协年会第 16 分会场做专题报告

美国洛杉矶加州大学教授桑多瓦尔在第十六届中国科协年会第 16 分会场做专题报告

●2014 年 12 月 8 日，中国自然科学博物馆协会六届二次常务理事会在广西南宁召开

●中国自然科学博物馆协会六届二次常务理事会期间，举行《中国科普场馆年鉴》及《维度》首发式

●中国自然科学博物馆协会 2014 年联络员工作会议在北京召开

●中国省市自然科学博物馆协会 2014 年工作会议在四川成都召开

●中国自然科学博物馆协会参加中国科协会员日活动

●中国自然科学博物馆协会按照中国科协机关党委要求帮助鄱阳湖湿地公园建立“科学大讲堂”项目

●2014 年全国科技馆发展论坛

●第四届全国科技馆馆长培训班合影

●第二十届水族馆专业委员会年会合影

●2014 年 6 月 23 日，第 22 届国际天文馆学会大会在北京天文馆开幕

●2014 年 11 月 1 日，专业科技博物馆委员会年会暨学术交流会在浙江杭州召开

●2014 年 8 月 8 日，湿地博物馆专业委员会年会在甘肃张掖召开

●国土资源博物馆专业委员会国际学术论坛活动在湖南长沙举行

●科普场馆特效影院专业委员会主任工作会议在北京召开

●展项研发与环境设计工作委员会工作会议在安徽合肥召开

●《维度》杂志中文版第1期封面

●《中国科普场馆年鉴2014卷（上）》封面效果图

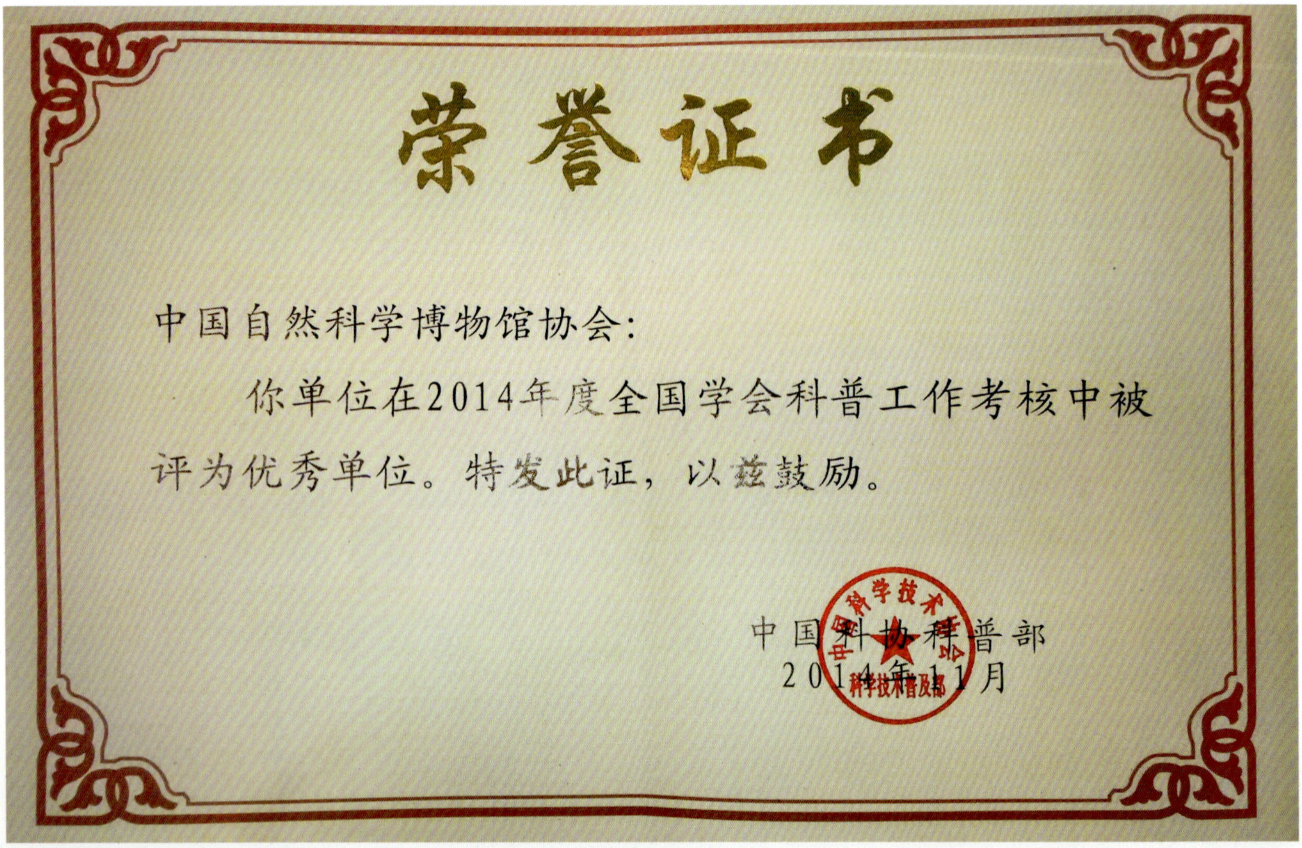

荣誉证书

中国自然科学博物馆协会：

你单位在2014年度全国学会科普工作考核中被评为优秀单位。特发此证，以兹鼓励。

中国科协科普部
2014年11月

●中国自然科学博物馆协会获评“2014年度全国学会科普工作优秀单位”

序

2014年，是我国全面深化改革、全面推进依法治国、加快现代化发展进程中具有重要意义的一年。中国自然科学博物馆协会将自身发展融入国家社会发展的大格局中，以钉钉子精神，将“创新·提升”作为年度发展关键词，在中国科协悉心指导下，在各单位会员和个人会员的大力支持下，凝聚社会力量、提升服务能力、搭建学术平台，基础工作继续稳固夯实，重点工作取得了卓有成效的突破。《中国科普场馆年鉴》就是协会及会员单位各项工作成果的具体结晶、集中展示和记忆留存。

继《中国科普场馆年鉴2014卷》取得良好社会反响后,《中国科普场馆年鉴2015卷》又与读者见面了，这是协会第二次发行年鉴类出版物。《中国科普场馆年鉴》是镌刻中国自然类科学博物馆历史年轮的丰茂大树，是展示我国科普场馆和中国自然科学博物馆协会发展轨迹、工作脉络的史料性参考书，是社会各界了解协会、达成共识的权威性工具书，是促进交流与合作的平台和窗口。

2014年，也是中国自然科学博物馆协会发展中的一个重要年份。为了更加全面展现2014年我国自然科学博物馆行业发展取得的丰硕成绩，在上一年度基础上，协会年鉴工作委员会和编辑部对《中国科普场馆年鉴2015卷》进行了探索和改进。一是力求完整反映行业概貌。除各科普场馆，还新增了省级自然科学博物馆协会、科普企业等领域，尽可能全面展现我国自然科学博物馆行业各个领域开展的富有特色的工作。二是力求加大研究与分析的内容。在学术层面加强对协会的发展研究，对已取得的成绩进行科学分析，对未来发展进行细致的研判，逐步提供用于把握行业状况和辅助决策的参考依据。

《中国科普场馆年鉴2015卷》编辑工作得到了中国科协的指导和关心，得到了协会各专委会、各会员单位的支持和配合，正因如此，本版年鉴在资料采集、内容编排和文章质量等方面得以持续改进和提高。但由于受人力、时间、掌握素材等方面的局限性以及编辑水平和能力所限，在把握行业重点、采集数据、提高文字质量等方面仍留有很多遗憾和不足。在本版年鉴出版之际，谨向关心支持中国自然科学博物馆行业年鉴编辑工作的各界人士表示衷心感谢。让我们全体自然科学博物馆人共同推进行业的持续健康发展，积极投身全面深化改革，为实现中国梦做出不懈努力！

目录
CONTENTS

年度发展篇

专题研究报告

全国自然科学类博物馆人才结构现状和需求调研报告······005
专业科技博物馆“十三五”规划研究专题报告······053

附　　录

大事记

中国自然科学博物馆协会 2014 年大事记······073

重要活动及文件

中国自然科学博物馆协会 2014 年工作总结和 2015 年工作要点······077
第十六届中国科协年会第 16 分会场学术交流活动圆满落幕······082
中国自然科学博物馆协会六届二次常务理事会在南宁召开······084
中国省市自然科学博物馆协会 2014 年工作会议在四川科技馆召开······086
中国自然科学博物馆协会 2014 年联络员工作会议在京召开······087
关于变更及增补理事、常务理事的决定······088
关于表彰 2014 年度优秀集体和优秀工作者的决定······089
《维度》杂志中文版印刷发行······091

索引

展览名称分类索引······095
教育活动名称分类索引······108
项目名称索引······139
研究成果名称索引······145
特效影院索引······161

电子光盘目录
CD CATALOG

年度发展篇

专题研究报告

全国自然科学类博物馆人才结构现状和需求调研报告……005
专业科技博物馆“十三五”规划研究专题报告……053

场馆信息篇

自然历史博物馆

北京自然博物馆……073
北京麋鹿生态实验中心……085
成都大熊猫繁育研究基地……095
辽宁古生物博物馆……105
重庆自然博物馆……114
自贡恐龙博物馆……126

科学技术馆

中国科学技术馆……141
上海科技馆……165
广东科学中心……179
天津科学技术馆……188
河北省科学技术馆……196
山西省科学技术馆……207
内蒙古自治区科学技术馆……222

乌海科学技术馆（乌海市青少年宫）……225
内蒙古巴彦淖尔市青少年科学技术馆……231
内蒙古巴彦淖尔市乌拉特中旗科技馆……239
辽宁省科学技术馆……244
沈阳科学宫……248
葫芦岛市科学技术馆……255
吉林省科技馆……260
长春中国光学科学技术馆……265
黑龙江省科学技术馆……272
大庆市青少年科技文化活动中心……287
江苏省科学技术馆……291
南京科技馆……301
张家港科技馆……313
盐城市科技馆……321
浙江省科技馆……327
中国杭州低碳科技馆……339
宁波科学探索中心管理有限公司……354
温州科技馆……367
嘉兴市科技馆……375
湖州市科学技术馆……382
安徽省科学技术馆……389
合肥市科技馆……395
合肥现代科技馆……404
安徽省蚌埠市科学技术馆……411
福建省科技馆……418
厦门科技馆管理有限公司……427
江西省科学技术馆……437
山东省科学技术宣传馆……445
河南省科学技术馆……458
郑州科学技术馆……464
焦作市科技馆……473
湖北省科学技术馆……479
黄石市科学技术馆……483
荆门市科技馆……492
湖南省科学技术馆……497
广东科学馆……506

深圳市科学馆……515
佛山科学馆……520
东莞科学馆……526
东莞市科学技术博物馆……536
广西壮族自治区科学技术馆……546
重庆科技馆……566
四川科技馆……578
贵州科技馆……591
毕节市科技馆……605
云南省科学技术馆……612
陕西科学技术馆……616
延安市科学技术馆……621
甘肃科技馆……626
青海省科学技术馆……630
新疆科学技术馆……644
乌鲁木齐科学技术馆……653

水族馆

青岛水族馆……663
北京工体富国海底世界娱乐有限公司……669
天津海昌极地海洋世界……674
大连老虎滩海洋公园……680
大连圣亚海洋世界……684
大丰港海洋世界……688
上海海洋水族馆有限公司……693
宁波神凤海洋世界有限公司……697
台州鼎泰海洋世界开发有限公司……704
厦门海底世界有限公司……709
青岛汇泉海洋科技开发有限公司……714
青岛极地海洋世界有限公司……720
烟台渔人码头投资有限公司旅游管理分公司……727
泉城海洋极地世界……733
海底世界（湖南）有限公司……738
华侨城欢乐海岸投资有限公司……743
南宁海底世界……745
广西北海市海底世界旅游有限公司……751

成都极地海洋实业有限公司管理分公司……754
香港海洋公园……759

天文馆

北京天文馆……771
河北省科学技术馆天文馆……781
石家庄学院天文馆……787
中国科学院紫金山天文台……789
中国科学院紫金山天文台青岛观象台……794

专业科技博物馆

中国农业博物馆……803
中国电信博物馆……816
中国铁道博物馆……819
中国消防博物馆……831
中国煤炭博物馆……838
中国电影博物馆……846
中国水利博物馆……858
中国妇女儿童博物馆……865
中国丝绸博物馆……872
中国航空博物馆……878
中国园林博物馆北京筹备办公室……883
北京汽车博物馆……897
北京自来水博物馆……910
詹天佑纪念馆……916
中国第四纪冰川遗迹陈列馆……922
中华航天博物馆……926
黄河水利委员会黄河博物馆……930

湿地博物馆

中国湿地博物馆……937
北京延庆野鸭湖湿地自然保护区管理处……945
包头市南海湿地管理处……952
上海崇明东滩鸟类国家级自然保护区……957
泰州市姜堰区溱湖风景区开发建设有限公司……961
宁海县海洋生物博物馆……965

宁国市自然博物馆……970
洪泽湖博物馆……974
张掖湿地博物馆……976
山东黄河三角洲国家级自然保护区湿地博物馆……980

国土资源博物馆

中国地质博物馆……989
中国地质调查局国土资源实物地质资料中心……1001
中国房山世界地质公园博物馆……1012
山西地质博物馆……1017
本溪地质博物馆……1025
吉林大学地质博物馆……1030
黑龙江省地质博物馆……1034
南京地质博物馆……1039
常州恐龙园股份有限公司……1047
安徽省地质博物馆……1057
江西省地质博物馆……1064
中国地质博物馆烟台馆暨烟台自然博物馆……1068
河南省地质博物馆……1074
中国地质大学逸夫博物馆……1082
中国地质博物馆黄果树馆（黄果树奇石馆）……1087
湖南省地质博物馆……1091
成都理工大学博物馆……1097
中国石林喀斯特地质博物馆……1105
甘肃地质博物馆……1112
青海省国土资源博物馆……1121
宁夏回族自治区地质博物馆……1126
新疆地质矿产博物馆……1133

自然保护区

青海湖国家级自然保护区管理局……1143
广东粤北华南虎省级自然保护区管理处……1146

科普场馆特效影院

中国科学技术馆特效影院……1153

北京天文馆特效影院……1157
天津科学技术馆特效影院……1162
河北省科学技术馆特效影院……1164
山西省科学技术馆特效影院……1166
内蒙古自治区科学技术馆特效影院……1168
沈阳科学宫特效影院……1171
大连金石滩旅游集团有限公司文化博览广场特效影院……1174
本溪地质博物馆特效影院……1177
黑龙江省科学技术馆特效影院……1179
江苏省科学技术馆特效影院……1182
盐城市科技馆特效影院……1185
中国杭州低碳科技馆特效影院……1188
宁波科学探索中心特效影院……1191
安徽省科学技术馆特效影院……1194
江西省科学技术馆特效影院……1196
临沂市科技馆特效影院……1201
襄阳市科技馆特效影院……1205
湖南省科学技术馆特效影院……1208
深圳市宝安区科技馆特效影院……1211
东莞市科学技术博物馆特效影院……1215
广西壮族自治区科学技术馆特效影院……1217
重庆科技馆特效影院……1220
贵州省科技馆特效影院……1222
青海省科学技术馆特效影院……1224

地方自然科学博物馆社团组织

河北省自然科学博物馆协会……1229
江苏省科普场馆协会……1233
山东省科技场馆协会……1237
广东省科技馆研究会……1242
四川省自然科学博物馆协会……1247
新疆自然博物馆协会……1251

自然科学类博物馆相关企业

大连博涛多媒体技术股份有限公司……1257
上海红珊瑚科技发展有限公司……1263

广州宏达工程顾问有限公司……1265
合肥安达创展科技股份有限公司……1269
宁波新文三维股份有限公司……1274
宁波考工记产品创意有限公司……1277
浙江科信文化发展有限公司……1282
上海宽创展览展示有限公司……1285
塔米智能科技（北京）有限公司……1290
自贡市挚诚科技有限公司……1293

附　　录

大事记

中国自然科学博物馆协会 2014 年大事记……1301

重要活动及文件

中国自然科学博物馆协会 2014 年工作总结和 2015 年工作要点……1305
第十六届中国科协年会第 16 分会场学术交流活动圆满落幕……1310
中国自然科学博物馆协会六届二次常务理事会在南宁召开……1312
中国省市自然科学博物馆协会 2014 年工作会议在四川科技馆召开……1314
中国自然科学博物馆协会 2014 年联络员工作会议在京召开……1315
关于变更及增补理事、常务理事的决定……1316
关于表彰 2014 年度优秀集体和优秀工作者的决定……1317
《维度》杂志中文版印刷发行……1319

索引

展览名称分类索引……1323
教育活动名称分类索引……1336
项目名称索引……1367
研究成果名称索引……1373
特效影院索引……1389

年度发展篇

专题研究报告

全国自然科学类博物馆人才结构现状和需求调研报告

摘 要

全国自然科学类博物馆人才结构调研及队伍建设研究主要采用定量分析和质性分析两种方法。在定量分析中，共回收了67家博物馆（科技馆23家，自然博物馆11家，专业馆8家）的752份问卷，在质性分析中，共对14家有代表性的博物馆（科技馆6家，自然博物馆6家，专业馆2家）的馆领导和人事部门领导进行了访谈。

通过定量分析，得到全国自然科学类博物馆人才队伍结构现状、人才队伍建设现状及人才队伍建设的需求。具体而言，在人才队伍结构方面，主要分为性别结构、年龄结构、专业结构、学历结构和职称结构五个方面，其中，主要反映的问题是人员学历和职称偏低；人才队伍建设现状主要从招聘、培养和评价三个方面进行考量，存在问题在于人才培养内容和形式比较传统，效果不是很好，范围覆盖不是很全面。总的来说，各场馆在人才队伍建设方面还有许多可以完善和提高的空间。

通过质性分析，对全国自然科学类博物馆人才队伍建设存在的问题进行剖析，问题主要有三个方面，首先，人才供需错位导致合适人才缺失；其次，人才培养不力导致人才成长缺乏持续性；最后，人才管理不善导致人才发展受阻。

对于人才队伍存在的问题，本报告从场馆形象打造、模式与标准构建以及培训机制建立三个方面提出了全国自然科学类博物馆人才队伍建设的策略。

第一部分 研究背景

一、人才相关概念概述

人才是指在某一方面有才能或本事的人。在中共中央、国务院2010年6月6日印发的《国家中长期人才发展规划纲要（2010—2020年）》中指出，人才是指具有一定的专业知识或专门技能，进行创造性劳动并对社会做出贡献的人，是人力资源中能力和素质较高的劳动者。“队伍”是借来词语，原意是指军队队型、行列。现代汉语中常用“队伍”引申出的含义，即“指某个有团体协作的全部人员”。为了可以将本报告所研究的对象全部包含进去，报告使用了“人才队伍”的概念，将自然科学类博物馆中具有一定专业知识或专门技能、进行创造性劳动并对博物馆发展事业做出贡献的人都作为研究对象。

根据我国博物馆的性质，主要分为社会历史类博物馆、自然科学类博物馆、文化艺术类博物馆和综合类博物馆。其中，自然科学类博物馆主要是以自然界和人类认识、保护和改造自然为内容的博物馆，细分起来又可以划分为一般的自然博物馆、科技馆和专业馆，本报告中使用的分类方法就是上述提到的“三分法”。

自然科学类博物馆中的人才队伍按照不同的标准可以分为不同的群体，例如按照行政层级，可以分为馆领导、部门领导和普通员工；按照职称情况，可以分为正高级、副高级、中级和初级；按照岗位情况，又可以分为专业技术岗位、管理岗位以及工勤岗位。为了保证研究报告的严谨，在本报告中所有提到的“人才队伍”都是指在自然科学类博物馆中工作的人员，在不同的章节按照研究需要，对人才队伍进行了更加细致的分类，以便于了解自然科学类博物馆中的人才队伍特点以及现存问题，为提出有针对性的策略做好前期铺垫。

二、加强自然科学类博物馆人才队伍建设是新时代、新形势的必然要求

现代化科学传播技术的迅猛发展要求不断加强自然科学类博物馆人才队伍建设。科技创新与科学普及是我国科技工作发展的“一体两翼”。“十二五”是我国全面建设小康社会的关键时期，也是科技发展取得重要成就的五年。在党中央、国务院的正确领导下，我国的科技工作坚持“自主创新、重点跨越、支撑发展、引领未来”的指导方针，坚定不移地走中国特色自主创新的道路，将科技发展放在突出位置，科学创新能力加速提升，科技资源总量快速增加，科技支撑引领作用日益凸显，自主创新环境不断优化。在这样的科技大背景下，我国的科学传播事业不断增添新的活力，主要表现在科普基础设施的不断完善、科学传播手段的现代化程度不断增强。尤其是随着近年来科普基础设施建设掀起了热潮，在科普基础设施快速增长的同时也带来了全国科技馆观众量的明显增长。2002 年全国科技馆接待观众总数约 850 万人次。根据不完全统计，2010 年全国科技馆接待观众总量超过 2100 万人次，其中中国科技馆和上海科技馆年接待观众量均超过了 300 万人次，广东科学中心、山东省科技馆、四川省科技馆等科技馆年接待观众量均超过了 100 万人次。科技馆已成为全国各类科技类博物馆中观众总量和平均观众量最多的场馆类型。

科普场馆建设规模的剧增对科普人才队伍提出了更高的要求。新媒体技术等现代化科学传播手段的不断涌现，为开展科学传播工作提供了诸多便利，但同时也为提高自然科学类博物馆人才队伍的素质提出了新的难题。扩大人才队伍的培训内容，更新人才队伍的培训方式，增强培养人才队伍的效果，都成为新时期自然科学类博物馆所要解决的问题。因此，我们需要在加强自然科学类博物馆人才队伍建设上下大功夫，为科学传播工作的顺利开展提供有力支撑。

提升我国公民科学素质的国家战略规划要求不断加强自然科学类博物馆人才队伍建设。普及科学技术，提高全民科学素质，既是增强自主创新能力、建设创新型国家与和谐社会的内在要求，也是营造创新环境、培育创新人才的基础工程，必须作为国家的长期任务和全社会的共同任务抓紧抓好。人才是第一资源，是社会文明进步、人民富裕幸福、国家繁荣昌盛的重要推动力量。科普事业的发展离不开科普人才队伍的支撑。实施“人才强国”战略要求自然科学类博物馆不断加强人才队伍建设。当今世界正处于大发展、大变革、大调整时期，科学进步日新月异，知识经济方兴未艾，人才发展是在激烈的国际竞争中赢得主动权的重大战略选择。

我国正处于改革发展的关键阶段，为全面建设小康社会，实现中华民族伟大复兴，必须大力提高国民素质，在继续发挥我国人力资源优势的同时，加快形成我国人才竞争的比较优势，逐步实现由人力资源大国向人才强国的转变。我国自然科学类博物馆人才队伍随着社会经济的不断发展，特别是改革开放以来得到了一定程度的壮大，但是与国家人才强国战略的要求还有一定差距，主要表现在：专职科普人才数量不足、水平不高，兼职科普人才队伍不稳定、作用没有充分发挥，面向基层的科普人才短缺，科普创作与设计、科普研究与开发、科普传媒、科普产业经营、科普活动策划与组织等方面的高水平科普人才匮乏，科普人才选拔、培养、使用的体制和机制不够完善。在面对从“人力大国”向“人才强国”转变、“人才资源”向“人力资本”转变的时代背景下，加强自然科学类博物馆人才队伍建设成为了必然要求。

三、加强自然科学类博物馆人才队伍建设是我国博物馆行业不断深化改革的必然趋势

2014 年美国博物馆联盟会议以“博物馆的革新”为主题的论坛吸引了世界各地的博物馆专家学者，大会

提出博物馆需要在时代变革的过程中与时俱进地改变自身的发展方向和维度，培养适应当代博物馆发展的人才队伍。与之相应，我国科学研究领域和科学传播领域都已经在深化改革的道路上迈出了尝试的步伐，作为我国最高学术机构的中国科学院正计划对现有的科研机构进行调整和精简，通过组建创新研究院、卓越创新中心、大科学研究中心、特色研究所 4 种类型的科研机构不断提升我国科研领域的创新能力，建设国际一流科研机构。在领导岗位上，重点强调"去行政化"和"能上能下"的理念，在国内外公开招聘，充分利用国内外资源为我国的科研发展所用。作为科学传播领域的重点队伍，自然科学类博物馆也不断将人才队伍的深化改革作为整个领域与时俱进的一部分，打破传统思维模式，广纳贤才，以兼容并包的理念为我国自然科学类博物馆建设提供坚实的智力支持。

加强自然科学类博物馆人才队伍建设是我国贯彻落实中长期人才发展规划纲要的重要举措。为贯彻落实《国家中长期人才发展规划纲要（2010—2020 年）》的部署，深入实施《全民科学素质行动计划纲要（2006—2010—2020 年）》，进一步推动全国科普人才队伍的建设和发展，中国科协组织制定了《中国科协科普人才发展规划纲要（2010—2020 年）》。该规划提出：建立健全高水平科普人才的培养和使用机制，形成高端科普人才的全社会、跨行业联合培养与共享机制；重点培养一批高水平、具有创新能力的科普场馆专门人才和科普创作与设计、科普研究与开发、科普传媒、科普产业经营、科普活动策划与组织等方面的高端科普人才；特别要面向未来，培养大批文理兼容的优秀中青年高端科普人才。从规划纲要的内容上我们可以看出，国家对于加强科普场馆人才队伍建设的重视程度以及我国在科普人才队伍建设上面临的重大问题。

随着我国科学技术的不断发展，传播媒介不断革新，人们对于科学传播者的要求不断提高，科普场馆内的工作人员在这个革新的时代同样面临着革新自我的新要求，在我国历年的科普事业发展规划中，人才建设作为其中重要的组成部分不仅仅体现其作为科普事业支撑的重要地位，同时也展示着时代发展的重大变化以及人们对科学普及事业的新要求。因此，在编撰科普事业的第十三个五年规划时，自然科学类博物馆人才队伍建设课题的研究将会反映科学大发展时期的新特征，对新时代提出新要求，同时也将会为与时俱进的科普事业发展规划提供重要参考。

第二部分　国外博物馆人才队伍建设经验借鉴

在博物馆人才队伍结构及建设方面，国外博物馆的做法及经验对我国有很大的借鉴作用。本研究基于数十篇中外研究文献以及国外博物馆年报、网站中关于博物馆人才结构的信息得出了一些值得借鉴的经验。国外博物馆一般根据自身的需求与发展计划，合理设置部门、岗位及人员，并注重高学历、复合型及研究专业人才的配备，从而为博物馆的发展提供一个高水准的人才队伍。同时，国外博物馆在人才建设的过程中，注重潜在人才的挖掘，通过合理的人才招聘获取高质量人才，并为从业人员提供多样的专业培训，使博物馆从业人员始终可以满足博物馆发展的需求。

一、国外博物馆人才队伍结构

（一）部门及岗位设置清晰

博物馆的组织结构是博物馆人才队伍结构的骨架，明确了博物馆所需的人才类型。在博物馆事业发达地区，博物馆大多按照其规模与发展需求，制订清晰的组织结构。国际博物馆协会（The International Council of Museums，ICOM）在《博物馆专业人员——一个欧洲参考框架》中详细介绍了欧洲博物馆部门及岗位的设置，可作为国外博物馆事业发达地区博物馆普遍的部门及岗位设置参照。

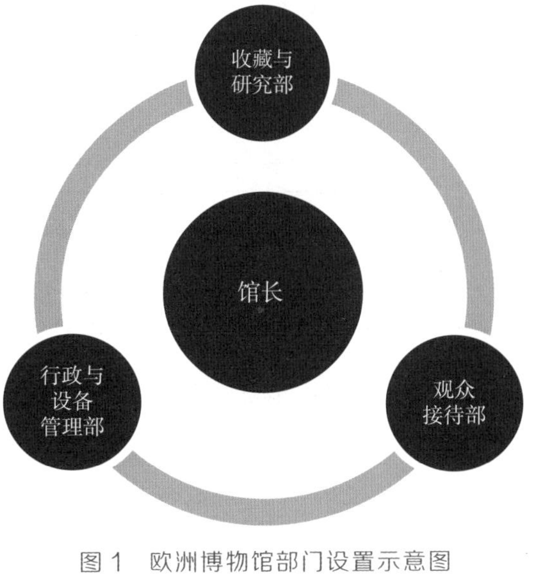

图 1　欧洲博物馆部门设置示意图

如图 1 所示，欧洲博物馆在馆长下设三个部门，分别为收藏与研究部、观众接待部以及行政与设备管理部。同时，

如表1所示，国际博协针对欧洲大型博物馆列出了20类岗位需求，并对每类岗位提出了明确的工作描述、教育背景要求及附加条件（详见附件2）。

表1　欧洲博物馆各部门及岗位构成情况表

馆长		
收藏与研究部	观众接待部	行政与设备管理部
部门负责人	部门负责人	部门负责人
库存管理员	观众教育和服务专员	设备安全经理
藏品协调员	观众安保经理	IT 经理
藏品维护员	观众安保助理	市场经理
部门负责人助理	图书馆和多媒体中心经理	媒体事务专员
文件中心经理	网络管理员	
临展负责人		
展览设计者		

信息来源（图1和表1）：Angelika Ruge.Museum Professions-A European Frame of Reference［M］. 2008

如图2和图3所示，以美国探索馆和法国发现宫的部门及岗位设置为例，两馆都是以功能取向，所设部门大体相近。当然，两馆也存在各自特点，美国探索馆有专门的展示中心及教育与学习中心，但未设专门的研究部门；法国发现宫则正好相反，其设有专门的科学研究部，并将部分教育职能归于该部门之下，但未设专门的展示教育部门，其展示与教育服务皆归沟通协调部管理。从两个场馆不同的部门设置可以看出，美国探索馆更注重展示教育活动的独立开发，而法国发现宫则希望通过科学研究带动展教活动的开展。由此可见，在总体统一的部门及岗位设置规范下，各场馆亦可以根据自身特点，制订最有利于自身发展的部门架构。

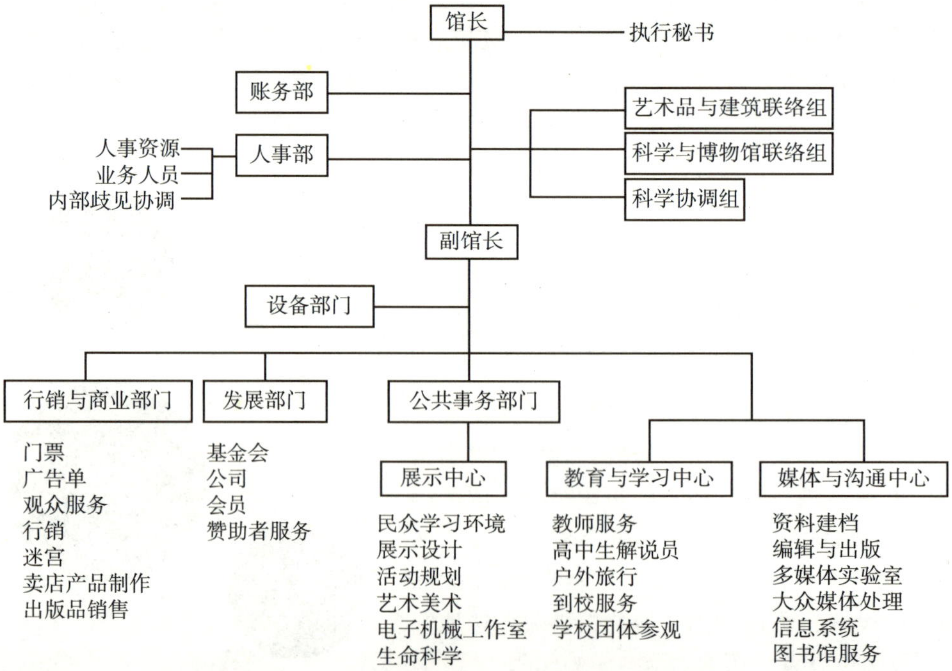

图2　美国探索馆部门及岗位设置示意图

图片来源：王宏钧．中国博物馆学基础［M］．2001

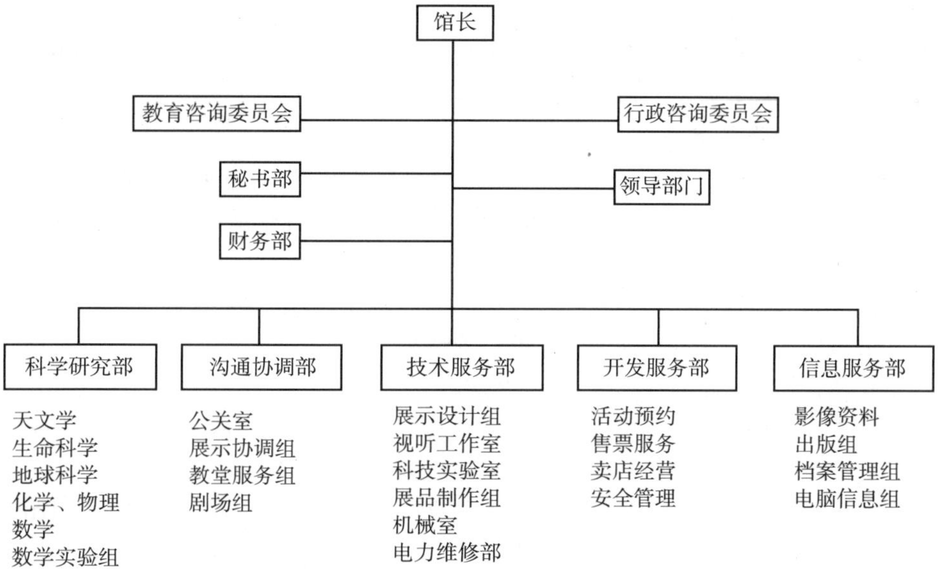

图 3 法国发现宫部门及岗位设置示意图

图片来源：王宏钧 . 中国博物馆学基础［M］. 2001

（二）各类人才比例合理

1. 教育科研人才数量多、范围广

国外的自然科学类博物馆研究人员数量也相当多，比如，大英自然博物馆有超过 300 人的研究队伍；法国自然博物馆的研究人员达 700 人之多；美国国立自然博物馆研究人员在 100 人以上；日本国立科学博物馆的研究人员在 100 人左右，这些研究人员为博物馆进行展示教育和科学传播提供充分保障，而安大略科学中心虽无专门的研究部门，但却同时设有科学体验部门和科学教育部门两个部门，在其总共 5 个部门中占了 2 席，由此可见其对科学传播的重视（详见附件 3）。

除了数量众多，国外自然科学类博物馆的研究人员所涉及的领域也非常宽泛，如科学研究、科学教育、影视制作、展示设计等，在每个方面都有非常专业的人员作为支撑。例如，隶属于纽约自然历史博物馆的海登天文馆拥有工程设计人员、多媒体影视制作、科学教育、项目管理等多方面的人才，同时在他们的研究人员中有多位天文学家，专业资源十分丰富。该馆的影视制作工作室有来自馆内和馆外约 30 余人，包括导演、编剧、科学顾问、音乐制作、影视制作、动画、数字艺术、编辑、合成、管理等，可以说他们丰富的专业背景和强大的专业实力构建了一支强大的制作团队。这样的人才结构都是值得我们学习和借鉴的。

2. 人才学历普遍高

国外博物馆从业人员数量相较于中国较少，但普遍具有高学历和良好的业务素质，不管是业务人员还是管理层人员，90% 以上是大学本科以上学历，也不乏博士等高学历者。业务领域高学历人员占的比例更高，业务主管基本上都有博士学位。

3. 兼职人员占比大

国外博物馆存在很多辅助职位，主要是行政、技术辅助职位。他们多是非全职的，这种职位在西方博物馆员工名额中占的比例非常可观。如波士顿科学博物馆的临时雇员比例占员工总数的 40% 左右，曼彻斯特工业与科学博物馆的兼职人员数量占到全职人员的 30% 左右。灵活的用人制度有利于提升整个人才队伍的质量。

二、国外博物馆人才队伍建设

人才队伍建设，一方面要提升现有人才的水平，另一方面也要吸引和挖掘潜在人才，使博物馆人才队伍获

得持续稳定的发展。从国外博物馆人才队伍建设的情况来看，其一方面通过层次丰富的人才培养提升现有人才的能力，另一方面通过多种手段吸引和挖掘潜在的博物馆人才，保证其人才队伍的可持续性。

（一）人才培养富有层次性，并受到政府及相关协会支持

1. 培养内容具有明确的参考标准

在入门培训方面，国际博协人员培训委员会（Training of Personnel Committee）推荐对新招募的馆员进行初步培训，向他们解释雇员的工作与博物馆整体目标与计划之间的重要性。从业人员入门培训的目的是确保每位馆员都能回答以下与其职务有关的问题，以便应用在实际中。

- 博物馆：我们为什么有这家博物馆，它在社会上的功能是什么？
- 藏品：我们如何得到这些藏品、如何研究它们，要拿它们来做什么？
- 博物馆组织：在博物馆里，谁做什么以及如何做？
- 博物馆与公众服务：我们为什么要提供这些服务？我们如何组织这些服务？这些服务要怎么用？
- 具体设备：在保证藏品安全的前提下，我们应如何最大限度地使之为人所用？

对于在职人员培训，2004年国际博协出版了《经营博物馆培训人员手册》一书，详细讲述了针对博物馆工作人员的多个培训主题，每个主题都有详细的介绍，如人事管理的培训内容包括了解人事管理、博物馆工作和博物馆员工的主要类别、人事信息、参与和公平、高素质馆员的招募与维持、招募与升职的选择方法、雇用声明或合约的最低职能、馆员的管理、培训与职业发展、惩处与申诉程序、工作的健康与安全、如何评估工作场所的风险以及风险评估五步骤等方面。以下为全部培训主题。

- 博物馆的角色与职业道德准则
- 藏品管理
- 库存与建档
- 藏品的照管与维护
- 陈列
- 展出与展览
- 观众的照管
- 博物馆功能背景下的博物馆教育
- 博物馆管理
- 人事管理
- 市场营销
- 博物馆安全和应急设备

2. 培养形式不拘泥传统

（1）培训讲习班（workshop）。讲习班指的是为博物馆专业人员提供的短期培训项目，形式有讲座、小组讨论、实践操作、实地考察等。讲习班具有培训周期短、培训强度大的特点，往往围绕某一主题展开。美国科学技术中心协会由超过600家科学中心、科技馆、水族馆、天文馆、动物园、植物园等组成，向其专业人员定期提供为期1～2天的培训班。此培训班主要采用圆桌会议的形式，旨在为博物馆专业人员提供一个产生联结、互相学习并扩充自身知识面的途径。学员在短期的培训班中围绕指定的主题进行讨论，主题都与当今博物馆趋势与热门议题紧密结合，如“展览评估”“巡回展览”“女孩与科学”“儿童和家庭的科学教育”“博物馆对孤独症群的作用”，对博物馆及专业人员的发展大有启迪。

2013年，国际博协博物馆学培训中心在中国成立，旨在促进博物馆在国际层面上的相互交流，并发展博物馆专业人员的能力建设。培训中心每年举行两次培训班，为期10天。培训中心聘请各国博物馆领域的资深专家、教授通过专家授课、研讨座谈、实践活动、参观交流等活动促进不同地区博物馆行业间的思想和经验交流、深化讨论、扩展思维，提升学院的国际视野和综合业务素质。培训班内容涵盖了博物馆学理论与实践中的多方面内容。至今，培训中心已举办了两次培训班，分别以“多元与变革世界中的博物馆管理最佳实践”和“博物馆藏品架起沟通的桥梁”为主题。

（2）网络培训课程与资源。除了定期举办讲习班，博物馆及相关机构还通过网络提供丰富的培训课程与专业资源，可为那些无法参加讲习班的人员提供服务且随时可供查阅，传播范围更大。美国史密森学会即在其网站提供“博物馆学网络广播”，内容涉及藏品收集保护、博物馆教育、博物馆与新媒体等方面。美国纽约科学中心通过网络向博物馆专业人员发布可免费下载的实用资源，包括人事管理、运营管理、员工手册、团队管理、计划与评估及团队合作等。

3. 培养注重可持续性

在如今这个快速变迁的世界里，一名博物馆的专业人员、技术人员或行政人员仅在其职业生涯开始前，通过培训来获得工作资格已经变得无法接受。在很多的职业中，为了保持专业地位与认同，都很强调持续性职业发展（Continuing Professional Development，CPD）的概念，专业人员必须进行大量正式的附加训练，或在一段时间后接受再次培训。

在博物馆事业发达地区，博物馆相关机构为从业人员制订了具体的标准，以激励他们持续进行学习。英国博物馆协会（Museums Association）高度关注专业的准会员制（Associationship）与学徒制（Fellowship），采取五年一次的认证，而非终身会员制度。之后，每个学员都需要持续地记录有关他们正式培训与非正式活动的所有情况，例如参加专业会议、参加一些新的专业活动或管理活动，目的是在重新审核他们的资格与专业地位之前进行讨论和检讨。

4. 复合型人才培养受到重视

日本政府用法律形式规定了日本博物馆专业人员的学艺员制度，其专业人员必须通过博物馆概论等 8 门课程才能持证上岗，这就避免了只了解某一专业而缺少博物馆学知识的缺陷。正因如此，英国博物馆的工作人员既是某专业学科的专家，也是真正名副其实的博物馆专家。法国博物馆从业者都要经过国家遗产学院培训，培训的课程内容丰富，并让学员从博物馆的收藏、研究、展示、教育、技术、观众调查、经费、组织、管理、广告等方面全方位地了解博物馆工作。英国政府为博物馆从业人员提供训练课程，旨为引导研究人员将自己所学的专业学科（如生物学、地学等）与博物馆实际工作相结合。

（二）多种手段挖掘和吸引潜在人才

国外博物馆非常重视潜在人才的挖掘，以保证博物馆人才队伍的完整性和持续性。

1. 开设针对学生的专业培训课程

一些博物馆会面向对博物馆感兴趣的学生开设培训课程，以使他们在高中时代就能学习到博物馆相关的专业知识，为今后的职业发展打下良好的基础。例如美国飞机博物馆为高中生推出博物馆学徒项目（Museum Apprentice Program，MAP），在学生成为志愿者之前对其进行 8 个小时的培训课程，包括博物馆学、博物馆教育、口述历史、当代历史、资料整理和公众服务等领域。

2. 娴熟使用各种媒介吸引人才

国外博物馆十分善于利用各种媒体渠道，为自身形象和活动进行公众宣传，以扩大博物馆的影响力，吸引更多的潜在人才。如今，除了报纸、广播、电视、杂志等传统媒体，博物馆更是利用网络平台搭建宣传平台。博物馆将职位信息及时发布在其官网上，并为公众提供丰富的下载资源。有些博物馆还针对手机等移动设备开发了相关的应用程序，以吸引年轻人的目光。同时，博物馆运用脸书、推特等社交平台发布信息并与公众交流。

另外，当需要招聘人才时，博物馆也会通过多种渠道向社会公开发布招聘信息，包括博物馆官网、人才招聘网及各类社交平台。值得注意的是，国外博物馆认为直接面向专业人才的招聘广告是最有效的方式，可以帮助博物馆找到最合适的候选人。英国博物馆协会即为博物馆提供服务，在专业学术期刊及博物馆协会网站上发布招聘信息。英国科学博物馆群在其官网上设有工作招聘栏目，所有科学博物馆群成员馆的职位空缺都可以被查询。

3. 开放灵活的职位设置

国外博物馆会根据自身发展需要，不定期地重新审视各职位在博物馆中的地位及重要性，并对职位的责任、要求和薪资做出调整，这种灵活的职位设置有利于人才流动和保持人才队伍的活力。

第三部分　全国自然科学类博物馆人才队伍建设现状分析

本报告的研究对象为全国自然科学类博物馆的人才队伍，其中，自然科学类博物馆包括科技馆、自然博物馆和专业博物馆三类场馆。人才则是指具有一定相关博物馆专业知识或专门技能并进行创造性劳动，对社会有所贡献的人，是能力和素质较高的劳动者。人才根据其自身所具备的素质不同，又可划分为不同类型，如只掌握单一技术的“1”字形人才、掌握多项技术的“V”字形人才等。由于本研究专门针对自然科学类博物馆，因此对人才的划分主要按照博物馆岗位职能分工，分为管理岗人才、专技岗人才和工勤岗人才。

一、全国自然科学类博物馆人才队伍建设现状概述

本报告通过针对博物馆馆领导、部门负责人和普通员工的问卷，获取不同群体对博物馆人员招聘、培养、管理、评价以及人才需求的看法。通过倾听不同人群的声音，获取更加全面的信息，以期得到更加客观的结果，并从结果中发现目前自然科学类博物馆的人员结构、人才队伍建设以及人才需求的现状和存在的问题。

调查问卷共 3 类，分别针对馆领导、部门负责人以及专业人员和辅助人员。问卷填写要求为发放机构所有馆领导、所有部门负责人以及每个部门 10% 的普通员工。问卷发放机构及其数量为自然博物馆 29 家、科技馆 52 家、专业馆 26 家，共计 107 家。

本次调研共回收 67 家机构 752 份问卷，有效问卷 595 份，回收率为 40%，问卷的详细回收情况见表 2 。

表 2　问卷回收情况

场馆	对象	问卷数（份）
科技馆（23 家）	馆领导	39
	部门领导	132
	普通员工	211
自然博物馆（11 家）	馆领导	17
	部门领导	52
	普通员工	70
专业馆（8 家）	馆领导	8
	部门领导	18
	普通员工	32
42 家机构	579 份问卷	

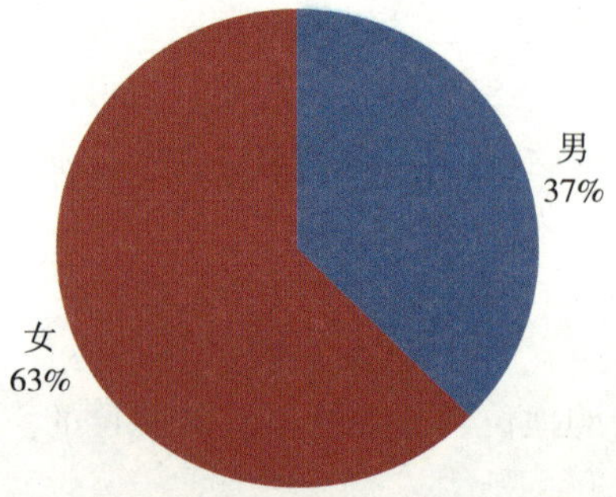

图 4　自然科学类博物馆人员性别分布

（一）人才队伍结构现状

场馆的人员结构主要包括性别、年龄、专业、学历、从业经验和职称分布这几个方面。

1. 场馆工作人员女多男少

在性别方面，各类场馆的人员均以女性为主，女性人数占到总人数的 2/3 左右，男性人数占到总人数的 1/3 左右。这样的性别比例从一个侧面反映了社会对博物馆的认知，人们往往认为博物馆比较稳定，而对博物馆的认知在一定程度上对博物馆人才招募产生影响，具体分析将在下文中展开。

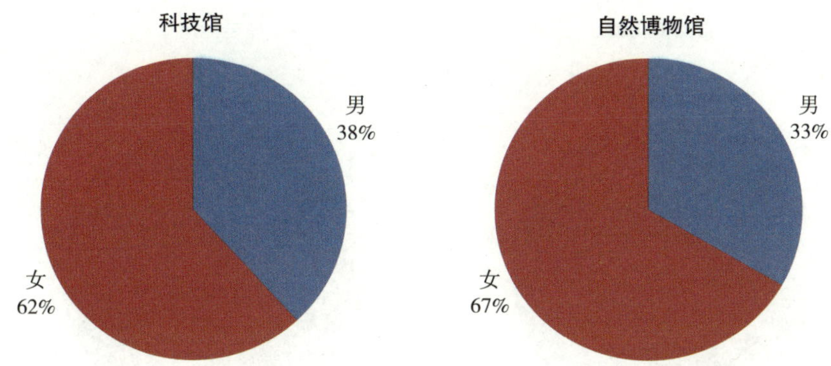

图 5　各类场馆人员性别分布

2. 场馆人员年龄分布比较集中，以中青年为主

在年龄分布方面，各类场馆 40 岁以下人群占到 80% 以上，其中 31 ~ 40 岁的人员数量略多于 21 ~ 30 岁的人员数量。从年龄结构上来看，整个博物馆队伍还是比较年轻的，如加以适当的培养，具备持续成长的潜力。

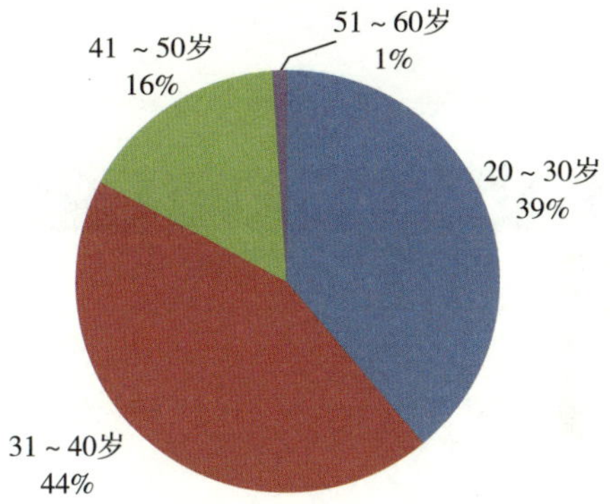

图 6　自然科学类博物馆人员年龄分布

3. 场馆人员中人文社科类所占比例最大，各类场馆呈现差异

自然科学类博物馆的人员专业以人文社科和理工科为主，人文社科类的人员占比高于理工科类（图 8）。具体而言，科技馆和专业馆的人文社科类人员更多，自然博物馆在人文社科和理工科两类的人数基本持平（图 9）。

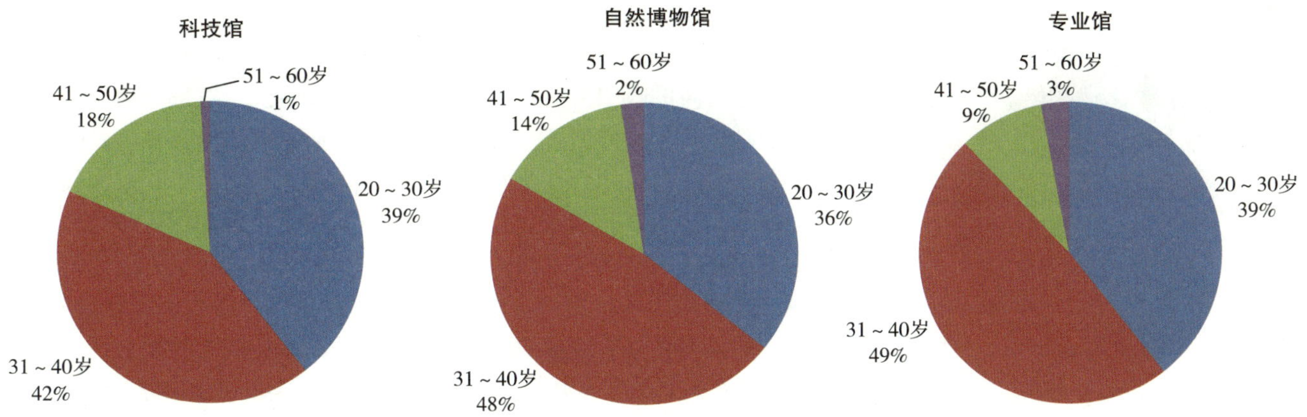

图 7　各类场馆人员年龄分布

学历分布的差异反映出各类场馆对人才队伍需求认知的差别。如表 3 所示，科技馆和专业馆认为人员所应具备的三种最重要的素质依次为表达沟通能力、创新能力和教育活动实施能力；而自然博物馆认为人员所应具备的三种最重要的素质依次为自然科学专业知识、表达沟通能力和创新能力。一般而言，具有人文社科背景的人员往往更善于表达沟通以及教育活动实施，而理工科类人员对自然科学专业知识的掌握程度往往更好，因此，这种认知上的差异导致了专业比例的差异。

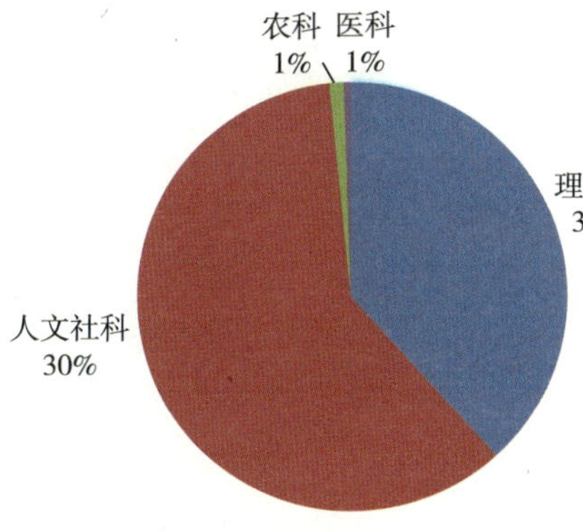

图 8　自然科学类博物馆人员专业分布

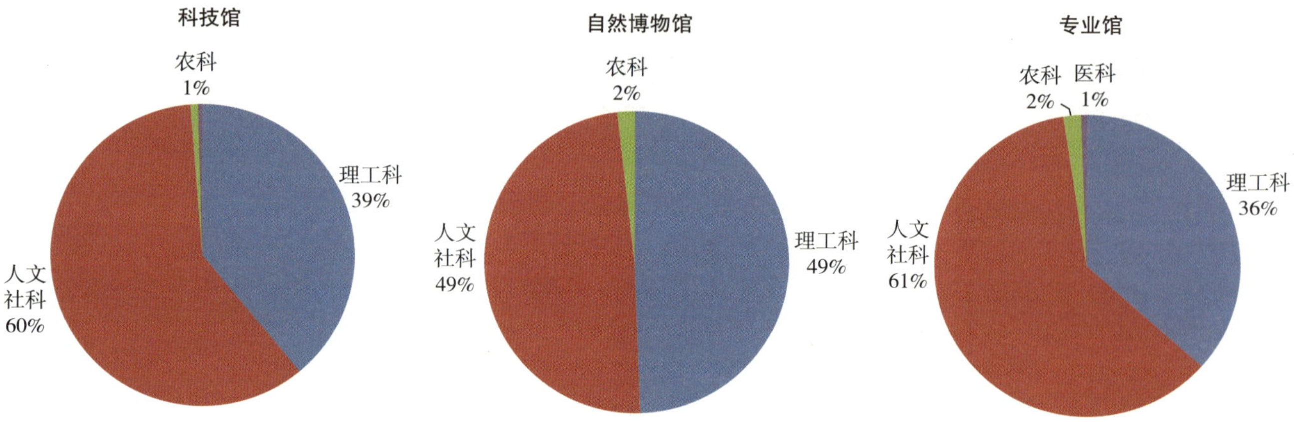

图 9　各类场馆人员专业分布

表 3　各类场馆对人才队伍素质重要性的认识情况

人才素质重要性	科技馆	自然博物馆	专业馆
1	表达沟通能力	自然科学专业知识	表达沟通能力
2	创新能力	表达沟通能力	创新能力
3	教育活动实施能力	创新能力	教育活动实施能力

4. 各类场馆高学历人员比例很低，科技馆尤为明显

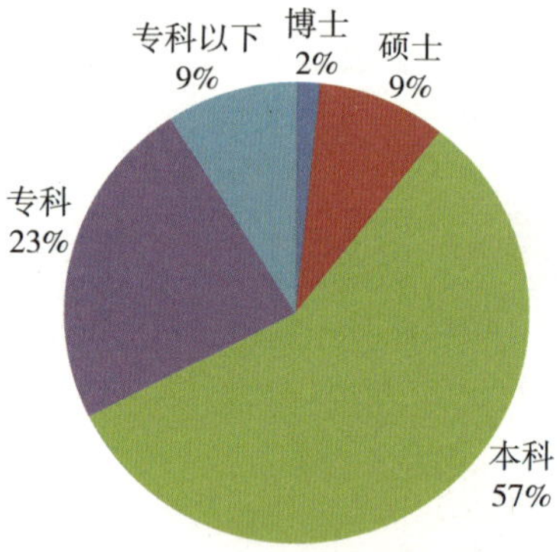

图 10　自然科学类博物馆人员学历分布

如图 10 所示，总体而言，自然科学类博物馆中学历为本科的人数占到一半左右，硕士及博士比例偏低；其中，科技馆、自然博物馆和专业馆的硕士比例分别为 7%、14% 和 11%，博士比例分别为 1%、4% 和 3%。场馆总体的低学历与场馆自身的吸引力以及社会对场馆的认知有关，这部分内容将在之后的“问题剖析”中具体展开。而各类场馆高学历人才比例存在差异的原因则与各类场馆的性质有关，一般而言，自然博物馆是以大量的藏品为基础的，每种类型的藏品都需要非常专业的研究人员进行特定主题的深入研究和有效管理；专业馆往往围绕某个专门的主题，也需要相关人员对某方面的专业知识非常精通；而对于科技馆而言，主要展现的是各种科学知识和科学原理，其主要依托的是各种富有趣味的展品展项以及由此衍生的各种教育活动，更注重知识的广度而非深度，由于需求的差异，导致各类场馆学历分布的差异。

当然，就学历与年龄的关系而言，40 岁以下的中青年以本科及以上学历

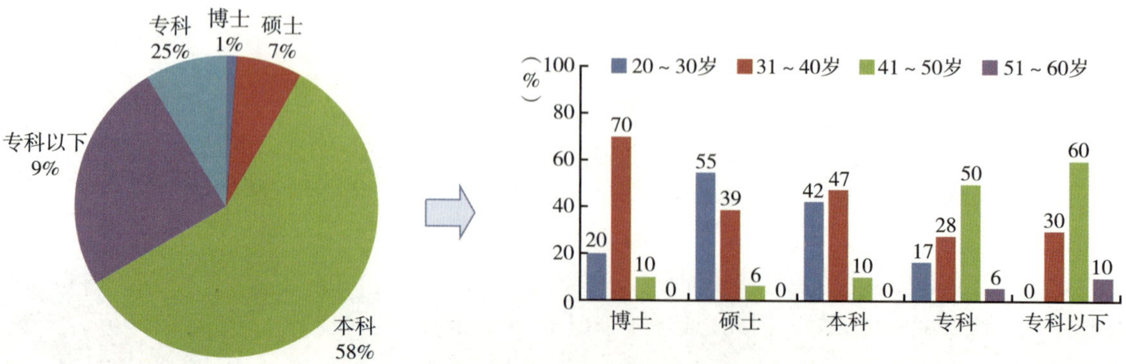

图 11　科技馆人员学历及其年龄分布

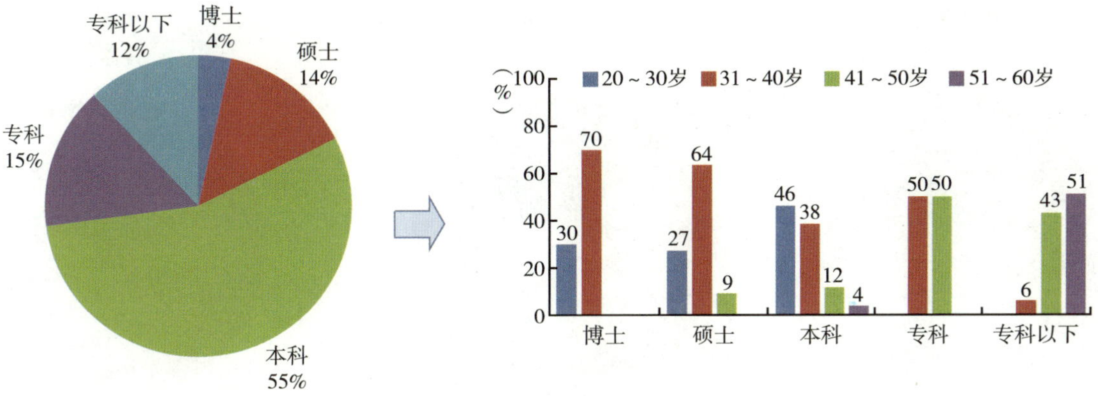

图 12　自然博物馆人员学历及其年龄分布

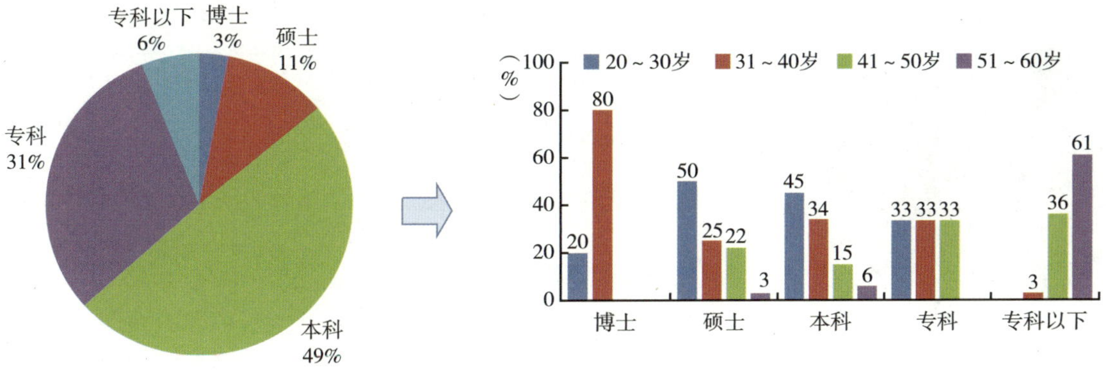

图 13　专业馆人员学历及其年龄分布

为主，40岁以上的中老年则以本科及以下学历为主，如图11～图13所示。由此可以看出，随着社会及博物馆自身的发展及观念的转变，博物馆对人才学历的要求越来越高，当然，学历高只是拥有一个更高的起点和更好的基础，若要真正将高学历转化为高能力，还需要通过工作的实践和人才培养来实现。

5. 高级职称比例低，无职称人员占比高

如图14～图15所示，各类场馆职称分布比例情况比较相似，无职称者均占到半数以上，而正高级职称者比例则不超过3%，在副高级职称的比例上，科技馆为5%，自然博物馆和专业馆则超过10%。各场馆高级职称比例低，一方面与人员学历偏低有关，另一方面也表明场馆的人才培养力度有限，使人才不能获得充分地成长，因此，应加强场馆的培养力度，使人才能获得充分的成长空间。

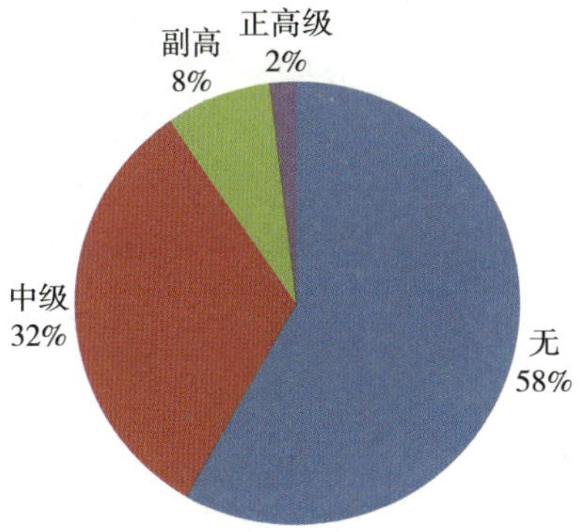

图 14　自然科学类博物馆人员职称分布

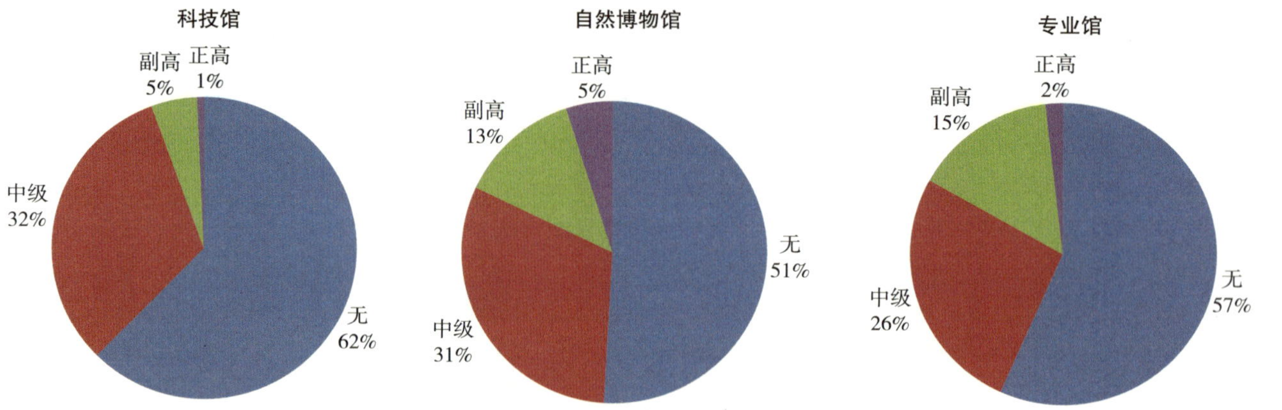

图 15　各类场馆人员职称分布

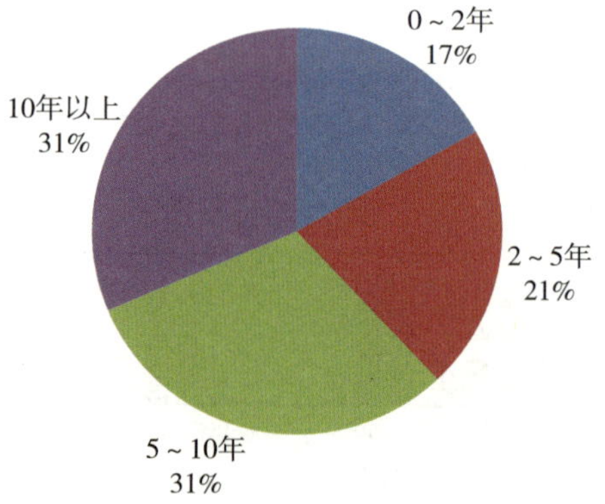

图 16　自然科学类博物馆人员从业经验分布

6. 科技馆与自然博物馆从业经验丰富者比例较高，专业馆从业经验丰富者比例较低

从从业经验来看，科技馆和自然博物馆的情况相似，场馆具有10年以上从业经验者达到30%以上，另有30%以上的人员从业经验在5～10年，而从业经验不足2年者不到15%，从业经验不足者比例偏少，可能会导致人才队伍建设存在青黄不接的现象；而专业馆将近一半的人员从业经验在2年以内，从业经验在2～5年、5～10年和10年以上者均不满20%，经验丰富者比例偏低对场馆迅速发展会造成一定的不良影响。之所以各类场馆间人员从业经验分布情况不同，与其招聘策略有着密切联系。后文将对此进行详细分析。

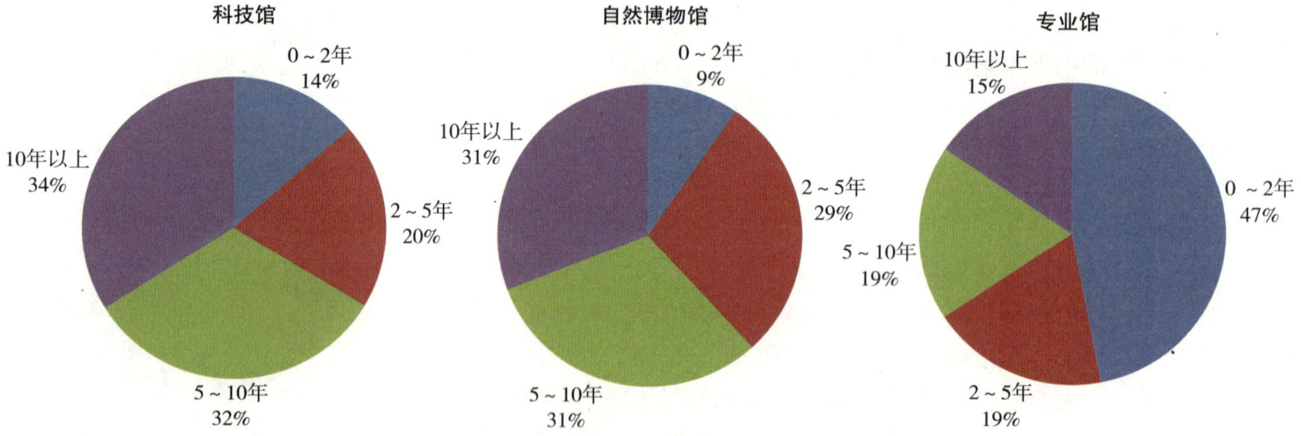

图 17　各类场馆人员从业经验分布

（二）人才队伍招聘现状

1. 全职人员招聘注重工作经验

整体而言，各类场馆对全职员工的招聘以社会招聘为主（占76%），同时辅以校园招聘、劳务派遣、调动、毕业分配、专业安置、社会关系推荐等方式（图18）。具体来说，三类场馆中，社会招聘的比例均最高，但对于校园招聘，专业馆的招聘比例高于科技馆和自然博物馆（图19）。社会招聘人员相对校园招聘人员会有更丰富的从业经验，由此也解释了为何科技馆和自然博物馆人员从业经验的分布与专业馆不同。对于出现这种差

异的原因，与各场馆管理人员对人才需求不同有很大关系。如表 4 所示，在人员所需素质的重要性排序中，科技馆和自然博物馆的管理人员更注重人才的运营和管理能力，要具备这方面能力往往需要一定时间的积累，因此，此两类场馆更倾向于通过社会招聘招募有经验的人员；而专业馆的管理人员则更注重人才的创新能力和专业知识，一般而言，年轻人的思想束缚往往较少，思维也更为活跃，具有更强的创新能力，而对于专业知识，主要强调的是专业对口和学历，因此，专业馆更倾向于通过校园招聘招募专业对口而富有创新精神的年轻人。

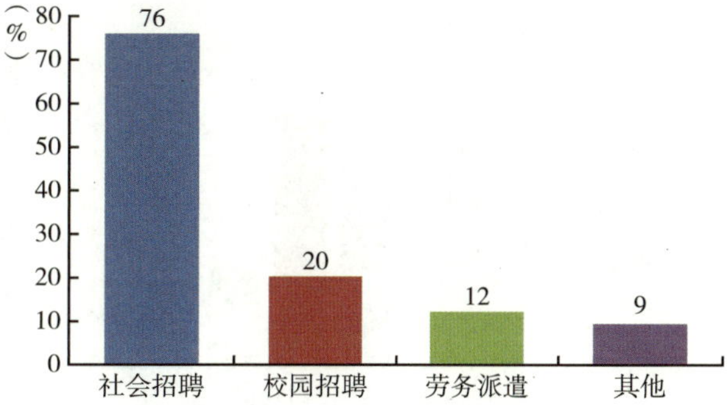

图 18　自然科学类博物馆人员招聘方式

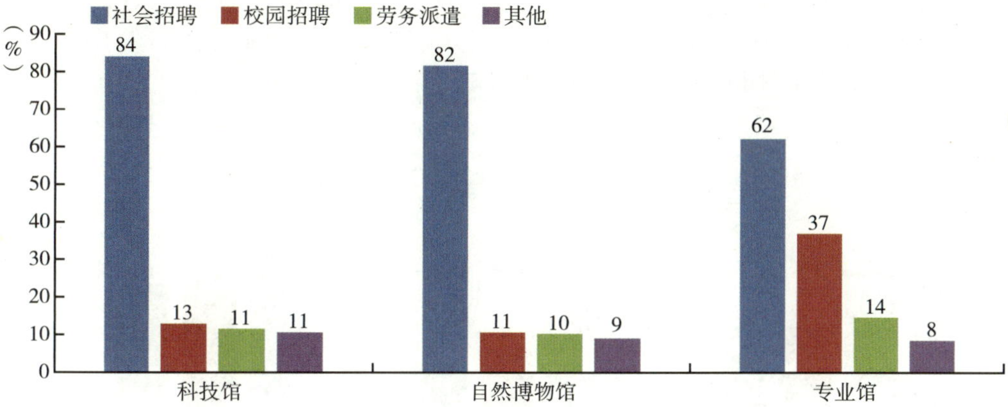

图 19　各类场馆人员招聘方式

表 4　各场馆管理人员对人才素质重要性认识

人才素质重要性	科技馆管理人员	自然博物馆管理人员	专业馆管理人员
1	运营管理能力	表达沟通能力	表达沟通能力
2	表达沟通能力	项目管理 / 人员管理专业知识	创新能力
3	项目管理 / 人员管理专业知识	运营管理能力	自然科学专业知识

2. 非全职人员招聘存在资源稀缺

如图 20 所示，目前非全职人员的招聘方式主要为外聘专家和志愿者两种。如图 21 所示，科技馆、专业馆和自然博物馆之间存在一些差异，自然博物馆的外聘专家比例更高，而科技馆和专业馆招募志愿者的比例更高。科技馆和专业馆之所以聘请专家比例不高，与其相关资源的缺乏有很大关联，关于资源稀缺性的问题将在下文中详细展开。

（三）人才队伍培养现状

1. 新人培养内容和形式专业性不强，多样性不够

新人培养现状主要考察新人培养的内容和形式。如图 22 所示，新人培养的形式主要为入职培训讲座、

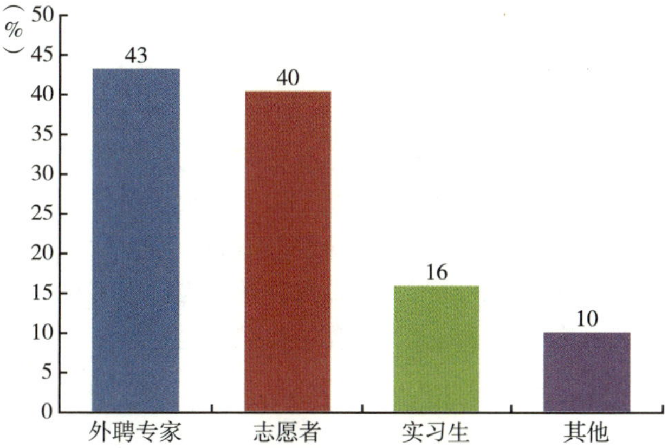

图 20　自然科学类博物馆非全职人员招聘方式

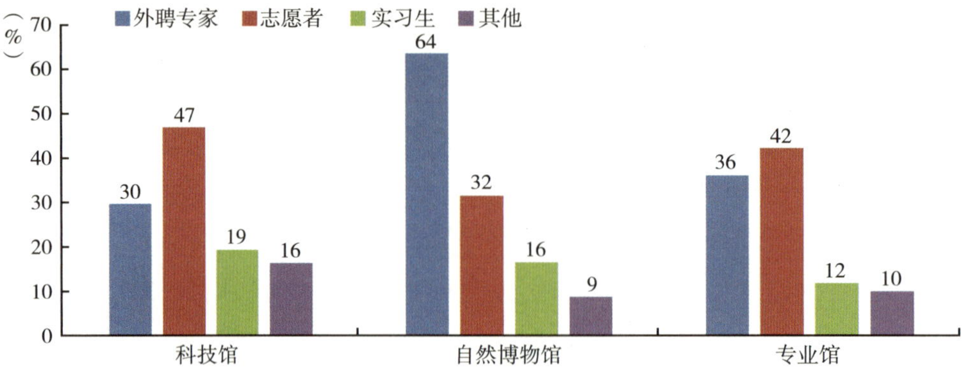

图 21 各类场馆兼职人员招聘方式

新人带教和部门轮岗三种形式，此外还包括参加相关单位培训、培训基地培训等一些其他的培养方式。如图 23 所示，新人培养的内容主要包括场馆总体介绍、岗位专业知识和场馆基本职业规范三类。总体而言，不论是新人培养的方式还是内容，在专业性和多样性方面都有所欠缺。

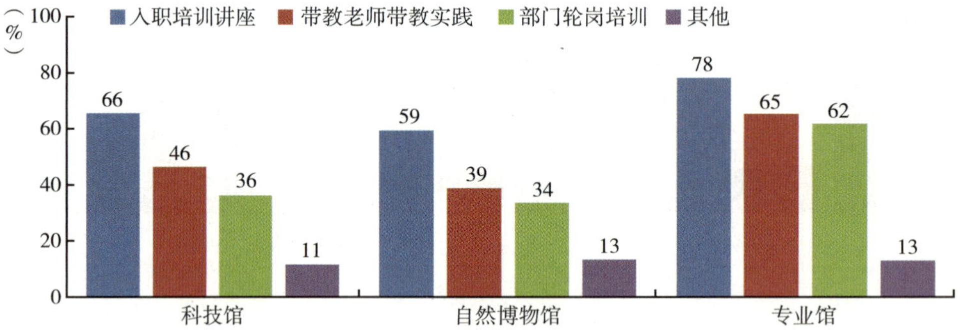

图 22 各类场馆新人培养形式

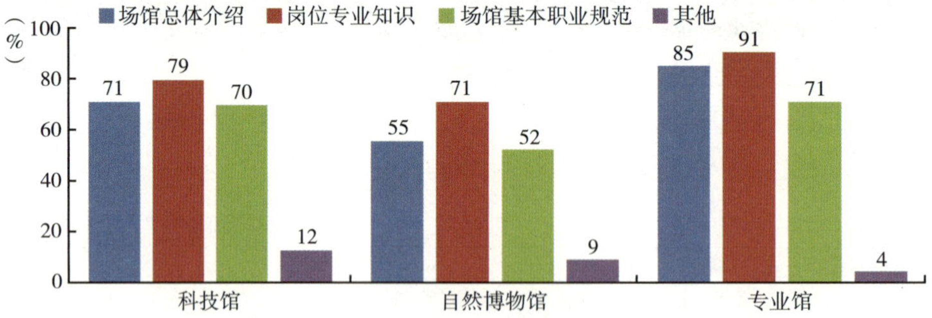

图 23 各类场馆新人培养内容

如图 24 和图 25 所示，从各类不同场馆的馆领导、部门领导和一般员工对馆内新人培养情况的反馈可以看到，相较于部门领导和普通员工，馆领导对于馆内各种新人培养内容和形式的认可比例更高。造成这一现象主要有两方面原因，一是培养效果不好，导致馆领导认为进行了培养，但相关人员并未留下印象；二是培养并未针对所有岗位和部门，导致馆领导认为进行了相关内容和形式的培养，但相关人员并不认可。由此可见，对于新人培养，还有许多可以改进和完善之处。

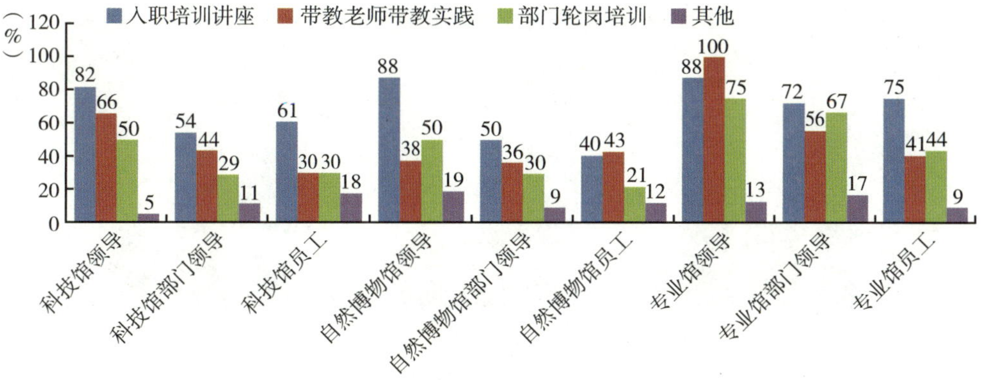

图 24　各类人员认为场馆拥有的新人培养形式

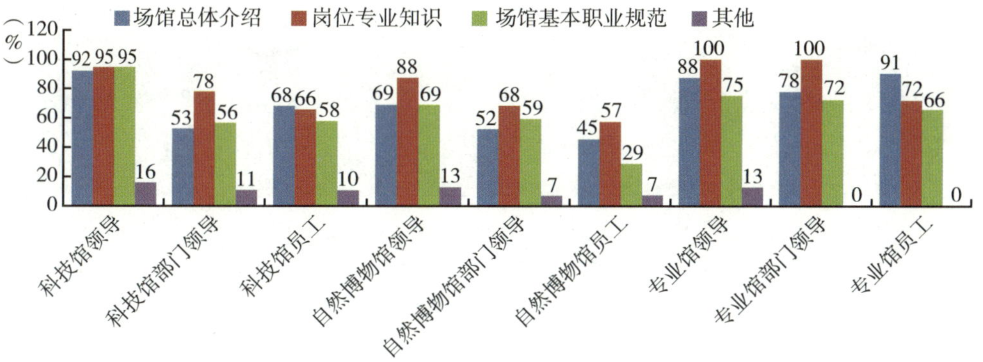

图 25　各类人员认为场馆拥有的新人培养内容

2. 员工培养针对性不强

如图 26 和图 27 所示，场馆的培养形式主要为馆外专家讲座、馆际学习交流和馆内理论学习，另有一小部分其他培养方式，如部门内培训、同事间交流分享、设备厂商培训和外出系统培训等。培养内容主要为专业知识，创新能力、沟通表达能力以及其他内容的培养都比较少。和新人培养的情况相似，员工培养也存在馆领导与部门领导、普通员工认识不一致的问题（图 28 ～图 29），表明培养针对性有待提高。

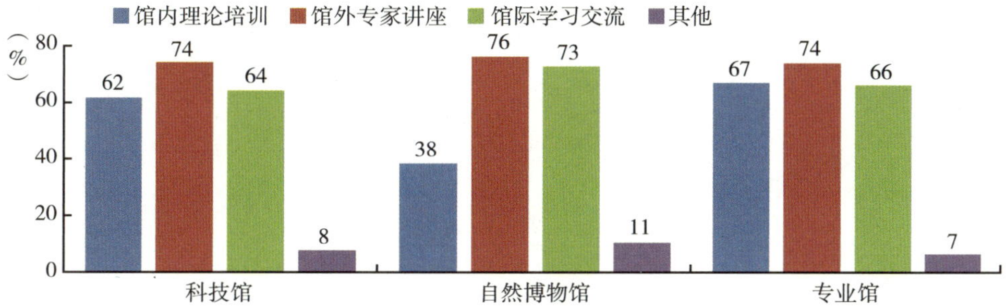

图 26　各类场馆员工培养形式

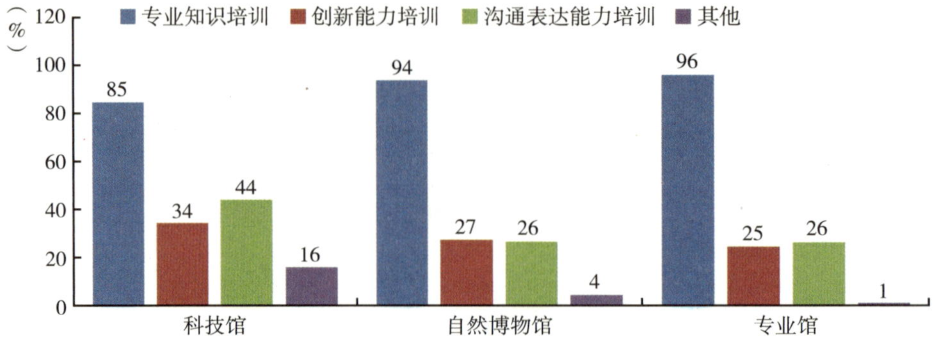

图 27 各类场馆员工培养内容

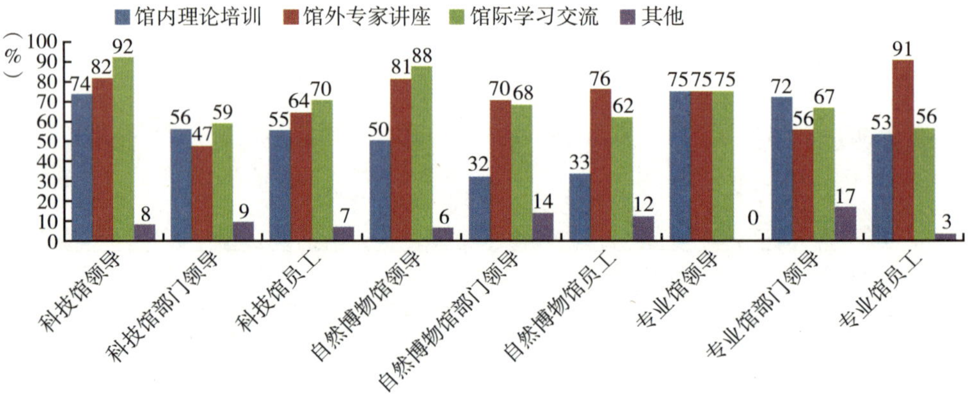

图 28 各类人员认为场馆拥有的员工培养形式

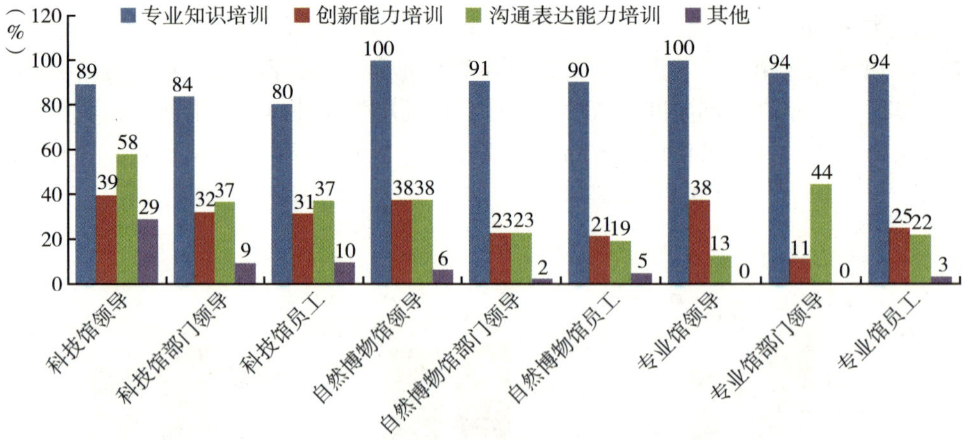

图 29 各类人员认为场馆拥有的员工培养内容

（四）人才队伍评价水平有待提高

人才评价是人才队伍高效管理的基础，客观准确的评价结果是有效进行人才队伍管理的前提和依据。人才队伍评价应该根据不同的人才分类评价，如兼职专家、志愿者、实习生、研究人员、管理人员、展教人员、工程技术人员等。但受限于问卷的信息量，本研究得到的是三类博物馆整体人才队伍的评价情况，反映了人才队伍评价的概貌。

如图 30 所示，目前各类场馆最常用的评价指标是工作完成数量，其次是工作创新性和工作完成质量。其中，科技馆和自然博物馆对工作创新性和工作质量评价的重视程度基本持平；而专业馆则更注重工作创新性。

对工作完成数量的评价重于对工作质量评价，一方面说明场馆发展还处于比较初级的阶段，比较注重数量的积累，另一方面在评价过程中，对数量的评价更容易实现，而对工作质量的评价难度则更高，因此，优化评价标准和评价方法非常重要。同时，各场馆也比较重视工作创新性，表明场馆有非常迫切的发展愿望。由此可见，各类场馆都非常需要进行人才培养，通过人才队伍建设提高场馆建设水平。

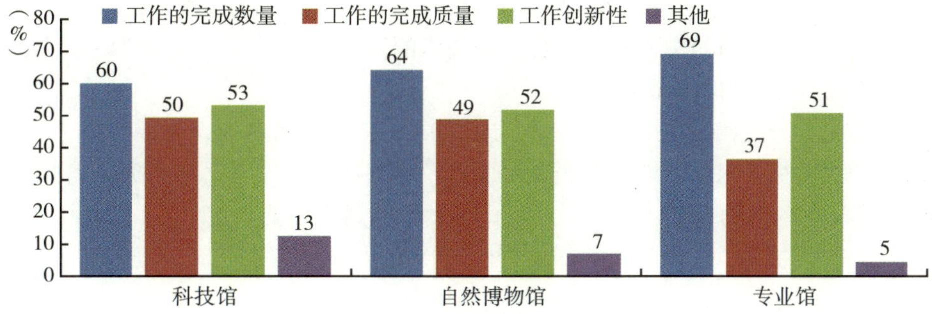

图 30　各类场馆人员评价指标

（五）人才队伍需求现状

1. 各类场馆对人才总体需求略有不同，但均注重人才表达沟通与创新力

各场馆对于人才的需求主要可以分为两个方面，一方面是对人才类型的需求，另一方面是对人才能力的需求。首先，如图 31 所示，对于人才类型的需求，各场馆都需要运营管理和展览策划方面的人才，其中，科技馆比较重视展示教育方面的人才，对科研人才的需求不高；自然博物馆对展示教育方面的人才需求较小，对科研人才则比较重视；专业馆非常注重展览策划人才，对展示教育人才的需求较小。其次，对于人才能力的需求，如表 4 所示，各类场馆都注重人才的创新能力和表达沟通能力，另外，科技馆和专业馆还重视教育活动实施能力，自然博物馆则注重人才对于自然科学专业知识的掌握。

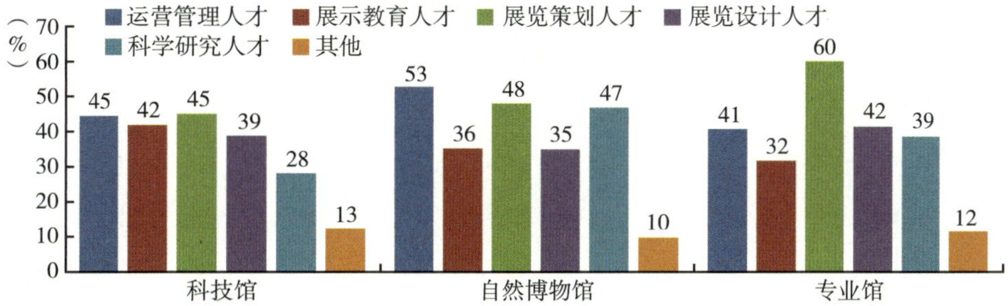

图 31　自然科学类博物馆亟需人才类型

2. 各场馆不同岗位人才需求与岗位特征挂钩

通过对比三类场馆不同岗位人才需求可以看出，三类岗位都非常注重表达沟通能力，管理岗更注重管理能力和创造力，而专技岗和工勤岗更注重知识储备以及教育活动、展览策划等专业实践性活动的实施能力，即管理人员更注重运营管理方面的能力，专业技术人员和工勤人员更注重与展示教育、展览策划等相关的专业知识和专业能力。这与他们各自的岗位职责相符，在进行培训方案设计时应考虑这一因素。

3. 各场馆不同职称人才需求与职称水平有关，随职称提升越发重视综合能力

不同职称的人员都非常重视表达沟通能力和创新能力，无职称人员以及初级和中级职称的人员更注重知识储备、教育活动实施能力、科普作品创作能力等与岗位相关的能力，而副高级职称和正高级职称的人员在注重展览策划、教育活动实施等博物馆基本职能外，同时也注重管理能力和科学研究能力。总的来说，随着职称的提升，相关人员从注重专业知识向注重综合能力转变。这与对不同职称的能力要求相符，在进行培训方案设计时应考虑这一因素。

4. 各场馆人才培训需求

人才需求的满足离不开人才培训。目前，各场馆在人才队伍培训方面，不论是内容还是形式都有许多值得改进的地方；另外，单个场馆的时间、精力以及资源都是有限的，因此需要上级部门对人才培训进行统一的规划和组织。上级部门进行人才培训的主要形式为各类培训班的举办，以下为各类场馆对上级部门组织相关人才培训的内容、形式、类型、时间的需求情况。

（1）专业知识、创新及表达沟通是场馆最注重的培训内容。在培训内容方面，如图 32 所示，各类场馆对于沟通表达、创新能力以及专业知识的培训都表现出了比较高的需求，这与之前各类场馆对于人才的能力需求相符，说明各类场馆都注重人员的专业知识以及相应的创新和沟通表达能力。

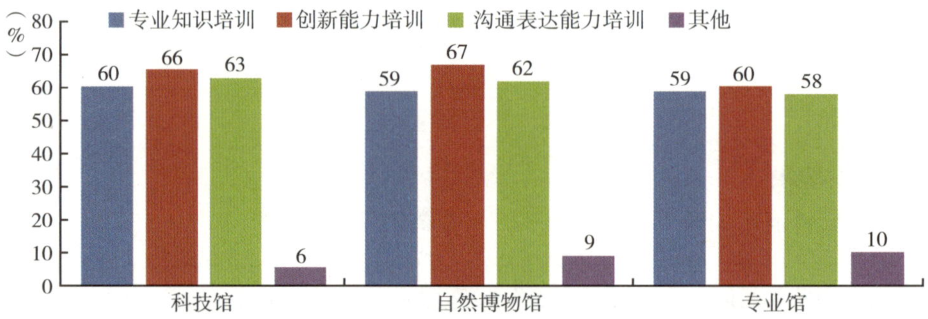

图 32　各类场馆期望上级部门组织员工培训的内容

（2）“实践为主，理论为辅”的培训形式最受欢迎。在培训形式上，如图 33 所示，三类场馆的意见基本统一，其最期望的培训形式为实践为主、理论为辅的培训，有超过 2/3 的场馆选择这种形式的培训；另外，以理论为主、实践为辅以及纯实践类的培训也各有 1/5 左右的场馆选择，而纯理论类的培训则只有极少数场馆选择。由此可见，场馆更多期望的是理论与实践相结合的培训，而在理论与实践的比例方面，更多的应以实践为主。

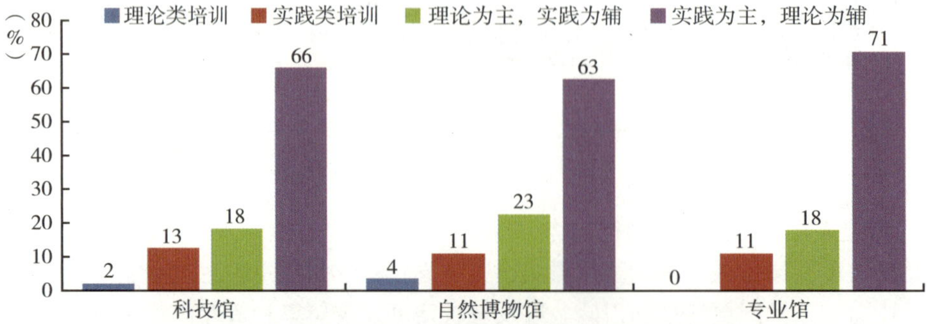

图 33　各类场馆期望上级部门组织员工培训的形式

（3）短期集训与在线学习是最受期望的培训类型。就培训类型而言，如图 34 所示，三类场馆最期望的两种培训类型为统一组织的短期培训和在线学习，其次是在职学历教育。由此可见，上级部门在组织培训时，可以考虑将线下学习和线上学习相结合，线下学习应以短期集训的形式为主，线上培训则应突破时间和地域的限制，让更多人有更多的时间能接受培训。

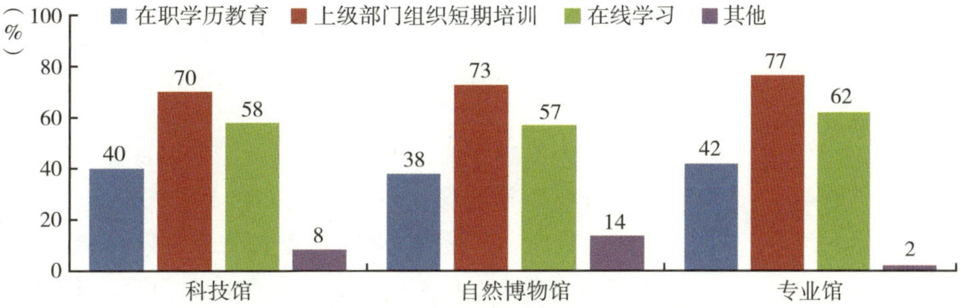

图 34　各类场馆期望上级部门组织培训的类型

（4）1 个月短期集中培训是最受认可的培训时长。对于短期培训的具体时间，如图 35 所示，超过 80% 的场馆期望培训时间为集中培训 1 个月。

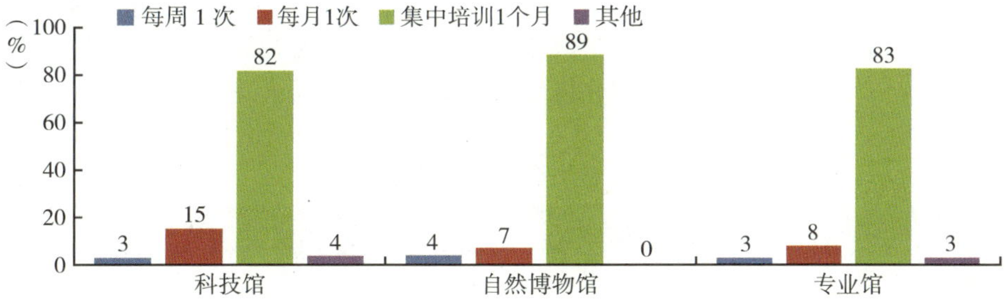

图 35　各类场馆期望上级部门组织员工培训的时间安排

（六）人才队伍结构与建设现状总结

自然科学类博物馆人员以女性为主，年龄分布集中，以中青年为主。专业以人文社科和理工科为主，人文社科稍多。各场馆高学历人员比例很低，但随着博物馆的发展，新近的年轻员工学历越来越高。虽然高学历人员较少，但本科学历仍然占大多数，且对于科技馆和自然博物馆而言，从业经验丰富者比例较高，但场馆中无职称者的比例仍然较高，可见有一定基础和经验的人员其专业技能仍然有待提高。在人员招聘方面，场馆更倾向于招聘有工作经验的人员，尤其是科技馆和自然博物馆；相比于专业馆和科技馆，自然博物馆的外聘专家比例更高。各场馆的培训，无论是入职培训，还是日常的员工培训，都存在形式单一、专业性和针对性不强的问题，且培训的覆盖面和实施效果也存在问题。在员工的考核激励方面，各场馆普遍存在重量不重质的问题，评价体系仍有待完善。

各类场馆对人才总体需求略有不同，但均注重人才表达沟通与创新力；不同岗位与不同职称的人员素质需求不同，不同岗位的素质需求与岗位职能有很大的相关性；相比低职称人员，高职称人员在专业技能之外，更注重自身综合能力的提升。在培训需求方面，各类场馆均希望上级部门能针对博物馆行业组织有针对性和系统性的、以实践为主、实践与理论相结合的培训，形式最好为线上线下相结合，线下培训最好为集中性的短期培训。

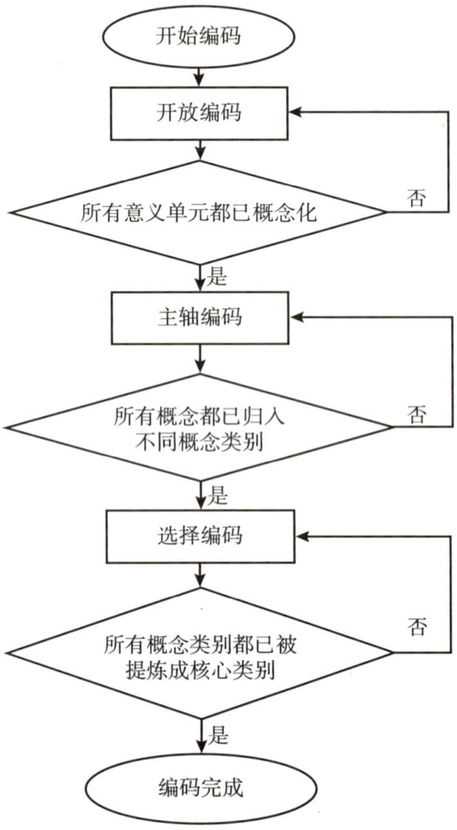

图 36　编码过程示意图

二、全国自然科学类博物馆人才队伍建设问题剖析

如前所述，全国自然科学类博物馆在人才队伍建设方面还存在一些问题，此部分将通过质性分析的方法剖析这些问题产生的原因，从而为问题的解决提供参考依据。本部分采用扎根理论作为质性分析的基本方法论，主要采用三级编码的方式对资料进行分析，这三级编码分别是开放编码（Open Coding）、主轴编码（Axial Coding）和选择编码（Selective Coding）。具体的编码过程如图 36 所示。

在编码之前，通过访谈获取编码的原始资料。本研究选取了 14 家有代表性的场馆，对其馆长和人事部门负责人共 28 人进行了访谈。其中，科技馆 6 家，自然博物馆 6 家，专业馆 2 家。

为更方便地标识各受访者的访谈内容，本研究为各类受访对象编制了相应的代码（如表 5 所示）。由于每一类访谈对象中包含多位访谈者，因此，对每位访谈对象的编号方式采用“编码代号 + 数字”的形式，如第一位接受采访的科技馆馆领导其编码代号为“SciD1”，以此类推得到所有受访者的编号。

从表 6 质性分析的编码过程可以看出，各类场馆以及场馆中的馆领导和人事部门领导之间的想法和意见基本一致，因此，在进行具体分析时，便将这些想法进行汇总，进行统一的分析和讨论。图 37 为质性分析结果的框架图，整个问题剖析的展开都将按此框架进行。

表 5　各类访谈对象编码代号

	馆领导	人事部门负责人
科技馆（6 家）	SciD1-6	SciH1-6
自然博物馆（6 家）	NatD1-6	NatH1-6
专业馆（2 家）	ProD1-2	ProH1-2

表 6　全国自然科学类博物馆问题剖析编码过程

开放编码——意义单元	科技馆馆领导（%）	自然博物馆领导（%）	专业馆馆领导（%）	科技馆人事领导（%）	自然博物馆人事领导（%）	专业馆人事领导（%）	主轴编码——概念类别	选择编码——核心类别
招聘工作由上级部门统一进行	92	91	92	92	95	91	场馆招聘方式受限导致人才供需不匹配	人才供需错位导致合适人才缺失
选拔采用统一标准，缺乏针对性	86	90	85	90	87	85		
场馆对招聘工作的参与度有限，存在供需不匹配的情况	88	92	85	88	86	90		
认为工作稳定有余但发展潜力不足	93	95	94	92	97	91	社会对场馆的认知局限导致人才供给不丰富	
认为工作内容相对简单而缺乏挑战性	87	93	87	87	91	87		
高层次人才择业时将博物馆作为备选	83	93	89	95	86	95		
各类人才在场馆中究竟起到多大作用并不明确	96	97	91	96	85	99	场馆自身发展的不确定性导致人才需求不明确	
各类人才所应具备的素质和能力仍旧在摸索过程中	93	85	86	91	86	88		
各类人才及各种素养的重要程度需要进一步探索	80	82	83	81	82	81		

续表

开放编码——意义单元	科技馆馆领导（%）	自然博物馆馆领导（%）	专业馆馆领导（%）	科技馆人事领导（%）	自然博物馆人事领导（%）	专业馆人事领导（%）	主轴编码——概念类别	选择编码——核心类别
对各类人才的培养比较笼统	87	88	87	88	93	89	人才需求不明确导致培养目标摇摆不定	人才培养缺失导致人才成长乏力
未制订非常明确的培养标准	92	90	93	92	91	95		
培养体系目前尚未纳入考虑范围	94	99	94	92	92	97	培养目标不明确导致培养体系、培养方案、培养路径难以建立	
培养方案和培养路径流于形式的情况较多	80	84	81	82	83	85		
培训效果往往不尽如人意	82	80	82	87	86	82	员工个人发展需求与场馆发展需求不一致导致培养效果欠佳	
在培养过程中，员工并没有按照场馆期望的方向发展	86	86	84	90	86	87		
寻找行业内专家的渠道有限	84	83	89	89	84	84	场馆发展历史短、行业基础薄弱导致培养资源匮乏	
寻找的专家与场馆需求不符合	90	86	90	89	85	91		
聘请的专家并未积极为场馆提供帮助	81	81	83	86	83	87		
场馆的建设运营涉及方方面面，有时无暇顾及人才培养这一内容	88	92	88	85	92	86	场馆对人才培养的重视程度不足导致培养力度不够	
人才培养完成后，会有流失的现象，因此对人才培养积极性不高	82	83	81	85	85	83		
同一岗位上的工作内容都差不多，难以进行定量评判	84	83	87	84	86	88	评价制度欠缺操作性导致评价流于形式	人才管理不善导致人才发展受阻
评价制度过于抽象难以操作	93	92	92	91	94	92		
缺乏独立的职称评定序列，致使员工的工作无法得到认定	89	88	86	88	86	88		
对于人员激励，一般而言差距并不会拉得特别大	86	87	87	88	87	90	观念保守阻碍奖惩方案实施	
除非犯有严重错误，一般以批评教育为主	82	86	82	87	83	85		
人事调动手续烦琐，困扰场馆人才流动	93	94	92	92	93	87	理念传统导致管理缺乏系统性和科学性	
职业规划无明晰的内容和标准	90	91	93	88	92	90		
由于缺乏行业人才的标准，导致在人员招聘时不能恰当地提出招聘要求	94	91	92	87	89	95	博物馆缺乏本行业人才队伍标准	缺乏行业标准与协会指导导致场馆人才建设缺乏科学的统筹规划
人才素质与博物馆的职能不匹配，以致工作进展不顺利	82	93	91	87	88	85		
场馆自己组织的培训深度不够，专业性不强	95	93	91	86	85	86	博物馆缺乏协会对行业人才的指导与培训	
第三方公司组织的培训针对性不强	89	91	94	81	90	90		
不能及时了解国外场馆的先进经验和做法	94	92	86	90	85	82		

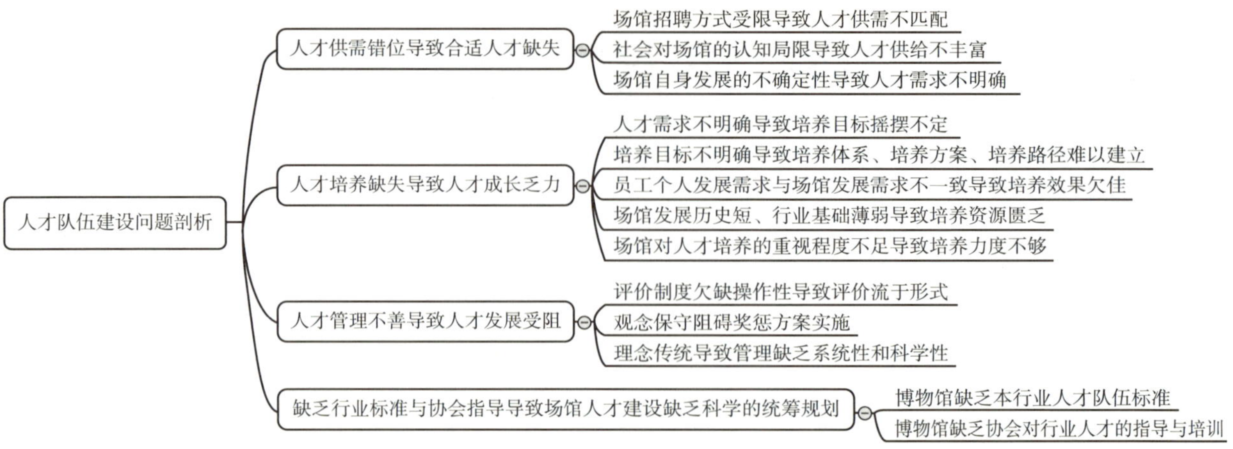

图 37　质性分析框架图

（一）人才供需错位导致合适人才缺失

目前，各场馆在人才供需方面存在一定程度的不对位现象，导致人才不充足的情况。人才的供需错位主要受到社会大环境、上级部门以及场馆本身三方面的影响。社会对场馆的认知局限以及上级部门对场馆人才招募的约束是外因；场馆自身定位不明晰是内因；三方面因素共同作用造成人才供需两端的不平衡。

1. 场馆招聘方式受限导致人才供需不匹配

大量事业单位编制的场馆在人才招募过程中受制于招聘方式和途径，使人才供需存在不匹配的现象。在访谈过程中，受访者表示场馆的招聘工作由上级部门统一组织进行，选拔采用统一标准的流程，在一定程度上缺乏针对性，虽然场馆可以提出自身需求，但由于场馆对招聘工作的参与度有限，所招募的人才难免出现与自身实际需求不符的情况（SciD1，NatD2，ProH2，…）；至于招聘方式，除事业单位招聘，场馆也能以劳务派遣、人才代理等形式招聘人员，但由于场馆的事业单位属性，以此类形式招聘的人员在待遇以及发展前景方面都与事业编制的人员有一定差距，因此，通过此类途径招募的都是一般的工作人员，很难以此招募到高层次、高水平人才。

2. 社会对场馆的认知局限导致人才供给不丰富

人才供给不丰富主要体现在人才数量不足、性别失衡、学历偏低、经验和能力欠缺等几个方面。之所以会产生这样的现象，主要是由于社会对场馆的认知局限。在访谈中，受访者表示公众对自然科学类博物馆的社会价值和社会地位的认可度有限，认为在博物馆的工作稳定有余但发展潜力不足、工作内容相对简单而缺乏挑战性。基于这样的认知，大量高层次人才在择业时往往不会将各类场馆放在首位，而只是将其作为备选，使场馆的人才供给处于不利地位（SciD4，NatD2，ProD2，…）。

之所以会出现这样的现象，一方面在于公众刻板印象或误解，而给公众造成这样印象的原因，一是在很长一段时间，博物馆的发展都比较缓慢且多为非盈利的事业单位，让人感觉博物馆的工作并无太大的价值和吸引力；二是公众对场馆的参观需求并不强烈，博物馆在人们心目中的存在感较弱，给人造成一种可有可无的错觉。另一方面，由于我国博物馆发展历史较短、博物馆整体的发展底蕴比较弱，参观博物馆的社会氛围还没有完全形成，使博物馆发展的外生动力不足，一部分场馆的确存在与时代脱节的现象，使社会对其认可度不高，对人才吸引力有限，导致人才供给不足。

3. 场馆领导对行业认识不足导致人才需求不明确

对人才需求不明确主要体现在三个方面，首先，不明确需要怎样的人才类型配比。场馆人才类型按照分工不同可分为管理行政类、专业技术类和工勤类三类，受访者表示各类人才的比例是否合理存在一定的疑问，对于每类人才在场馆中究竟起到了多大作用也并不明确（SciH2，NatD3，ProD1，…）。其次，不明确每类人才需要哪些素质和能力。受访者提到对于场馆各类人才所应具备的素质和能力，仍旧在摸索与探讨的过程中。最后，不明确哪类人才、哪些素质和能力最重要。根据访谈结果可以发现，受访者往往表示场馆发展需要多种类型的人才，并希望人才具有较高的综合素养，但对于每类人才及各种素养的重要程度则还需通过进一步的实践

得到答案（SciD4，NatD2，ProD2，…）。

之所以会出现这样的情况，主要在于场馆对自身未来发展的方向和重点不明确，从而无法确定自身对人才的需求。具体而言，对于一部分基础比较薄弱的场馆，由于场馆整体水平比较差、需要提升的方面比较多，一时之间无法准确找到提升自身水平的切入点，也就无法确定自身的发展重点；而对于发展到一定程度的场馆，在目前场馆蓬勃发展的大背景下，往往存在很多进一步发展的机会，需要找准一到两个方向重点发展并不十分容易，也就使自身下一步的发展重点存在疑问。

总而言之，人才供给不足、需求不明以及供需错位三方面因素是全国各自然科学类博物馆共同存在的问题，这些因素导致博物馆缺少大量合适人才。

（二）人才培养缺失导致人才成长乏力

人才培养是人才队伍建设中一个非常重要的方面，有效的人才培养能帮助人才成长。目前，场馆在人才培养方面存在培养目标不明确、培养体系不健全、培养方案缺乏针对性与操作性、培养路径不明确、培养效果欠佳和培养资源匮乏等问题。这些问题的存在导致场馆人才成长比较缓慢，不利于场馆的长远发展。之所以会产生这些问题，主要是由以下几方面因素造成。

1. 缺乏针对不同岗位的差异化培养方案

人才培养要落到实处，首先需要有明确的培养目标，继而才能根据所制订的培养目标确定具体的培养体系、培养方案和培养路径。然而，在访谈中，受访者表示目前场馆对各类人才的培养比较笼统，并未制订非常明确的培养标准（SciD1，NatD5，ProD1，…）。由此可见，场馆并未根据不同岗位制订清晰明确的人才培养目标。因此，也就为进一步开展各项人才培养的工作造成了阻碍。

有了明确的培养目标以后，需要建立完整的人才培养体系。人才培养体系为整个人才培养过程提供一个整体的框架，起到一个提纲挈领的作用；具有针对性的培养方案为人才培养过程提供具体的指导和引领；培养路径则为人才培养过程提供具体实施步骤。三者自上而下，由抽象到具体，为整个人才培养过程提供切实的参考，保证人才培养的一贯性和有效性。然而受访者多表示，目前培养体系的问题尚未纳入考虑范围，培养方案和培养路径通常很难落实和实施，流于形式的情况较多（SciD6，NatH5，ProH2，…）。之所以会产生这样的情况，主要是由培养目标不明确导致的，培养目标是整个人才培养的基石和指向标，指向的不明确导致后续所有的原则和具体操作步骤都无法落实。

2. 员工对个人发展、岗位职责以及场馆发展认识不清，从而影响培养效果

虽然目前场馆尚未建立起系统性的培养体系、具有针对性的培养方案以及具有可操作性的培养路径，但各场馆显然已经认识到人才培养的重要性，因此，也会为员工提供各种培训、观摩、比赛、参会的机会，希望以此进行人才培养。然而，受访者表示培训效果往往并不尽如人意，在培养过程中，员工往往并没有按照场馆期望的方向发展（SciD6，NatH5，ProD2，…）。

培养效果欠佳，最直接的原因是员工个人发展需求与场馆发展需求不一致，使得在培养过程中，员工关注的发展重点与场馆关注的能力素质相互背离，从而导致培养效果不符合馆方预期。进一步深究其原因，还是场馆对人才需求的不明确导致的，使员工并不明了自己的发展方向以及所需具备的素质和能力。

3. 场馆发展历史短、对行业发展规律认识不清，导致资源整合受困

在访谈过程中，资源不充足所造成的场馆人才培养薄弱也是受访者们常提到的问题。其中，有受访者表示，希望找寻一些行业内的专家为馆里的员工进行讲座等形式的培训，但总感觉寻找的渠道有限，无法找到合适的专家。另有受访者表示，邀请的相关专家并不能真正起到指导作用，对场馆的人才培养贡献有限（SciD5，NatH3，ProD1，…）。

由于我国场馆的发展历史较短，社会在很长一段时间对场馆的关注度并不高，因此，专门针对场馆的培养资源并不丰富，一方面成熟系统的资源比较少，另一方面资源的分布也比较分散，各地分布并不均匀，绝大多数场馆都处于资源短缺的状态。培养资源的缺乏会对人才培养工作的顺利开展造成阻碍和困扰。

4. 场馆领导缺乏行业全局眼光，并对人才培养重视不足

除以上所说的原因，场馆对人才培养的态度也决定着培养工作的质量与效果。在访谈中，受访者表示对于场馆的人才培养，资金是一个重要的问题，一方面由于场馆的建设运营涉及方方面面，场馆资金有时无暇顾

及人才培养这一块内容，另一方面场馆担心人才培养完成后会流失，导致培养成本无法收回，使场馆蒙受损失（SciD5，NatD3，NatD4，…）。由此可见，场馆领导不能站在行业的角度看待人才培养的问题，缺乏全局眼光。而场馆领导之所以缺乏行业全局眼光，归根结底是没有充分认识到人才培养的重要性。对人才培养的不重视，使得场馆的培养力度明显不足，导致人才无法获得成长和进步，令场馆的人才队伍建设无法有效开展和推进。

综上所述，在人才培养的问题上，场馆的能力、态度和资源都存在一定的问题。在能力方面，由于场馆在一定程度对于自身的长远规划和发展考虑不足，导致人才培养目标、培养体系、培养方案和培养路径的不确定；在态度方面，由于没有充分认识到人才培养的重要性，对于推动人才培养的积极性并不是很高；在资源方面，由于缺少丰富成熟的资源，导致高质量的人才培养工作无法顺利开展。以上三方面因素导致场馆人才培养力度不够，人才成长动力不足。

（三）人才管理不善导致人才发展受阻

人才的成长与发展除了需要合适的培养机制，良好的人才管理也不可或缺。一般而言，工作氛围、成长空间以及物质奖励是人才能否良好成长的三个重要方面。但目前，许多场馆存在评价体系不明、奖惩机制缺失、人才流动不畅等问题，导致人才发展受阻，造成这些问题的原因主要包括以下几个方面。

1. 评价制度欠缺操作性导致评价流于形式

合理的评价制度能对员工的工作情况做出科学的评判。对员工而言，科学有效的评价使其能有明确的工作方向，让其可以随时检视自己的工作情况；对场馆而言，科学有效的评价有助于帮助其准确地了解每位员工的能力和特点，继而做出更为合理的安排。

然而，目前场馆普遍缺少具有实践和操作意义的评价制度，在访谈过程中，有受访者表示场馆每年都会对员工进行考核，但同一岗位上的工作内容都差不多，难以进行定量的评判；另有受访者表示，馆里虽然建立了评价制度，但往往过于抽象难以操作，或与实际情况不符，难以执行（SciH5，SciD3，NatH4，…）。另外，受访者普遍提到的一个问题是职称评定，由于缺乏独立的职称评定序列，致使员工的工作存在无法得到认定的情况，这也从一个侧面反映了评价制度存在的问题。

由此可见，由于评价制度欠缺操作性和科学性，往往使评价工作流于形式，并不能通过评价激励和鞭策员工，评价的结果也无法为馆方的人才管理提供切实可靠的依据。究其原因，一方面是评价制度在构建的时候欠缺成熟的考虑，另一方面是评价制度在操作过程中缺乏执行力，最终使评价工作无法顺利进行和开展。

2. 观念保守阻碍奖惩方案实施

要构建一个积极健康的人才队伍，应当对人才实施科学奖惩措施。一方面，通过激励使人才具有更强的前进动力；另一方面，通过一定的鞭策手段督促人才保持良好的工作热情和工作态度，促使人才不断提升自身能力，不断成长。

然而，一直以来自然科学类博物馆的定位主要是公益性的事业单位。在人才的奖惩方面，通常都是比较稳健和温和的。受访者表示，对于人员激励，一般而言差距并不会拉得特别大；至于一些惩罚措施，除非犯有严重错误，一般还是以批评教育为主（SciD1，SciD4，NatD2，…）。

在这种稳健的奖惩策略之下，优秀的人才难以脱颖而出，而工作能力相对欠缺的员工也因为无法得到准确的指导和有力的指正，能力也难以得到提高。在这样的情况下，优秀的员工往往容易流失，而能力相对欠缺的员工又无法得到很好的提升，从而对场馆人才队伍建设造成不利影响。

3. 管理理念缺乏对人才的重视

在进行人才管理时，科学而长远的规划非常重要。具体而言，人才管理包括梯队建设、人才流动、职业规划等方面。良好的梯队建设是人才队伍持续健康发展的基石，畅通的人才流动渠道为人才成长提供更多的可能，合理的人才职业规划为人才的发展提供保障。

梯队建设主要包括年龄梯队和能力梯队两个方面，就年龄梯队而言，应保证各年龄段的人才能有效衔接，以避免出现青黄不接的现象；就能力梯队而言，金字塔式的能力结构往往是比较稳定和理想的。目前场馆的年龄结构和能力结构都未达到理想状态，受访者表示在年龄结构方面，中间层往往出现断档，有经验且年富力强的带教者通常比较稀缺（SciD1，SciD2，NatD3，NatD4，…）；而在能力结构方面，主要存在两种现象，一是中间层相对臃肿和庞大，导致整个队伍的执行力欠缺；二是中间小、底部大，导致整个队伍对上层的支撑

力不足，使场馆无法迅速成长和推进（SciD2，SciD6，NatD3，NatD4，…）。

当前场馆人才流动并无成熟的人才流动机制。有受访者提到场馆或相关单位间的人事调动手续非常烦琐，给场馆自身的人才建设造成不小的困扰。人才流动机制的不完善会使人才队伍结构的优化受限。

对于职业规划，各场馆针对各岗位往往并无清晰的规划，人员进入场馆后对自己未来的发展方向往往比较迷茫，缺乏统筹规划也不利于场馆对人才发展情况的掌握，导致人才队伍建设缺乏长远发展。

之所以会产生这样的现象，除了如前所述受到传统制约外，另一重要原因是缺乏先进的管理理念，导致整个人才队伍建设缺乏系统性和科学性。

（四）缺乏行业标准与协会指导导致场馆人才建设缺乏科学的统筹规划

1. 博物馆人才队伍建设缺乏行业标准引领

行业标准是一个行业规范和发展成熟的体现，清晰的行业标准可以指导场馆建设，包括硬件设施建设和人才队伍建设。在人才队伍建设方面，中国的博物馆尤其是自然科学类博物馆，发展历史较短，整个行业发展仍不健全，因此缺乏行业标准。这也造成了很多场馆的困扰，因为在场馆建设之处以及发展过程中，缺乏标准可循，在场馆岗位构成、人员构成、人员素质要求、人员选拔方式、人员培养、激励方式等方面缺乏科学的统筹规划。

在访谈过程中，有受访者提到，由于人才队伍与博物馆的职能不匹配，在开展工作的过程中总是感到力不从心，感到员工的工作并不能达到领导的预期效果（SciD2，SciD5，NatD3，NatD1，…）。还有受访者表示，由于缺乏行业人才标准，导致在人员招聘时不能恰当地提出招聘要求，只能按照主管部门的要求招聘，最终导致招聘的人员不能很好地为博物馆所用（SciD4，SciD6，NatD1，NatD4，ProD1，…）。

可见，很多场馆都已经意识到行业人才队伍标准的建立的重要性，也迫切需要一个科学全面的标准指导场馆建设、场馆日常工作开展以及场馆的可持续发展。

2. 博物馆人才队伍建设缺乏协会的指导

相比单一场馆能力薄弱、认识较为片面，行业协会作为众多场馆的集合，在人才队伍建设方面有更强的全局性和宏观统筹性，可以根据整个行业的发展现状给予各个场馆以指导，这也是行业协会的意义所在。

在被问及是否希望上级部门为场馆提供指导并组织针对性的员工培训时，几乎所有受访者都表示非常愿意，他们表示，场馆自己也组织过培训，也接受过其他公司组织的培训，但培训效果不好（SciD3，NatD3，NatD1，ProH2，…）。一方面，场馆自己组织的所谓培训其实更多的是员工之间的分享交流，对于员工能力提升不明显（SciD3，NatD3，NatD1，ProD2，…）；另一方面，外部公司的培训内容太笼统，根本不适用博物馆（SciD5,，NatD1，ProH2，…）。在其他指导方面，受访者表示，期望协会能够多向各个场馆介绍国外博物馆建设的先进理念与做法（SciD3，NatD3，NatH1，ProH1，…）。

由此可见，各个场馆对协会寄予很高的期望，希望协会能够给予场馆指导，能切实地帮助各个场馆，促进场馆的发展。这其中最迫切的需求就是国外经验的引进和行业针对性培训的组织。

第四部分　全国自然科学类博物馆人才队伍建设策略

如上所述，人才队伍建设的问题主要由以下几方面因素造成：一是社会大环境，社会对博物馆行业了解不够、热情不高致使该行业对人才缺乏吸引力；二是行业大背景，整个自然科学类博物馆行业一直以来的运营和管理风格都以平和稳定为主，导致在人才队伍建设方面也往往以平稳为主；三是场馆自身观念，场馆自身对人才培养的态度是否积极影响人才队伍建设的动力，如果场馆自身有非常积极的态度，将极大推动人才队伍建设的步伐；四是场馆自身能力，主要包括两个层面，一是统筹规划和决策能力，可帮助场馆清晰自身定位及未来的发展方向，使人才队伍建设有据可依；二是执行力，可帮助场馆真正落实各种决策，使人才队伍建设真正落到实处。

一、建立自然科学类博物馆人才队伍标准，创设高效、动态化的人才管理模式

（一）建立完善的行业发展标准和岗位分类标准

如前所述，人才队伍建设的一大问题在于场馆自身并不明确需要哪些类型的人才以及每种类型的人才队伍比例，因此也就无法建立起有效的人才队伍。根据本报告的研究情况，可以看出博物馆行业需要建立“金字塔

式”的人才队伍，以实力雄厚且数量庞大的专业技术人才队伍为支撑，以精简而高效的管理团队为依托，以高精尖的研究队伍为金字塔塔尖，使人才队伍对于博物馆的作用力处于纵向向上、横向向外的良性状态，促进人才队伍“金字塔”结构的良性动态发展。基于此，上级部门应着手建立一套完整的自然科学类博物馆行业发展标准以及人才岗位分类标准，明确自然科学类博物馆的定位，并在此基础上理清博物馆所需人才的类型和所需人才的具体素质，使各博物馆可以根据自身需求构建适合自身发展的人才队伍。

具体而言，行业发展标准应明确博物馆的几大主要目标和职责；岗位分类标准可以分为类别标准、能力标准以及职业标准三个层次。类别标准主要是对博物馆所需各类职位的性质进行提炼和概括，揭示博物馆各类岗位的主要特征，区分不同岗位的外延和内涵；能力标准主要确定胜任博物馆相应岗位所需具备的素质和能力；职业标准则是根据不同岗位的特点，确定任职条件，形成职务序列。

完善的行业发展标准和岗位分类标准的建立，可为博物馆的人才队伍建设提供一个明确的标杆和指导，为博物馆人才队伍建设的具体推进工作提供保障。

（二）建立专门的职称序列和薪酬体系

职称评定和薪酬体系是对每个人在场馆中价值的认定。目前，博物馆方面的职称评定主要是文博系列，但对于自然科学类博物馆，特别是科技馆与文化、历史和艺术类博物馆有比较大的差异，文博系列的职称评价体系与自然科学类博物馆的实际工作并非完全匹配，导致所做的许多工作无法得到认可，在一定程度上打击了员工工作的积极性。而在薪酬体系方面，由于自然科学类博物馆存在行业发展、岗位设置不明确的问题，薪酬分配并未充分体现各类人才的差异和价值。因此，上级部门应根据自然科学类博物馆自身的特点，制订专门的职称序列和薪酬体系，以此作为吸引人才、激发人才工作积极性的一种方式，使人才拥有更加强烈的归属感、成就感，既能在行业中明确自身的位置，又能够充分了解职业未来的发展路径和方向，为各自然科学类博物馆人才队伍建设方向提供明确的指引。博物馆建立专门的职称序列和薪酬体系，并以此为基础将个人岗位要求与职称序列相互对应，既可鼓励员工提升个人能力和水平，同时也有助于员工将个人事业发展与博物馆行业发展紧密联系，实现“互利共赢”。

（三）优化人才队伍建设资金使用模式

人才队伍建设需要资金保障，但其只是物质基础，更重要的是科学合理地使用资金，使资金投入能获得相应的回报。因此，上级部门在拨款时，应对款项的使用进行一定的限定，做到专款专用，保证资金使用效率。同时，为提升资金的使用效率和人员积极性，在资金的配置方式上可以采用“个人出一点，单位补一点，国家贴一点”的模式，一方面增强个人对于培训机会的重视程度，另一方面也减轻了单位和国家在培训资金上的压力。

针对人才队伍建设，上级部门可以设立多个主题的人才定向培养发展基金，根据不同类型的人才需要，配给专项资金开展培训等相关提高人才水平的活动。另外，上级部门还可以通过项目的形式分配资金，在通过项目锻炼人才队伍的同时，使资金得到高效合理地利用。

（四）构建灵活的人才服务平台

良好的人才服务平台可以为博物馆的人才队伍建设提供支撑，一方面可促进各博物馆间的信息互通、资源共享，为博物馆行业人才队伍建设提供更丰富的人才选择；另一方面可为创新人才提供专门的服务、建立创新项目支持渠道和知识产权服务体系，支持创新人才的创新工作，保护创新人才的创新热情和创新成果。

总的来说，人才服务平台建设一方面是对行业内的人才数据进行整合，为博物馆人才队伍建设提供有价值的人才信息；另一方面，也为人才流动提供一个平台，使场馆间及相关行业间的人才流动更加通畅，从而促进各博物馆的人才队伍建设，形成博物馆系统专业化的人才服务平台。

二、打造博物馆的品牌形象，提升场馆对人才的吸引力

在国际博物馆行业的发展历程中，博物馆始终承担着重要的社会责任，紧跟科学发展的步伐，反映现代科学的前沿，广泛辐射公众的社会生活。然而作为舶来品，在中国公众的意识中，博物馆作为“展示橱窗”存在多年，随着国外博物馆理念传入中国，这种固有的看法亟待“革新”。联合国教科文组织发文指出，博物馆作为非正规教育机构，是学校教育的重要补充，教育职能应该作为博物馆所有功能的核心。在博物馆人才队伍建设的过程中，我们应该从教育的角度看待博物馆事业未来的发展，打造博物馆的品牌形象，提升其在公众心中

的地位，重新树立公众对博物馆的认识。

（一）利用现代化传播手段，集结科学技术、科学知识与科普人才

互联网技术日新月异，社交媒体、众包、物联网、自然用户界面等一大批新媒体开始在博物馆中涌现，这也促使博物馆开始思考传播方式的变革。新时期的博物馆可以承担起科学媒介中心的角色，在嘈杂的互联网传播中掷地有声地发出权威的科学诠释，带领公众回应充满争议的科学问题，靠近科学的真相，这既是博物馆的责任与使命，也是博物馆的魅力所在。博物馆作为科学传播的重要载体，需要跟上时代变革的步伐，利用新的科学传播手段加强传播效果，同时也加大对自身的宣传力度。

信息沟通方式的转变逐渐开始带动博物馆与公众、公众与公众、公众与社会之间增加互动。自然科学类博物馆的相关上级部门或行业协会应积极利用各种宣传手段，针对科技馆、自然科学类博物馆和专业博物馆的不同特点，通过网络、电视、报纸杂志等多种途径，以公益广告、纪录片、微电影、文章、报道等多种形式，向公众宣传博物馆的价值和意义，以此鼓励公众更加积极地参加博物馆，对博物馆产生更多的了解和认同。基于此，自然科学类博物馆应将科学内容、科学技术和科学人才相集结，实现博物馆行业的可持续发展。

（二）紧跟科学发展步伐，打造一流展示，引领文化时尚

自然科学类博物馆是人类科学技术发展的一扇窗户，始终紧跟科学发展的脚步。目前国际博物馆尤其重视与科学家的合作，时刻捕捉科学研究的动态，不断为新的科学进展提供展示的平台，一方面使公众能够迅速地了解这一新的学术动态，另一方面也使博物馆在展示内容上得以保持前沿性和先进性。在展览展示方面，国际博物馆的新形态展览不仅表现在新颖的选题，也表现在富有实验性的表达方式上，强调多元观点的共存，展示手法更为大胆、新颖。同时，观念性展览、剧场式临展、户外临展等创新形态的展览不断涌现，逐渐推翻观众对博物馆展示的传统认知，推动博物馆的革新，形成目前国际博物馆展览新的趋势，引领文化时尚，让进入博物馆成为一种流行。

（三）融合科学与艺术，提升博物馆的市场价值和国际竞争力

博物馆，尤其是自然科技类博物馆里的藏品、展览以及研究，都为生命的多样性、进化历史提供了一个真实的证据，它们生动地展示了生命难以置信的多样性、奇特而智慧的生存方式以及彼此之间微妙的相互作用，从而将公众引入一个个奇妙的、未知的领域。同时，博物馆作为地球上数十亿年来生物演化密码的基因库，通过组合科学的逻辑和艺术的审美，形成了科学与艺术的对话，这是真正的科学与艺术的结合。要想成为在国际上有影响力的自然科学类博物馆，应充分在馆内融合科学与艺术，将公众对博物馆的认识提高到一个新高度。

同时，博物馆应从行业发展的角度来设计展览及相关教育活动，明确博物馆的市场化运作模式，协调各责任部门之间的关系，建立强大的社会化团队，注重与专家、社会力量、大众媒体以及其他组织机构的多方协作，建立成熟的商业化运作机制，从而提升博物馆的市场竞争力，促进整个科普产业的发展。

三、自然博协组织牵头，建立完善的培训机制，提升人才队伍水平

不论是人才需求无法得到满足，还是人才管理存在问题，从根本上讲，都是缺乏合适的人才。博物馆要获得更多合适的，除了直接从外部寻找，也可以通过自身的人才培训来打造适合自身发展的人才。

博物馆是一个需要各种类型人才维系和支持其发展的地方。上级部门应利用自身的资源优势，建立完善的培训体制，让全国自然科学类博物馆都能受益。

（一）建立差异化的人才培训方案

从前述对人才及人才培养的需求可以看到，不同类别的场馆、同类场馆的不同岗位、不同职称的人员其需求都呈现出差异化。因此，有效的人才培训方案应该能体现差异性，如培训内容、培训形式、培训深度和培训时间的差异性。

作为博物馆自身而言，其资源和精力都有限，尤其在我国，博物馆的发展还不是十分成熟，因此，上级部门及相关协会可利用自身的资源优势以及对资源调配的能力，对博物馆人才培训进行统筹安排。

就培训内容而言，包括运营管理、展示教育、展品和展览策划以及科学研究这几个方面，涉及的知识包括教育学、传播学、自然科学、工程学、管理学等多个方面，而最核心的能力则包括表达沟通和创新两方面。因此，在设计培训内容时可以将知识和能力两方面内容结合起来。

就培训形式而言，可以分为理论培训和实践操作两方面，根据之前各场馆提到的培训需求，实践和理论的比例可以为7∶3。理论培训可以以讲座、上课等形式为主，实践操练可以通过模拟情景、实地体验等方式展开。

就培训深度而言，根据岗位及从业经验的差异，可以分为初级、中级和高级三个不同的程度，使培训更具针对性。

就培训周期而言，根据之前的培训需求，大多数场馆比较喜欢短期集中培训，培训时间在1个月左右。

确定了培训时间、内容和形式之后，最关键的是针对不同的人员进行不同的培训，使培训效果达到最好。根据之前的人才需求，可以做如下几个层次的划分：首先，分三类不同场馆（科技馆、自然博物馆和专业馆）；其次，每类场馆分三类不同岗位（专业技术岗、行政管理岗和工勤岗）；最后，每类人员分三个级别（初级、中级和高级）。针对不同场馆、不同岗位和不同级别的人员，制订具体的培训计划。同时，在培训形式上可以借鉴国内外相关经验，如在高级管理人员的培训上，可以采用“精英化人才”培养方式，将具有较高学历水平、较强工作能力且在重点工作岗位的人员集合培训，采用“精英化”的培养方案，为自然科学类博物馆的发展培养未来的领军人才。

（二）建立多样化的人才培训模式

开展集中培训的好处在于资源的集约使用，但集中到一地也存在时间和距离的问题，因此，除了统一集中的培训模式，还可以发挥新媒体等现代传播技术，建立多样化的人才培训模式。广泛借鉴社会上已经成熟的培训体系，创新博物馆系统的人才培训模式。

例如，随着网络技术的日趋发达，网络教育已经十分常见。博物馆人才培训也可以借鉴这种方式，以线上培训的形式使培训不再受到时间、地域和人数的限制，降低成本的同时还可提高受惠的范围。另外，还可以建立区域性的人才培养基地，发挥大型场馆的资源优势，将其培训资源辐射给周围中小型场馆，一方面，在促进中小型场馆人才成长的同时，也使大型场馆的价值得到进一步彰显；另一方面，场馆之间的互动也有利于资源的集约化和高效使用，使各场馆互补短长，并借此形成更多合作机会，进一步促进彼此人才的成长。

（三）建立专业化、职业化的人才评估体系

对于人才培训的效果，应建立一套标准的人才评估体系。人才评估体系可以分两个方面展开：一方面，需要评估有效性，即被培训者对培训内容的掌握程度；另一方面，需要评估培训有用程度，即被培训者是否能通过培训提升自己在工作中的能力，使自己工作开展得更为顺畅。另外，评估还应有一个跟踪的过程，以确认培训的效果是暂时的还是长期的。

通过这样的评估，一方面可以优化培训方案，另一方面也能对人才进行评判。科学的人才评估体系有利于人才培训工作的持续推进和完善。

（四）调动协会力量，增强培训的支持力度

科学类博物馆在加强人才队伍建设的过程中，需要调动多方力量，充分利用社会资源。国外在博物馆发展社会力量建设方面已经有了丰富的经验，如美国博物馆协会已经成为世界范围内博物馆领域的核心机构，每年都吸引世界各地博物馆领域的人才为全世界的博物馆发展提供智力支撑。我国博物馆大多是事业单位，通过政府拨款获得资金支持，因此在加强自身建设、提高队伍水平的时候通常会借助政府的力量。然而随着当前我国社会机构的不断增加，社会团体已经成为政府之外一支有力的队伍，为博物馆服务的社会团体力量也在不断加强，如中国自然科学博物馆协会这样的机构，通过汇集一大批博物馆方面的专家，为中国博物馆发展提供前瞻性的建议，不断加强我国博物馆在世界范围内的地位。在科普人才队伍建设的研究过程中，同样需要充分调动政府、场馆以及社会机构等多方力量，共同为我国科普人才队伍建设提供支撑。

参考文献

[1] Angelika Ruge. Museum Professions-A European Frame of Reference [M]. ICOM, ICTOP, 2008.

[2] Boylan P 主编，黄静雅、韦清琦译. 经营博物馆 [M]. 南京：译林出版社，2010.

[3] 甄朔南. 甄朔南博物馆学文集 [M]. 北京：中国大百科全书出版社，2004.

[4] 王睿. 试论我国博物馆人才培养 [J]. 博物馆研究，2008（4）：11-20.

[5] 王佳. 优化结构：博物馆人力资源配置初探——以北京故宫博物院为例 [D]. 北京：中国艺术研究院，2013.
[6] 吴晓明. 博物馆引进人才智力之管见 [J]. 东方博物，2004（3）：100–105.
[7] 国务院. 全民科学素质行动计划纲要（2006—2010—2020 年）[J]. 国务院公报，2006.
[8] 中华人民共和国科学技术部政策法规与体制改革司. 中国科普统计 2010 [M]. 北京：科学技术文献出版社，2010.
[9] 郑念. 我国科普人才队伍存在的问题及对策研究 [J]. 科普研究，2009（2）：19–29.
[10] 莫扬. 我国高校科技传播专业建设现状分析及建议 [J]. 科普研究，2006（2）：31–35.
[11] 詹正茂，舒志彪. 中国科学传播报告 2008 [M]. 北京：社会科学文献出版社，2008.
[12] 张义忠，汤书昆. 社会知识化转型中我国国家科普教育基地的可持续发展审视——基于对全国科普教育基地的调查研究 [J]. 中国科技论坛，2008（11）：85–88.
[13] 帕特里克·博伊兰，维基·伍拉德. 经营博物馆培训人员手册 [M]. 黄雅静，韦清奇译. 南京：译林出版社，2010.
[14] 莫扬，荆玉静，刘佳. 科技人才科普能力建设机制研究——基于中科院科研院所的调查分析 [J]. 科学学研究，2011，29（3）：359–365.
[15] 何潭潭. 中国教育培训市场现状分析与发展对策研究 [D]. 大连：大连理工大学，2010.
[16] 刘军. 博物馆人力资源管理研究——以中南地区四省级博物馆为例 [D]. 长沙：中南大学，2011.
[17] Campbell D T. A qualitative investigation of the factors influencing the implementation of reform efforts in science [J]. *Improving Schools*，2006（9）：61–68.
[18] Gupta P，Adams J，Kisiel J. Examining the complexities of school–museum partnerships [J]. *Cult Stud of Sci Educ*，2010（5）：685–699.
[19] Doswell R. Evaluating educational value in museum exhibitions:establishing an evaluation for the negro leagues baseball museum [D]. Kansas:University of California–Riverside，2008.
[20] Danker S H. Museum and schools:strengthening relationships between an art museum educator and local teachers [D]. Illinois:University of Illinois at Urbana –Champaign，2012.

附表 各场馆不同岗位人员能力重要性排序

附表 1 科技馆不同岗位人员能力重要性排序

排序	科技馆专业技术岗	科技馆行政管理岗	科技馆工勤岗
1	展示设计专业知识	运营管理能力	展示设计专业知识
2	自然科学专业知识	表达沟通能力	表达沟通能力
3	表达沟通能力	项目管理 / 人员管理专业知识	展览策划设计的分析和研究能力
4	教育活动实施能力	创新能力	科普作品创作能力
5	展览策划设计的分析和研究能力	教育活动实施能力	自然科学专业知识
6	创新能力	展览策划设计的分析和研究能力	项目管理 / 人员管理专业知识
7	科学研究能力	科普作品创作能力	创新能力
8	科普作品创作能力	自然科学专业知识	运营管理能力
9	运营管理能力	展示设计专业知识	科学研究能力
10	项目管理 / 人员管理专业知识	传播学专业知识	教育活动实施能力
11	传播学专业知识	人文 / 社科专业知识	人文 / 社科专业知识
12	人文 / 社科专业知识	科学研究能力	传播学专业知识

附表 2　自然博物馆不同岗位人员能力重要性排序

排序	自然博物馆专业技术岗	自然博物馆行政管理岗	自然博物馆工勤岗
1	创新能力	表达沟通能力	表达沟通能力
2	科学研究能力	项目管理 / 人员管理专业知识	教育活动实施能力
3	项目管理 / 人员管理专业知识	自然科学专业知识	项目管理 / 人员管理专业知识
4	表达沟通能力	运营管理能力	创新能力
5	展览策划设计的分析和研究能力	教育活动实施能力	传播学专业知识
6	展示设计专业知识	展示设计专业知识	自然科学专业知识
7	自然科学专业知识	传播学专业知识	运营管理能力
8	教育活动实施能力	创新能力	科普作品创作能力
9	运营管理能力	展览策划设计的分析和研究能力	展览策划设计的分析和研究能力
10	科普作品创作能力	科学研究能力	展示设计专业知识
11	传播学专业知识	人文 / 社科专业知识	人文 / 社科专业知识
12	人文 / 社科专业知识	科普作品创作能力	科学研究能力

附表 3　专业馆不同岗位人员能力重要性排序

排序	专业馆专业技术岗	专业馆行政管理岗	专业馆工勤岗
1	教育活动实施能力	表达沟通能力	表达沟通能力
2	展示设计专业知识	创新能力	自然科学专业知识
3	表达沟通能力	自然科学专业知识	教育活动实施能力
4	创新能力	项目管理 / 人员管理专业知识	展览策划设计的分析和研究能力
5	项目管理 / 人员管理专业知识	教育活动实施能力	创新能力
6	自然科学专业知识	科普作品创作能力	科普作品创作能力
7	科学研究能力	传播学专业知识	项目管理 / 人员管理专业知识
8	科普作品创作能力	人文 / 社科专业知识	人文 / 社科专业知识
9	展览策划设计的分析和研究能力	运营管理能力	展示设计专业知识
10	传播学专业知识	展示设计专业知识	科学研究能力
11	人文 / 社科专业知识	展览策划设计的分析和研究能力	传播学专业知识
12	运营管理能力	科学研究能力	运营管理能力

附表 4　科技馆不同职称人员能力重要性排序

科技馆排序	无职称	初级	中级	副高级	正高级
1	表达沟通能力	表达沟通能力	表达沟通能力	教育活动实施能力	表达沟通能力
2	创新能力	创新能力	创新能力	科学研究能力	创新能力
3	教育活动实施能力	教育活动实施能力	教育活动实施能力	项目管理 / 人员管理专业知识	教育活动实施能力
4	展览策划设计的分析和研究能力	自然科学专业知识	项目管理 / 人员管理专业知识	科普作品创作能力	科普作品创作能力
5	自然科学专业知识	运营管理能力	科普作品创作能力	自然科学专业知识	传播学专业知识
6	传播学专业知识	科普作品创作能力	展览策划设计的分析和研究能力	创新能力	人文 / 社科专业知识
7	科普作品创作能力	项目管理 / 人员管理专业知识	自然科学专业知识	展览策划设计的分析和研究能力	自然科学专业知识
8	人文 / 社科专业知识	人文 / 社科专业知识	运营管理能力	运营管理能力	展览策划设计的分析和研究能力
9	展示设计专业知识	科学研究能力	人文 / 社科专业知识	展示设计专业知识	科学研究能力
10	项目管理 / 人员管理专业知识	传播学专业知识	科学研究能力	传播学专业知识	项目管理 / 人员管理专业知识
11	运营管理能力	展览策划设计的分析和研究能力	传播学专业知识	人文 / 社科专业知识	展示设计专业知识
12	科学研究能力	展示设计专业知识	展示设计专业知识	表达沟通能力	运营管理能力

附表 5　自然博物馆不同职称人员能力重要性排序

自博馆排序	无职称	初级	中级	副高级	正高级
1	表达沟通能力	自然科学专业知识	创新能力	表达沟通能力	展览策划设计的分析和研究能力
2	科普作品创作能力	表达沟通能力	自然科学专业知识	人文 / 社科专业知识	创新能力
3	运营管理能力	创新能力	表达沟通能力	项目管理 / 人员管理专业知识	自然科学专业知识
4	项目管理 / 人员管理专业知识	教育活动实施能力	教育活动实施能力	创新能力	科学研究能力
5	人文 / 社科专业知识	科普作品创作能力	科学研究能力	教育活动实施能力	表达沟通能力
6	教育活动实施能力	科学研究能力	科普作品创作能力	运营管理能力	科普作品创作能力
7	自然科学专业知识	展示设计专业知识	展览策划设计的分析和研究能力	传播学专业知识	项目管理 / 人员管理专业知识
8	创新能力	展览策划设计的分析和研究能力	传播学专业知识	展示设计专业知识	教育活动实施能力
9	展示设计专业知识	传播学专业知识	展示设计专业知识	自然科学专业知识	展示设计专业知识
10	传播学专业知识	人文 / 社科专业知识	项目管理 / 人员管理专业知识	科普作品创作能力	运营管理能力
11	展览策划设计的分析和研究能力	项目管理 / 人员管理专业知识	运营管理能力	展览策划设计的分析和研究能力	传播学专业知识
12	科学研究能力	运营管理能力	人文 / 社科专业知识	科学研究能力	人文 / 社科专业知识

附表 6 专业馆不同职称人员能力重要性排序

专业馆排序	无职称	初级	中级	副高级	正高级
1	表达沟通能力	表达沟通能力	展示设计专业知识	教育活动实施能力	展示设计专业知识
2	教育活动实施能力	教育活动实施能力	自然科学专业知识	自然科学专业知识	展览策划设计的分析和研究能力
3	自然科学专业知识	自然科学专业知识	展览策划设计的分析和研究能力	表达沟通能力	自然科学专业知识
4	创新能力	人文 / 社科专业知识	表达沟通能力	创新能力	人文 / 社科专业知识
5	传播学专业知识	项目管理 / 人员管理专业知识	人文 / 社科专业知识	科学研究能力	科学研究能力
6	科普作品创作能力	创新能力	创新能力	展示设计专业知识	运营管理能力
7	人文 / 社科专业知识	科普作品创作能力	教育活动实施能力	科普作品创作能力	表达沟通能力
8	展示设计专业知识	科学研究能力	科学研究能力	项目管理 / 人员管理专业知识	创新能力
9	科学研究能力	传播学专业知识	项目管理 / 人员管理专业知识	传播学专业知识	教育活动实施能力
10	展览策划设计的分析和研究能力	展示设计专业知识	传播学专业知识	运营管理能力	项目管理 / 人员管理专业知识
11	项目管理 / 人员管理专业知识	展览策划设计的分析和研究能力	科普作品创作能力	展览策划设计的分析和研究能力	传播学专业知识
12	运营管理能力	运营管理能力	运营管理能力	人文 / 社科专业知识	科普作品创作能力

附件 1：问卷和访谈提纲

一、自然科学类博物馆人才结构调研与队伍建设调查问卷（馆领导）

非常感谢您在繁忙的工作中抽出时间填写这份问卷，您对这些问题的回答将使我们全面地了解博物馆工作的现状以及未来改进的可能。

请实事求是地填写本问卷，填写说明如下：

- 所有的问题都没有对错和好坏之分，只是描述贵单位的真实情况，请勿有任何顾虑。
- 博物馆包括自然博物馆、天文馆、地质馆等自然科学类博物馆。

我们郑重承诺，我们对您的回答和有关数据将严格保密，否则将承担法律责任。

您的支持和配合对我们的研究非常重要，再次感谢！

自然科学类博物馆人才结构调研与队伍建设课题组

1. 请对贵单位人才所应具备素质的重要程度进行判断（5 分为最重要，1 分为最不重要）

	所应具备的素质	重要程度				
1	传播学专业知识	1	2	3	4	5
2	展示设计专业知识	1	2	3	4	5
3	自然科学专业知识	1	2	3	4	5
4	人文 / 社科专业知识	1	2	3	4	5
5	项目管理 / 人员管理专业知识	1	2	3	4	5
6	表达沟通能力	1	2	3	4	5
7	创新能力	1	2	3	4	5
8	科普作品创作能力	1	2	3	4	5
9	教育活动实施能力	1	2	3	4	5
10	科学研究能力	1	2	3	4	5
11	运营管理能力	1	2	3	4	5
12	展览策划设计的分析和研究能力	1	2	3	4	5
13	其他，请注明	1	2	3	4	5
14	其他，请注明	1	2	3	4	5
15	其他，请注明	1	2	3	4	5

2. 您认为目前的人员数量和结构存在哪些不合理的地方?

A. 缺乏高学历人才

B. 缺乏专业对口的人才

C. 人员存在青黄不接的现象

D. 其他________________（若有，请写在横线上）

3. 贵单位在人才的引进上，主要通过以下哪种方式?

A. 社会招聘　　B. 校园招聘　　C. 劳务派遣　　D. 其他__________（若有，请写在横线上）

4. 贵单位在引进外来人员上，主要通过以下哪种方式?

A. 外聘专家　　B. 志愿者　　C. 实习生　　D. 其他__________（若有，请写在横线上）

5. 在人才引进的过程中，主要的困难有哪些?

A. 引进渠道单一　　B. 引进手段缺乏灵活性

C. 博物馆自身不明确所需人才的类型　　D. 博物馆缺乏对人才的吸引力

E. 其他__________

6. 贵单位目前亟需哪些类型的人才?

A. 运营管理人才　　B. 展示教育人才　　C. 展览策划人才

D. 展览设计人才　　E. 科学研究人才　　F. 其他__________（若有，请写在横线上）

7. 您认为应该从哪些地方吸纳博物馆人才?

A. 高校 / 研究院　　B. 行业内相关企业　　C. 同行业其他单位　　D. 其他__________

8. 贵单位是否会为每一位员工制订培养计划?

A. 是　　B. 否

9. 贵单位是否针对不同类型（如展教人才、管理人才、研究人才等）的人才具有专门的培养方案?

A. 是　　B. 否

如有，请简要描述一下相应的培养方案：

____

____

10. 贵单位是否针对不同层次（一般人才、骨干人才、特殊人才等）的人才具有专门的培养方案?

A. 是　　B. 否

如有，请简要描述一下相应的培养方案：

____

____

11. 贵单位有哪些类型的新人培训？

A. 入职培训讲座　B. 带教老师带教实践　C. 部门轮岗培训　D. 其他________

12. 贵单位新人培训的内容主要包含哪些方面？

A. 场馆总体介绍　B. 岗位专业知识　C. 场馆基本职业规范　D. 其他________

13. 除新人培训外，贵单位还有哪些类型的员工培训？

A. 馆内理论培训　B. 馆外专家讲座　C. 馆际学习交流　D. 其他________

14. 贵单位员工培训的内容主要包含哪些方面？

A. 专业知识培训　B. 创新能力培训　C. 沟通表达能力培训　D. 其他________

15. 您认为贵单位还应开展哪些内容的培训？

A. 专业知识培训　B. 创新能力培训　C. 沟通表达能力培训　D. 其他________

16. 您认为还可以有哪些人才培养的方式？

A. 在职学历教育　B. 上级部门组织短期培训　C. 在线学习　D. 其他________

17. 若上级部门组织短期培训，您希望的培训内容是：

A. 专业知识培训　B. 创新能力培训　C. 沟通表达能力培训　D. 其他________

18. 若上级部门组织短期培训，您希望的培训形式是：

A. 理论类培训　B. 实践类培训　C. 理论为主，实践为辅　D. 实践为主，理论为辅

19. 若上级部门组织短期培训，您认为最合适的时间安排是：

A. 每周 1 次　B. 每两周 1 次　C. 集中培训 1 个月　D. 其他________

20. 贵单位在人才培养方面遇到过以下哪些困难？

A. 缺少政策支持　B. 缺少上级部门重视　C. 缺少配套的资金　D. 缺少详细的规划

21. 贵单位的人才评价主要包含哪几个方面？

A. 工作的完成数量　B. 工作的完成质量　C. 工作创新性　D. 其他________

22. 贵单位人才评价主要采用哪些方式？

A. 领导打分　B. 同事打分　C. 自我打分　D. 领导小组讨论　E. 其他________

23. 贵单位员工多久写一次述职报告？

A.1 年　B.1 季度　C.1 个月　D. 按需　E. 其他________

24. 请对以下陈述进行判断

编号	判断	非常同意	同意	不确定	不同意	非常不同意
1	贵单位在人才的引进上没有专业的限制					
2	贵单位在引进人才时就已经做好了人才的发展规划					
3	单位每年组织培训活动的次数能够满足人才专业发展需求					
4	单位能够给予人才发展政策和制度上的支持与保障					
5	在职称晋级上单位能够依照业绩公平地推荐人选					
6	贵单位在配置馆内人才资源时有统一的标准					
7	贵单位招聘了足够多的志愿者以满足活动需求					
8	博物馆能够依照个人的特长和兴趣恰当地分配岗位					
9	贵单位每年都会在岗位内部进行职位的变动					
10	贵单位有足够的激励措施激发员工的学习热情					
11	贵单位的各个部门人手不够的时候，总可以从其他部门借调人员					

感谢贵单位的理解、支持和配合！

自然科学类博物馆人才结构调研与队伍建设课题组

二、自然科学类博物馆人才结构调研与队伍建设调查问卷（部门负责人）

非常感谢您在繁忙的工作中抽出时间填写这份问卷，您对这些问题的回答将使我们全面地了解博物馆工作的现状以及未来改进的可能。

请实事求是地填写本问卷，填写说明如下：

- 所有的问题都没有对错和好坏之分，只是描述贵单位的真实情况，请勿有任何顾虑。
- 博物馆包括自然博物馆、天文馆、地质馆等自然科学类博物馆。

我们郑重承诺，我们对您的回答和有关数据将严格保密，否则将承担法律责任。

您的支持和配合对我们的研究非常重要，再次感谢！

自然科学类博物馆人才结构调研与队伍建设课题组

1. 请填写贵部门的名称及相应的人员信息

部门名称：		
部门下设岗位数：		
部门下设岗位名称：		
学历（请填写数量）	博士	
	硕士	
	本科	
	大专	
	大专以下	
馆龄（请填写数量）	0—2 年	
	2—5 年	
	5—10 年	
	10 年以上	
职称（请填写数量）	无	
	中级	
	副高级	
	正高级	
在编（请填写数量）	是	
	否	
专业（请填写数量）	理工科	
	人文社科	
	农科	
	医科	

2. 请对贵部门人才所应具备素质的重要程度进行判断（5 分为最重要，1 分为最不重要）

	所应具备的素质	重要程度				
1	传播学专业知识	1	2	3	4	5
2	展示设计专业知识	1	2	3	4	5
3	自然科学专业知识	1	2	3	4	5
4	人文 / 社科专业知识	1	2	3	4	5
5	项目管理 / 人员管理专业知识	1	2	3	4	5
6	表达沟通能力	1	2	3	4	5
7	创新能力	1	2	3	4	5
8	科普作品创作能力	1	2	3	4	5
9	教育活动实施能力	1	2	3	4	5
10	科学研究能力	1	2	3	4	5
11	运营管理能力	1	2	3	4	5
12	展览策划设计的分析和研究能力	1	2	3	4	5
13	其他，请注明	1	2	3	4	5
14	其他，请注明	1	2	3	4	5
15	其他，请注明	1	2	3	4	5

3. 您认为目前的人员数量和结构存在哪些不合理的地方？

A. 缺乏高学历人才

B. 缺乏专业对口的人才

C. 人员存在青黄不接的现象

D. 其他__________（若有，请写在横线上）

4. 贵部门在人才的引进上，主要通过以下哪种方式？

A. 社会招聘　　B. 校园招聘　　C. 劳务派遣　　D. 其他__________（若有，请写在横线上）

5. 贵部门在引进外来人员上，主要通过以下哪种方式？

A. 外聘专家　　B. 志愿者　　C. 实习生　　D. 其他__________（若有，请写在横线上）

6. 在人才引进的过程中，主要的困难有哪些？

A. 引进渠道单一

B. 引进手段缺乏灵活性

C. 博物馆自身不明确所需人才的类型

D. 博物馆缺乏对人才的吸引力

E. 其他__________

7. 贵部门目前亟需哪些类型的人才？

A. 运营管理人才

B. 展示教育人才

C. 展览策划人才

D. 展览设计人才

E. 科学研究人才

F. 其他__________（若有，请写在横线上）

8. 您认为应该从哪些地方吸纳博物馆人才？

A. 高校 / 研究院

B. 行业内相关企业

C. 同行业其他单位

D. 其他__________

9. 贵部门是否会为每一位员工制订培养计划？

A. 是　　B. 否

10. 贵部门是否针对不同类型（如展教人才、管理人才、研究人才等）的人才具有专门的培养方案？

A. 是　　B. 否

如有，请简要描述一下相应的培养方案：

____

____

11. 贵部门是否针对不同层次（一般人才、骨干人才、特殊人才等）的人才具有专门的培养方案？

A. 是　　B. 否

如有，请简要描述一下相应的培养方案：

____

____

12. 贵部门有哪些类型的新人培训？

A. 入职培训讲座　　B. 带教老师带教实践　　C. 部门轮岗培训　　D. 其他__________

13. 贵部门新人培训的内容主要包含哪些方面？

A. 场馆总体介绍　　B. 岗位专业知识　　C. 场馆基本职业规范　　D. 其他__________

14. 除新人培训外，贵部门还有哪些类型的员工培训？

A. 馆内理论培训　　B. 馆外专家讲座　　C. 馆际学习交流　　D. 其他__________

15. 贵部门员工培训的内容主要包含哪些方面？

A. 专业知识培训　　B. 创新能力培训　　C. 沟通表达能力培训　　D. 其他__________

16. 您认为贵部门还应开展哪些内容的培训？

A. 专业知识培训　　B. 创新能力培训　　C. 沟通表达能力培训　　D. 其他__________

17. 您认为还可以有哪些人才培养的方式？

A. 在职学历教育　　B. 上级部门组织短期培训　　C. 在线学习　　D. 其他__________

18. 若上级部门组织短期培训，您希望的培训内容是：

A. 专业知识培训　　B. 创新能力培训　　C. 沟通表达能力培训　　D. 其他__________

19. 若上级部门组织短期培训，您希望的培训形式是：

A. 理论类培训　　B. 实践类培训　　C. 理论为主，实践为辅　　D. 实践为主，理论为辅

20. 若上级部门组织短期培训，您认为最合适的时间安排是：

A. 每周 1 次　　B. 每两周 1 次　　C. 集中培训 1 个月　　D. 其他__________

21. 贵部门在人才培养方面遇到过以下哪些困难？

A. 缺少政策支持　　B. 缺少上级部门重视　　C. 缺少配套的资金　　D. 缺少详细的规划

22. 贵部门的人才评价主要包含哪几个方面？

A. 工作的完成数量　　B. 工作的完成质量　　C. 工作创新性　　D. 其他__________

23. 贵部门人才评价主要采用哪些方式？

A. 领导打分　　B. 同事打分　　C. 自我打分　　D. 领导小组讨论

E. 其他__________

24. 贵部门员工多久写一次述职报告？

A.1 年　　B.1 季度　　C.1 个月　　D. 按需　　E. 其他__________

25. 请对以下描述进行判断

编号	判断	非常同意	同意	不确定	不同意	非常不同意
1	贵单位在人才的引进上没有专业的限制					
2	贵单位在引进人才时就已经做好了人才的发展规划					
3	单位每年组织培训活动的次数能够满足人才专业发展需求					
4	单位能够给予人才发展政策和制度上的支持与保障					
5	在职称晋级上单位能够依照业绩公平地推荐人选					
6	贵单位在配置馆内人才资源时有统一的标准					
7	贵单位招聘了足够多的志愿者以满足活动需求					
8	博物馆能够依照个人的特长和兴趣恰当地分配岗位					
9	贵单位每年都会在岗位内部进行职位的变动					
10	贵单位有足够的激励措施激发员工的学习热情					
11	贵部门人手不够的时候，总可以从其他部门借调人员					

感谢贵单位的理解、支持和配合！

自然科学类博物馆人才结构调研与队伍建设课题组

三、自然科学类博物馆人才结构调研与队伍建设调查问卷（专业人员和辅助人员）

非常感谢您在繁忙的工作中抽出时间填写这份问卷，您对这些问题的回答将使我们全面地了解博物馆工作的现状以及未来改进的可能。

请实事求是地填写本问卷，填写说明如下：

- 本问卷采用无记名方式。
- 所有的问题都没有对错和好坏之分，只是表达您个人的看法，请勿有任何顾虑。

我们郑重承诺，我们对您的回答和有关数据将严格保密，否则将承担法律责任。

您的支持和配合对我们的研究非常重要，再次感谢！

自然科学类博物馆人才结构调研与队伍建设课题组

背景信息

性别：

年龄：

学历：

所学专业：

馆龄：

职称：

岗位：

前一份工作的类型：

1. 您是通过什么方式进入到该单位工作的？

A. 社会招聘　B. 校园招聘　C. 借调　D. 劳务派遣　E. 其他________（若有，请写在横线上）

2. 请对您在目前岗位上所应具备素质的重要程度进行判断（5 分为最重要，1 分为最不重要）

	所应具备的素质	重要程度				
1	传播学专业知识	1	2	3	4	5
2	展示设计专业知识	1	2	3	4	5
3	自然科学专业知识	1	2	3	4	5
4	人文 / 社科专业知识	1	2	3	4	5
5	项目管理 / 人员管理专业知识	1	2	3	4	5
6	表达沟通能力	1	2	3	4	5
7	创新能力	1	2	3	4	5
8	科普作品创作能力	1	2	3	4	5
9	教育活动实施能力	1	2	3	4	5
10	科学研究能力	1	2	3	4	5
11	运营管理能力	1	2	3	4	5
12	展览策划设计的分析和研究能力	1	2	3	4	5
13	其他，请注明	1	2	3	4	5
14	其他，请注明	1	2	3	4	5
15	其他，请注明	1	2	3	4	5

3. 您认为目前的人员数量和结构存在哪些不合理的地方？

A. 缺乏高学历人才　B. 缺乏专业对口的人才

C. 人员存在青黄不接的现象　D. 其他____________（若有，请写在横线上）

4. 贵部门是否会为您制订培养计划？

A. 是　B. 否

5. 您是否明确自己未来的发展方向？

A. 是　B. 否

6. 您接受过哪些类型的新人培训？

A. 入职培训讲座　B. 带教老师带教实践　C. 部门轮岗培训　D. 其他________

7. 您接受的新人培训内容有哪些？

A. 场馆总体介绍　B. 岗位专业知识　C. 场馆基本职业规范　D. 其他________

8. 除新人培训外，您还接受过哪些形式的培训？

A. 馆内理论培训　B. 馆外专家讲座　C. 馆际学习交流　D. 其他________

9. 您接受培训的内容主要包含哪些方面？

A. 专业知识培训　B. 创新能力培训　C. 沟通表达能力培训　D. 其他________

10. 您还希望接受哪些内容的培训？

A. 专业知识培训　B. 创新能力培训　C. 沟通表达能力培训　D. 其他________

11. 您认为还可以有哪些人才培养的方式？

A. 在职学历教育　B. 上级部门组织短期培训　C. 在线学习　D. 其他________

12. 若上级部门组织短期培训，您希望的培训内容是：

A. 专业知识培训　B. 创新能力培训　C. 沟通表达能力培训　D. 其他________

13. 若上级部门组织短期培训，您希望的培训形式是：

A. 理论类培训　B. 实践类培训　C. 理论为主，实践为辅　D. 实践为主，理论为辅

14. 若上级部门组织短期培训，您认为最合适的时间安排是：

A. 每周 1 次　B. 每两周 1 次　C. 集中培训 1 个月　D. 其他________

15. 贵部门的人才评价主要包含哪几个方面？

A. 工作的完成数量　B. 工作的完成质量　C. 工作创新性　D. 其他________

16. 贵部门人才评价主要采用哪些方式？

A. 领导打分　B. 同事打分　C. 自我打分　D. 领导小组讨论　E. 其他________

17. 您大约多久写一次述职报告？

A.1 年　B.1 季度　C.1 个月　D. 按需　E. 其他________

18. 请对以下描述进行判断

编号	判断	非常同意	同意	不确定	不同意	非常不同意
1	您在选择贵单位的岗位时具有对口的专业背景					
2	您对自己未来的发展方向非常明确					
3	您能够经常参加单位组织的员工培训					
4	您不会经常被调动到其他部门支援					
5	贵单位每年组织培训活动的次数能够满足您的专业发展需求					
6	贵单位能够为您的专业发展提供足够的支持					
7	在职称晋级上单位能够依照业绩公平地推荐					
8	您目前所在的岗位非常符合您的专业特长					
9	您所在的部门有足够多的志愿者以满足活动需求					
10	博物馆能够依照您的特长和兴趣恰当地分配岗位					
11	您每年都有被借调或者短暂到其他部门工作的经历					
12	您所在单位有足够的激励措施激发您的学习热情					

感谢您的理解、支持和配合！

自然科学类博物馆人才结构调研与队伍建设课题组

四、自然科学类博物馆人才结构调研与队伍建设访谈表

<table>
<tr><th colspan="6">受访者基本信息</th></tr>
<tr><td colspan="4">姓名：</td><td>□男　□女</td><td>年龄：</td></tr>
<tr><td>所在单位：</td><td>职务：</td><td>职称：</td><td colspan="3">联系方式或地址：</td></tr>
<tr><td>是否接受录音</td><td>□是</td><td>□否</td><td colspan="3">是否需要录音备份文件　□是　□否</td></tr>
</table>

访谈提纲及问题记录		
编号	问题表述	回答状况及备注
一、背景调查		
1	您认为贵馆未来的发展方向是怎样的？针对这样的发展方向，需要哪些类型的人才？	
2	目前，贵单位在人才数量和结构（如年龄、学历、专业、能力等）上存在哪些问题？	
3	您认为如今博物馆人才所应具备的核心能力包括哪些？	
二、人才引进		
4	馆内主要有哪些人才引进的方式？它们各自的利弊是什么？	
5	对于非在职人才（专家、志愿者、实习生）的引进，贵馆有哪些好的做法？	
6	您认为贵单位在人才引进上存在哪些问题？	
7	您认为贵单位还应采取哪些类型的人才引进方式？针对这些方式，馆方、社会和上级部门应给予怎样的支持和配合？	
三、人才培养		
8	贵馆目前有哪几种人才培养的方式？	
9	贵馆是否有专门针对专业骨干人才的培养方案？	
10	贵馆有哪些类型的人才培训？这些培训的目的分别是什么？培训对象又是如何选择的？	
11	在人才培养上，贵馆希望上级部门提供哪些支持？	
12	您认为就现阶段而言，人才培养的侧重点有哪些方面？	
四、人才管理		
13	贵馆通过什么样的方式实现馆内人才的配置？有没有统一的标准？	
14	贵馆人才是否会定期与其他馆或行业内其他相关单位进行交流？交流的形式是怎样的？	
15	贵馆是否建立了人才数据库，以信息化的方式对人才进行管理？	
16	贵馆主要通过什么样的措施激励员工的专业发展？	
五、人才评价		
17	贵馆目前有哪些人才评价的方法？您认为这些方法有何利弊？	
18	您认为人才评价应包含哪些方面？	
六、开放问题		
19		
20		

自然科学类博物馆人才结构调研与队伍建设课题组

附件2：欧洲博物馆机构人员结构及就职要求

一、最高管理者

1. 职位描述

管理整个博物馆，而这个博物馆的框架结构是由其管理机构或者董事会来设置的。他/她必须计划或者开发一些战略决策来提升博物馆的知名度和访问量。他/她对于博物馆中的收藏、活动以及服务的质量都要承担责任。

馆长在以下方面进行领导和管理：

- 专业方面：他/她决定和管理与展览以及发展相关的活动；他/她应该为或者说需要不断尝试在为展览的收藏、研究、翻译、安全以及不断提升方面做出贡献；他/她确立了博物馆的研究方向和观点。
- 文化方面：他/她需要作出与常设展和临展相关的所有活动项目决策以及鼓励公众们进入博物馆，享受服务。
- 管理方面：他/她需要管理博物馆的服务，并对人力、技术以及资金来源担负责任。他/她与管理机构一起工作，在面对博物馆以外的所有机构、合作伙伴、公众和个人的时候都是代表博物馆的。

2. 教育要求

获得与博物馆展览和培训相关的研究生学位（第二阶段学位，研究生学位或者更高）以及展现出了在博物馆学和博物馆管理方面的杰出能力。

3. 额外条件

在博物馆或者类似的公私机构中有多年的专业工作经验。

4. 注意

馆长在学术方面有很高的造诣是必要的，最好之前是博物馆的管理者。

二、收藏研究部负责人

1. 职位描述

收藏研究部负责人向最高管理者汇报，并对他/她所管理的展览负责。责任包括：博物馆展览的维护、开发、研究、加强和管理。

- 展览维护：他/她负责展览的储藏和项目分类；他/她负责展览的保存程序，并确保他们已经做了记录。
- 展览开发：他/她向馆长提出有关展览的开发策略。
- 展览研究：他/她研究展览，确定并实施研究项目，试图将展览和收藏品的信息及文件材料进行循环利用。
- 加强展览：他/她负责设计和组织常设展、临展、出版宣传以及展览活动。
- 管理：他/她在馆长的监督之下管理预算经费和人员。

2. 教育要求

获得与博物馆展览和培训、博物馆学相关的研究生学位（第二阶段学位，研究生学位或者更高）。

3. 注意

在馆长不在的时候，策展管理者直接对展览负责。

三、库存管理员

1. 职位描述

库存管理员负责展览的采购。

- 他/她确保精确和持续地记录展览的内容，无论是在展示期间还是在仓库储存中。
- 他/她负责展览的记录，并负责专门的出版。

2. 教育要求

在与博物馆展览相关的专业获得大学毕业文凭（第一阶段学位，本科）。了解专业知识的原则、分类的标准以及熟练掌握电脑采购方面的知识。

四、藏品协调员

1. 职位描述

藏品协调员与部门负责人一同工作，负责组织和管理博物馆展品的流动，从仓库中拿出来展示，与公私伙伴合作展示，在建筑物内或者之外进行展示等。

- 他 / 她负责监督任何一次展品的移动并确保其安全。
- 他 / 她需要准备好借贷款合同以及保险条款。
- 他 / 她负责跟踪贷款的进和出，并管理行程文件。

2. 教育要求

与博物馆展览相关的专业大学毕业（第一阶段学位，本科）。

3. 额外条件

相关的专业经验。

五、藏品修护员

1. 职位描述

藏品修护员与部门负责人一同工作，实施所有博物馆展览的维护，储存有关的工作。

- 他 / 她为所有的展项制订保护计划以及任何一个特殊保护工作的程序。
- 如果有必要的话，他 / 她可以从事任何保护或者已经决定了的修复工作。
- 他 / 她负责管理展品在展示或者储存时的环境。

2. 教育要求

在保护研究或者相关领域的研究生学位（第二阶段学位，博士）。

六、部门负责人助理

1. 职位描述

部门负责人助理向部门负责人报告，确保展览无论是在储存状态或者是展览状态，都能够被完好地保存和管理。

- 他 / 她要确保所有的展品都正确地标明了记号，并且完好储存以及在图片活动中能够参与。
- 他 / 她负责展览的文件签署和物件的装配工作。
- 他 / 她负责为保护、研究以及公共展出准备展品。

2. 教育要求

获得与博物馆展览相关的大学学位（第一阶段学位，本科）。

3. 注意

根据博物馆展品的不同，策展管理人员助理的角色也不相同。在科学博物馆里，助手可能是物品标本制作者以及在这些领域（如生命科学、地理科学以及解剖学）中物品的专业人员。

七、文件中心经理

1. 职位描述

文件中心经理负责在博物馆内外收藏、准备、加工以及循环利用有关博物馆展品、展览、其他活动或者新闻事件的文件材料。

- 他 / 她与图书馆 / 媒体中心的员工一起管理档案和摄影材料。
- 他 / 她帮助策展管理人员通过文件研究来服务于展品研究和展览的准备。
- 他 / 她负责维持、加工和更新信息。

2. 教育要求

获得与博物馆和信息研究相关的研究生学位（第二阶段学位，研究生）。

八、临展负责人

1. 职位描述

临展负责人在最高管理者的监督下，与其他的策展管理人一起计划和实施一些临展项目。如果必须的话，他 / 她可能会辅助常设展。

- 他 / 她设计展览的项目并评估设计方案。
- 他 / 她与教育和游客服务部的员工一起，帮助促进交流并支持公众参观展览。
- 他 / 她致力于这些项目的提升以及推荐给相关的出版机构。

2. 教育要求

获得与博物馆展览相关的研究生学位（第二阶段学位，研究生）。

3. 注意

大多数情况下，展览展示策划人就是博物馆的策展管理人。

九、展览设计者

1. 职位描述

展览设计者与策展人和博物馆的团队一起来计划和实施一个展览的设计。

- 他 / 她设计一个可以与公众进行互动的展览安装计划。
- 如果有必要的话，他 / 她需要做一个完整的平面设计方案。
- 他 / 她管理和协调承包人在展览设计计划中的工作。

2. 教育要求

获得相关领域或专业的研究生学位（第二阶段学位，研究生）。

3. 额外条件

有展览设计的经验。

十、观众接待部负责人

1. 职位描述

观众接待部负责人负责管理所有目前以及未来对游客展出的博物馆工艺品的项目、活动、研究等内容。

- 在馆长的监督下工作，他 / 她负责帮助起草一个针对所有目标观众的有关博物馆和其项目的参观政策。为了实现此目的，他 / 她负责设置一个外部联系网络来向目标观众传播信息。
- 他 / 她号召其他博物馆内优秀的专家致力于展览活动，并且提供一些文件资料来促进公众参观展览展项。
- 他 / 她负责馆内参观助手和导游的培训计划，致力于游客服务助理的培训工作。
- 他 / 她辅助展览的设计。
- 他 / 她设定一些原则和标准来评估博物馆项目和活动的影响。

2. 教育要求

获得与博物馆展览和博物馆学或者教育学相关的研究生学位（第二阶段学位，研究生）。

3. 额外条件

大量的博物馆教育部门的经验（或者类似的经历）。

十一、观众教育和服务专员

1. 职位描述

观众教育和服务专员负责具体实施针对目前和未来游客的所有活动。

- 他 / 她在常设展和临展期间，帮助计划和实施所有的活动。
- 他 / 她帮助评估项目和活动。
- 他 / 她向部门领导汇报游客有关开发新项目和活动的需求和期望。

2. 教育要求

获得与博物馆展览或者教育或者交流相关专业的大学学历（第一阶段专业，本科）。

十二、观众安保经理

1. 职位描述

观众安保经理组织对公众的欢迎，提供给游客关爱以及确保展览和游客的安全。

- 与馆长一同工作，为公众提供信息。
- 他 / 她负责所有的游客服务随员、前台工作人员和画廊托管人。
- 他 / 她对博物馆以及内外的安全负责。
- 他 / 她组织管理售票处、商店以及商品的销售。
- 他 / 她确保所有公共区域正常有序及游客们的安全。
- 他 / 她确保所有的安全保护工作都符合标准。
- 他 / 她帮助观众调查以获得信息并组织访谈。

2. 教育要求

相关专业的学历（第一阶段学位，本科），或者至少三年专业的博物馆或相关文化机构专业经验。

3. 额外条件

顾客安保方面的大量经验。

十三、观众安保助理

1. 职位描述

观众安保助理承担迎接、指引方向以及监督博物馆中所有可以达到区域的任务。

- 他 / 她适当地进行保护以及维护区域中的灯光照明。
- 他 / 她向游客提供必要的信息、管理入口，并确保游客的行为遵守规则。
- 他 / 她管理展览和安装的条件，并向经理汇报任何一个可能存在的危险或者威胁。

2. 教育要求

中学毕业。

3. 额外条件

每个展览都进行了专门的内容部培训。

十四、图书馆和多媒体中心经理

1. 职位描述

图书馆和多媒体中心经理负责图书馆收集、开发和管理与藏品、展览和博物馆历史有关的出版物（所有媒体）。

- 他 / 她负责所有图书馆资源的组织、保护、进出以及维护。
- 他 / 她帮助图书馆 / 媒体中心藏品的研究和开发。
- 他 / 她与文件中心的经理一起合作，努力争取获得复制和重新生产产品的权利。

2. 教育要求

获得图书馆学的研究生学位（第二阶段学位，研究生）。

十五、网络管理员

1. 职位描述

网管管理员与媒体事务专员一同工作来设计和开发博物馆的网站。

- 他 / 她负责更新网站并与计算机信息经理合作管理与网络供应商之间的关系。
- 他 / 她负责向策展管理人展览的策划者报告，创建虚拟展览。

2. 教育要求

应届毕业（第一阶段学历，本科），或者有三年设计和开发网站的经验。

十六、行政和设备管理部负责人

1. 职位描述

行政和设备管理部负责人直接向最高管理者报告，并组织和发展馆内的行政实务、财务管理、人力资源、法律程序以及掌握每天的机构运行情况。

- 他 / 她掌握偿付和采购事宜，起草需要的规约以及合同来保证博物馆的有效运行。
- 他 / 她负责管理和掌控预算的执行、支出。
- 他 / 她需要确保博物馆依据效率原则和透明原则正常运行。

2. 教育要求

经济或管理专业的研究生学历（第二阶段学位，研究生）。

3. 额外条件

有大量博物馆管理的经验或者类似文化及教育机构管理经验。

十七、设备和安保经理

1. 职位描述

设备和安保经理要对维护营业地、博物馆的技术服务以及展览的安装和维护承担责任。

- 他 / 她提供所有的服务来确保员工和游客的安全以及展品和设备的安全。
- 他 / 她需要采取措施来保护展览。
- 他 / 她负责为博物馆准备一个风险防护计划并具体实施。
- 他 / 她需要确保符合安全健康法律、劳动法、环境保护和防火条例。

2. 教育要求

相关学术背景毕业（第二阶段学位，研究生）。

3. 额外条件

在技术、维护、物流或者安保方面有丰富的经验。

4. 注意

根据博物馆规模的不同，设备经理和安保经理的职位可能会分开。

十八、IT 经理

1. 职位描述

IT 经理负责计划、维护和管理电脑、网络、软件以及数字媒体系统。

- 他 / 她负责开发电脑网络来加强内部的数据管理和外部的交流。
- 他 / 她负责加强进出的安全和数据保护。

2. 教育要求

信息技术专业毕业（第一阶段学位，本科）。

3. 额外条件

相关经验。

4. 注意

根据博物馆规模的不同，这个职位可以与设备经理相互替换。

十九、市场经理

1. 职位描述

市场经理需要向馆长汇报，负责开发市场和发展战略来增加博物馆的参观率，鼓励观众来获得资金资助。

- 他 / 她负责提供活动和信息来促进公众对机构以及在社会中地位的关注。
- 他 / 她以当前和未来的观众为目标人群，并且开发适当的提升战略。
- 他 / 她鼓励更广范围的参与和公众的参加（朋友、志愿者等）。
- 他 / 她致力于通过筹款来获得博物馆在资金方面的发展。

2. 教育要求

文化或者相关的管理或经济学研究生学位（第二阶段学历，研究生）。

3. 额外条件

文化领域的丰富经验。

二十、媒体事务专员

1. 职位描述

媒体事务专员开发和实施一些策略，让机构的使命、目标以及活动通过媒体被外人所知。

- 他 / 她通过媒体来协调和帮助博物馆的专业员工。
- 他 / 她负责开发和维护媒体专家们之间的联系。

2. 教育要求

获得新闻、传播或者公共关系专业的研究生学位（第二阶段学历，研究生）。

3. 额外条件

文化交流的丰富经验。

附件3：国外自然科学类博物馆的研究人员情况

博物馆名称	研究人员数量（人）	主要研究方向
大英自然博物馆	>300	研究涉及全球问题，比如生物多样性面临的威胁、脆弱生态系统、环境污染、灾害的维护 主要研究领域：植物、昆虫、矿物、古生物、动物学
美国国立自然博物馆	>100	人类学、植物学、天文学、古生物学、无脊椎动物学、脊椎动物学、昆虫学、矿物学、生物学多样性
美国自然博物馆	超过200名科学家，70个博士后和硕士特别研究员	2个高科技分子实验室，每年前往世界各地100项探险活动。设立了天文学部、脊椎动物学部、古生物学部、鱼类学部、爬虫学部、鸟类学部、哺乳动物学部、人类学部等学科研究部，专门负责标本采集、研究、出版工作 主要研究领域：人类学、天文学、爬虫学、鱼类学、无脊椎动物学、哺乳动物学、鸟类学、古脊椎动物学、分子生物学。现陈列有天文、矿物、人类、古动物和现代动物5个方面12个学部
法国自然博物馆	700	研究包括目录清点、分类并包括/了解生物多样性和生态多样性、它的起因、控制要素和运作机制，从而为生态保育提供依据。研究的重领域包括地球科学与社会科学 从事记录和描述多样性。了解多样性，同时研究生命演化的过程（谱系演化与物种的形成）、个体发育、生物的功能学。分析人类行为、过去现在与未来以及生物多样性之间的复杂关系
德国森根堡自然博物馆	4500（研究会员）	海洋科学、陆地动物学、湖沼生物学和保护、海洋动物学、海洋生物多样性研究德国中心、植物和分子演化、古生物和历史地质学、MesselResearch、古人类学和第四纪古生物学
美国菲尔德自然博物馆	236	主要研究领域：考古学、植物学、地质学、人类学、动物学、环境保护等方面，在进化生物学、古生物学、考古学和人种学方面居于世界性的领导地位，与芝加哥大学以及伊利诺斯州大学共同进行联合教育
美国卡内基自然博物馆	>100	人类学、鸟类学、植物学、保护生态学、爬虫类学、无脊椎古生物学、无脊椎动物学、哺乳动物学、矿物学、软体动物学、古植物学、Powdermill自然保护区、脊椎古生物学
美国洛杉矶自然博物馆	75	人类学、植物学、甲壳动物、无脊椎古生物学、软体动物学、哺乳动物学、矿物学、鸟类学、古脊椎动物学、文化人类学等16个领域，16个研究部门
加拿大自然博物馆	约130	植物学、无脊椎动物学、矿物学、古生物学、脊椎动物学
澳大利亚博物馆	约250	着重澳大利亚环境和本土文化的研究，生物多样性、地貌多样性、澳大利亚文化是研究重点。主要包括以下领域： 无脊椎动物：昆虫、蜘蛛等； 脊椎动物：鱼类、鸟类、哺乳动物、爬行动物等； 人类学：文化人类学、本土文化； 地球科学：地学、古生物学； 环境学：生物多样性、海洋生态学、陆地生态学； 进化生物学
大阪市立自然博物馆	15	动物学、昆虫学、植物学、地质学、第四纪地质等
台中国立自然科学博物馆	33	动物学组：无脊椎、昆虫、两栖、爬行动物、鸟类、哺乳动物等； 植物学组：维管束植物学、非维管束植物学门、真菌、植物园； 地质学组：古生物、岩石矿物； 人类学组：考古学、民族学
日本国立科学博物馆	75	动物学、植物学、地质与古生物学、人类学、天文学、陨星、物理学、化学、科学技术历史等。植物学的研究与其他科研院所合作
美国航天航空博物馆		航空学、地球与行星学、航空史、档案管理、收藏与出版等部门
安大略科学中心	约60	科学体验部门 科学教育部门

专业科技博物馆“十三五”规划研究专题报告

专业科技博物馆“十三五”规划研究专题报告

一、专业科技博物馆专题研究概述

当前各方面对专业科技类博物馆的概念界定和分类划分存在一定争议。一般认为科技类博物馆是对所有以科学和技术为主要展示内容的博物馆的统称。按照国际博物馆协会（ICOM）对科技类博物馆的定义：科技类博物馆是以自然界和人类认识、保护和改造自然为内容的博物馆。科技类博物馆包括自然博物馆、科学技术博物馆（包括科普馆、科学中心，在中国通称“科技馆”）、专业科技类博物馆（如航空、铁道、地质等行业）、天文馆、水族馆（海洋馆、海底世界）等，还包括动物园、植物园、生态园、热带雨林、自然保护区等。按照《全民科学素质行动计划纲要（2006—2010—2020 年）》和《科普基础设施发展规划（2008—2010—2015 年）》，科技类博物馆是指以面向社会公众开展科普教育为主要功能，主要展示自然科学和工程技术科学以及农业科学、医药科学等内容的博物馆，包括科学技术馆（科学中心）、自然博物馆、天文馆、工程技术博物馆等。中国自然科学博物馆协会按照学科和行业分类，已建立自然历史博物馆、科技馆、天文馆、专业科技博物馆、水族馆、国土资源博物馆、湿地博物馆、自然保护区等专业委员会。根据《“十三五”科普基础设施发展规划》研究、编制工作方案的分工要求，本报告涉及的专业科技类博物馆是指除科技馆以外的科技类博物馆，包括地质类、水族类、天文类、自然类和专业类五大类（如图 1 所示），不包括科技馆和动物园、植物园等园囿性的自然博物馆，也不包括高校和中科院所属的博物馆。

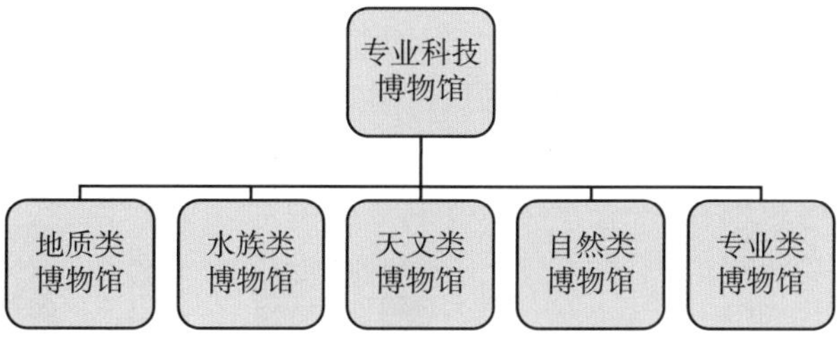

图 1　本报告研究范围

自 20 世纪 90 年代末以来，专业（行业）科技博物馆建设逐年升温，各地区、各行业兴建博物馆的积极性高涨，一大批各具特色的博物馆纷纷在各地建成。预计“十三五”期间，专业科技博物馆还将快速发展，并成为博物馆事业和科普基础设施发展新的增长点。专业科技类博物馆的行业分布十分广泛，各行各业都有不同层次和规模的专业科技博物馆。中国自然科学博物馆协会按照学科和行业分类，已建立自然历史、水族馆、天文馆、自然保护区、湿地、国土资源、特效影视、专业博物馆等专业委员会，尚有其他专业委员会的成立申请有待批准。每个专业委员会都有少则几十家、多则上百家

博物馆，如专业博物馆委员会就包括全国消防类100多家、农业类100多家、铁道类60多家、水利类40多家等。

专业（行业）科技博物馆是各行各业历史、科技、文化展示交流的窗口，承担着向社会公众普及行业科技的职能，在普及行业科技中发挥了重要的作用。由于专业科技类博物馆归属各不相同，有各级政府部门、企事业单位，也有民办博物馆。目前存在的主要问题是缺乏对专业科技类博物馆的深入研究、行业规划、业务指导和政策扶持。本课题作为“中国科协‘十三五’科普基础设施发展规划”专题研究项目之一，不仅要摸清目前全国专业（行业）科技博物馆的发展现状，而且要总结其基本特点和发展规律，找出专业（行业）科技博物馆发展带有普遍性的影响因素，理清专业科技博物馆发展的思路，提出预期目标和具体措施建议，加强专业指导、科学引导、资源整合，更好地推动专业科技博物馆发挥行业科技的普及功能，更好地促进全国专业科技博物馆建设和发展。

二、国内外专业科技博物馆“十二五”发展情况

（一）国外专业科技博物馆的发展情况

近代最早建立和开放的科技类博物馆可以追溯到17、18世纪，当时欧洲各大学都普遍地建立起附属植物园和博物馆。至20世纪初，一大批新型科技类博物馆建立，如慕尼黑的德意志博物馆（1906）和芝加哥科学工业博物馆（1933）。1936年，巴黎发现宫建成，标志着欧洲科学技术博物馆进入成熟阶段。进入20世纪50年代，科技博物馆事业更以惊人的速度朝前发展。在日本，90%的科技博物馆是60年代以后的产物，在快速发展阶段每年兴建100余座科技类博物馆。如今科技类博物馆已深入人心，它正以自己独特的方式，在提升国家科学形象、提升公民科学素质过程中发挥着不可替代的作用。日本的科技类博物馆占博物馆总数的2/5。美国的科技类博物馆占博物馆总数的1/5，有2000多座，所获得的公共资金是所有类型博物馆中最多的，每年大约有1.5亿人次参观美国各地的科技博物馆，其中华盛顿美国宇航博物馆平均每年接待观众达1000万人次之多。英国的科技类博物馆占博物馆总数的1/4，有500多座。在法国，科技类博物馆也是品种较多的一类。特别是在巴黎，有国立工业技术博物馆，表现17世纪以来工业技术的发明创造；有宇航博物馆，表现从20世纪初直至征服太空以来国际航空与飞机制造业的历史；有法国摄影技术博物馆，它收藏了1.5万件摄影器材、85万件照片资料；有法国广播博物馆，收藏和展出19世纪以来广播电视历史的文物资料、各时期的广播器材、对广播电视事业做出贡献的人物事迹、20世纪30年代至50年代的各种电视机等。加拿大一共有3500座博物馆，其中890多座为科技类博物馆。无论是在欧洲、北美，还是在第三世界，科技类博物馆的形式和内容均显现出一些新的发展趋势，主要包括博物馆更加重视人的需求，更加接近社会生活的各个领域，更接近人类科学技术、环境的今天和未来。

（二）中国专业科技博物馆的发展历程

晚清时代，西方人先后在中国开设了震旦博物馆（1868）、上海博物院（1874）等博物馆，主要分布在中国沿海城市，基本都是自然历史博物馆。1905年，我国实业家张謇在南通建立了中国最早的博物苑，是中国人创办的最早、最有特色的近代意义的博物馆，是一所合自然、历史与艺术为一体的综合性博物馆。苑内还包含植物园、动物园并兼作公园，使中国的园囿传统与博物馆的职能结合在一起。辛亥革命后，中国文化教育事业有了一定的发展，1936年全国博物馆总数曾达77座。后因日本侵略和战争破坏，到1949年包括北平故宫博物院和南京博物院在内的全国博物馆仅21座。我国的博物馆绝大多数都是新中国成立后建成的，“文化大革命”前仅有365座。改革开放后，中国博物馆进入发展高潮期，1980—1985年全国平均每10天新建一座博物馆，到1990年很快增长到1013座，2010年增长到3252座。2011年全国备案博物馆3589座，增长337座，增速为10.36%。截至2012年年底，全国

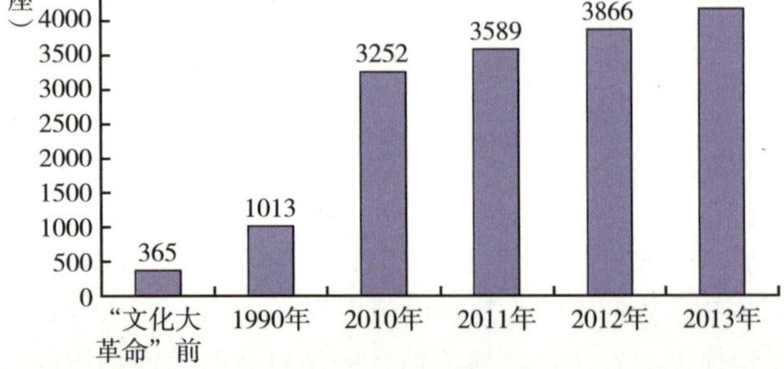

图2 中国博物馆数量变化

数据来源：国家文物局。

备案博物馆3866家，增长了277家，增速为7.72%。截至2013年年底，中国博物馆共计4165家，增加了299家，2011—2013年平均每6天增加5座博物馆，保持了高速增长态势。

我国科技类博物馆发展经历了三次高潮，第一次高潮期在20世纪50年代初至60年代初（1950—1966）。在科学的春天到来之际，科技类博物馆迎来第二次发展高潮期（1978—1997），1980年末，科技类博物馆的行业组织——中国自然科学博物馆协会正式成立，在推动科技类博物馆行业规范与现代化建设中起到了催化剂的作用。1994年12月，中央、国务院发布了《关于加强科学普及工作的若干意见》，并于1996年、1999年和2002年召开了三次全国科普工作会议。随着社会进步、经济发展、人民生活水平提高和国家对科学普及工作的大力推进，2002年颁布《科普法》，2006年颁布《全民科学素质行动计划纲要》，1998—2008年达到了科技类博物馆建馆和开馆的第三次高潮期；2008年，《科普基础设施发展规划（2008—2010—2015年）》颁布后，科技类博物馆又一次迎来新的高潮，经过5年的发展，到2013年年底全国科技类博物馆数首次超过1000座。建筑面积在500平方米以上的专业科技类博物馆数量从2008年的280座，发展到2013年的678座，5年就翻了一番多（表1）。

表1　全国科技类博物馆数量

年　份	2004	2006	2008	2009	2010	2011	2012	2013
专业科技博物馆数量	185	239	280	505	555	619	632	678

数据来源：中国科普统计。

（三）我国“十二五”期间专业科技类博物馆基本情况

1. 建馆时间

根据国家文物局公布的博物馆名录，“十二五”期间在文物系统登记的专业科技类博物馆的数量逐年稳步增加，其中2010年为477座、2011年517座、2012年609座，年均增长率为13.8%。仅从参加免费开放调查的200家专业科技类博物馆看，2000年以后全国新建专业科技类博物馆达140座，占被统计总数的70%，2006—2010年建成开放的科技类博物馆71座，数量最多。其次为2000—2005年，共建成开放的科技类博物馆47座，如表2所示。

表2　免费开放调查的专业科技类博物馆建成开放时间

建成时间	数　量（座）	建成时间	数量（座）
1949年以前	5	2000—2005年	47
1950—1979年	8	2006—2010年	71
1980—1989年	20	2011—2012年4月	22
1990—1999年	27		

数据来源：2013年免费开放调查。

2. 区域分布

目前我国专业科技类博物馆一共1407家（含建筑面积500平方米以下）。其中东部11省有665个，占全部的47.26%；中部8省有342个，占全部的24.31%；西部12省有387个，占全部的27.51%；港澳台地区有13个，占全部的0.92%。可见，经济发达程度与博物馆数量分布成正比。据对1407家专业科技类博物馆省际分布的统计，浙江最多，有109个；其次是江苏，103个；第三是北京，97个，如表3所示。

表 3　全国专业科技类博物馆区域分布表

地　区	省、自治区、直辖市	专业科技类博物馆数量（座）	合　计（座）	比　例（%）
东部地区 11 个省级行政区	北　京	97	665	47.26
	天　津	19		
	河　北	40		
	辽　宁	48		
	上　海	57		
	江　苏	103		
	浙　江	109		
	福　建	41		
	山　东	82		
	广　东	60		
	海　南	9		
中部地区 8 个省级行政区	山　西	28	342	24.31
	吉　林	32		
	黑龙江	52		
	安　徽	37		
	江　西	36		
	河　南	70		
	湖　北	48		
	湖　南	39		
西部地区 12 个省级行政区	内蒙古	51	387	27.51
	广　西	24		
	重　庆	15		
	四　川	87		
	贵　州	32		
	云　南	46		
	西　藏	3		
	陕　西	41		
	甘　肃	39		
	青　海	10		
	宁　夏	19		
	新　疆	20		
港澳台地区	澳　门	1	13	0.92
	台　湾	10		
	香　港	2		
总　计	34	1407	1407	100

数据来源：本课题组调查统计。

3. 行业分布

1407 家专业科技类博物馆（含建筑面积 500 平方米以下）中，专业类 812 个，占总数的 57.71%；国土资源类 186 个，占总数的 13.22%；自然类、自然保护区、湿地类分别占比 8.67%、7.53%、6.82%；天文类和水族类占比较少，分别为 3.84% 和 2.20%，如图 3 所示。

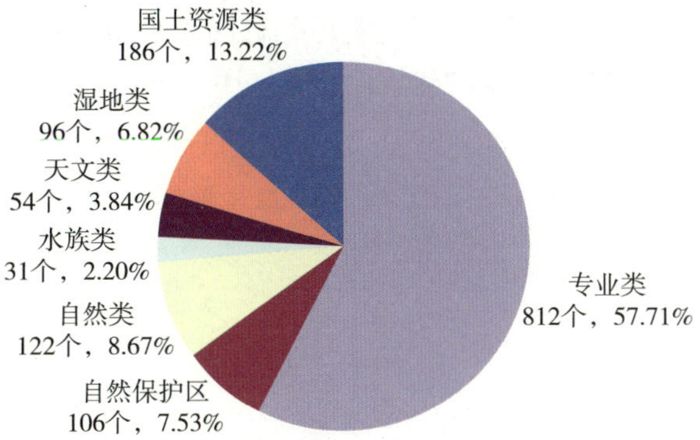

图 3　全国专业科技类博物馆分类占比

数据来源：本课题组调查统计。

4. 层次分布

在全国 96 家国家一级博物馆中，共有 12 家专业科技博物馆，占 12.5%，分别是南通博物苑、北京自然博物馆、吉林省自然博物馆、天津自然博物馆、浙江自然博物馆、中国农业博物馆、中国地质博物馆、中国航空博物馆、中国煤炭博物馆、中国丝绸博物馆、自贡恐龙博物馆、泉州海外交通史博物馆。在 182 座参加免费开放调查的专业科技类博物馆中，国家级场馆 36 个，占全部的 19.8%；省部级场馆 33 个，占全部的 18.1%；地市级场馆 61 个，占全部的 33.5%；县级场馆 19 个，占全部的 10.4%；私有场馆 2 个，占全部的 1.1%；其他场馆 31 个，占全部的 17.1%，如图 4 所示。

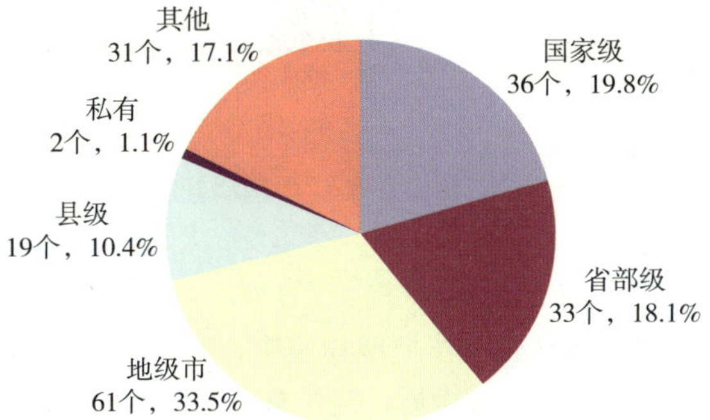

图 4　全国专业科技类博物馆级别分布

数据来源：2013 年免费开放调查。

5. 性质分布

在参加免费开放调查的专业科技类博物馆中，事业单位和隶属于国有企业的占 72.3%（图 5）。这表明，全国专业科技类博物馆的主体是事业单位和国有企业，基本上是以财政拨款的事业单位为主的运行和管理方式。

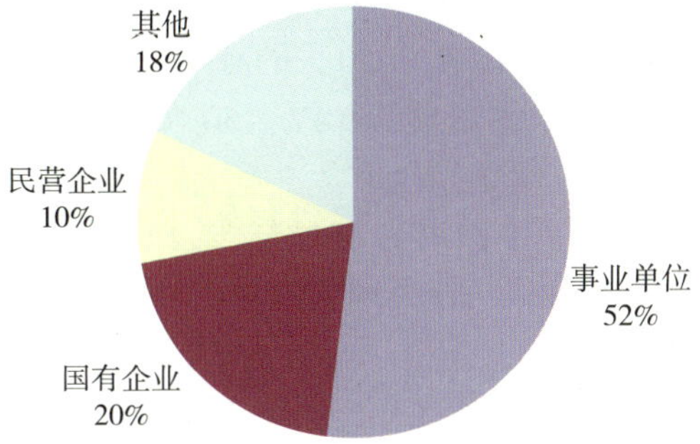

图 5　全国专业科技类博物馆性质分布

数据来源：2013 年免费开放调查。

6. 建筑规模

从参加免费开放调查的专业科技类博物馆统计看，建筑面积 5000 平方米以上（含）的科普场馆占 58.4%；面积小于 5000 平方米的场馆占 41.6%。也就是说，按照《科学技术馆建设标准》提出的“科技场馆的建筑面积不宜小于 5000 平方米”标准，参与调查的专业科技类博物馆中有近 1/2 的场馆尚未达到标准。在现有的专业科技类场馆中，小型馆仍然占有相当比例，大型场馆数量不足，如表 4

表 4　全国专业科技类博物馆建筑规模和面积分布情况

<table>
<tr><th>建筑面积（平方米）</th><th>数量（座）</th><th>比例（%）</th><th>合计（座）</th><th>比例（%）</th></tr>
<tr><td>100000 以上</td><td>2</td><td>1.8</td><td rowspan="5">66</td><td rowspan="5">58.4</td></tr>
<tr><td>50000—100000</td><td>6</td><td>5.3</td></tr>
<tr><td>20000—50000</td><td>15</td><td>13.3</td></tr>
<tr><td>10000—20000</td><td>19</td><td>16.8</td></tr>
<tr><td>5000—10000</td><td>24</td><td>21.2</td></tr>
<tr><td>2000—5000</td><td>41</td><td>36.3</td><td rowspan="2">47</td><td rowspan="2">41.6</td></tr>
<tr><td>1000—2000</td><td>6</td><td>5.3</td></tr>
<tr><td>合　计</td><td>113</td><td>100.0</td><td>113</td><td>100.0</td></tr>
</table>

数据来源：2013 年免费开放调查。

所示。全国专业科技类博物馆的建筑面积和展厅面积总量逐年稳定增加，2006—2011 年的 5 年间，全国专业科技类博物馆的建筑面积和展厅面积分别增加到原来的 2 倍和 3 倍，如图 6 所示。

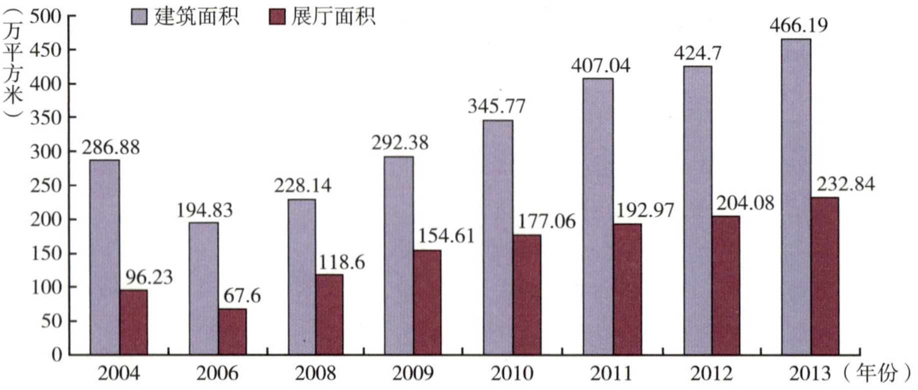

图 6　全国专业科技类博物馆的建筑面积和展厅面积总量

数据来源:《中国科普统计》。

7. 网站建设

全国专业科技类博物馆中，64% 的博物馆有自己的官方网站，尚有 36% 未建立官方网站；35% 的专业科技博物馆建立了微博，30% 建立了微信。目前，只有少数博物馆能够实现百分之百产品信息化，多数馆产品信息化率较低。

8. 从业人员

据对 192 个专业科技类博物馆的不完全统计，专业科技博物馆从业人员 20 人以下的场馆有 102 个，占总数的 53.1%；20 ~ 50 人的有 43 个，占总数的 22.4%；50 ~ 100 人的有 29 个，占总数的 15.1%；100 人以上的有 18 个，占总数的 9.4%。50 人以下的场馆数量为 145 个，占总数的 75.5%，说明专业科技类博物馆中大多数场馆的人员规模较小。

据《中国科普场馆年鉴 2014 卷》中的 100 座专业科技博物馆统计，专业技术人员少于 10 人的占 26%，10 ~ 50 人的占 36%，超过 50 人的只占 8%，没有开展专业技术职称评审工作或无相关人员的占 30%。

9. 科研能力

据《中国科普场馆年鉴 2014 卷》中的 100 座专业科技博物馆统计，2013 年专业科技类博物馆馆均承担项目超过 2 个，研究成果超过 6 个；在国内和国际学术会议举办方面较为薄弱，馆均国际会议不到 0.5 个，国内会议不到 2 个，大约 3 家场馆才有 1 家编辑刊物。总体上我国专业科技类博物馆科学研究薄弱，开拓创新不足。其中，水族类承担项目最少，湿地类研究成果最少；湿地类、水族类、天文类在国际会议方面表现最差；所有类别在编辑刊物方面成绩都不理想，如表 5、表 6 所示。

表 5　专业科技类博物馆科研能力统计

	承担项目（项）	研究成果（项）	学术会议（个）		编辑刊物（个）
			国　际	国　内	
总　量	249	637	44	159	36
馆　均	2.49	6.37	0.44	1.59	0.36

数据来源:《中国科普场馆年鉴 2014 卷》。

表 6 专业科技类博物馆馆均科研能力分类统计

类别	承担项目（项）	研究成果（项）	学术会议（个）		编辑刊物（个）
			国际	国内	
国土资源	2.70	6.90	0.60	1.40	0.20
湿地类	1.70	0.40	0.10	0.50	0.30
水族类	0.85	1.00	0.10	1.35	0.30
天文类	1.90	4.10	0.10	0.60	0.30
自然史类	7.90	21.30	1.00	2.50	0.70
行业类	2.00	8.40	0.80	3.00	0.50

数据来源：《中国科普场馆年鉴 2014 卷》。

（四）我国专业科技类博物馆的观众数量、观众群体和科普服务能力

1. 观众数量

2013 年，全国专业科技类博物馆参观人数共计 9821.02 万人次，比 2012 年增长 11.77%。仅从 182 座参加免费开放调查的专业科技类博物馆统计上看，年观众人数在 100 万以上的 11 家，占总数的 6%；年观众人数在 1 万以下的 24 家，占总数的 13%；年观众人数在 1 万 ~ 9 万和 10 万 ~ 49 万的分别占 42% 和 30%；年均接待观众 3313 万人次，平均每个馆每年接待 18.2 万人次。

2. 观众群体

以中国农业博物馆为例，2013 年农博的观众未成年人占到了总数的 54%，老年人和外宾分别占 16% 和 12%，其他人员仅占 18%。可见，目前我国专业科技类博物馆的观众基本来自中小学生，即青少年是观众的主体。随着社会的发展，中国正逐步进入老龄化社会，老年人已经形成了一个庞大的群体，他们有一定的经济能力和宽裕的时间，到博物馆来参观的老年观众将越来越多。

3. 科普影院

常见的科普影院有球幕影院（穹幕影院）、巨幕影院、4D 影院、4D 动感影院等，也有动感影院、太空影院、虚拟航行影院、小型球幕影院等特效影院。自 1993 年中国科技馆建造了国内第一个穹幕影院以来，各专业科技博物馆也在筹建科技场馆的进程中开始筹建高科技的科普影院，希望在开展科普展品展示教育的同时，发展科普影视教育。此外，一批正在新建、改建、扩建或筹建的科技馆，其特效影院项目都在计划建设之中。根据对 113 座参加免费开放调查的专业科技类博物（专业类）馆统计，拥有 2D、3D、4D、IMAX 等不同类型科普影院的科普场馆有 62 家，占 54.9%，没有科普影院的有 51 家，占 45.1%。

4. 科普工作

虽然“十二五”期间科普工作取得一定的成效，但据对 797 个专业科技类博物馆的统计，仅有 25% 的场馆每年举办科普讲座，31.7% 的场馆每年举办科普培训，不到 3% 的场馆每年有科普剧的演出，不到 10% 的场馆每年举办科普竞赛；仅有 27% 的场馆有专门的科普经费，22% 的场馆有专门的科普研发经费；仅有 38% 的场馆每年举办临时展览，14% 的场馆每年举办巡展，13% 的场馆每年既举办临时展览又举办巡展。

另据《中国科普场馆年鉴 2014 卷》中的 100 座专业科技博物馆统计，专业科技类博物馆中国土资源、自然史类、行业类、天文类博物馆的每年临时展览数量均未超过 2 个，自然史、行业类博物馆在教育活动举办方面表现优异，只有水族类和行业类博物馆的流动科普设施超过馆均 1 个，如表 7 所示。

表 7　专业科技类博物馆馆均科普工作统计

类　别	临　展（个）	教育活动（项）	流动科普设施（个）
国土资源	2.0	3.1	0.4
湿 地 类	1.9	3.5	0.3
水 族 类	1.9	2.9	1.8
天 文 类	2.0	3.6	0.5
自然史类	7.4	8.0	0.9
行 业 类	2.6	7.4	1.2

数据来源:《中国科普场馆年鉴 2014 卷》。

（五）我国专业科技类博物馆的财政投入和社会资金

1. 预算情况

根据对 190 座参加免费开放调查的专业科技类博物馆统计，专业科技类博物馆中 44.2% 为全额预算单位，13.2% 为差额预算单位，也就是说有财政或企业拨款的单位超过半数，其余为自收自支或通过其他方式募集资金，如表 8 所示。

表 8　专业科技类博物馆预算情况

	全额预算	差额预算	自收自支	其　他	合　计
数量（座）	84	25	46	35	190
比例（%）	44.2	13.2	24.2	18.4	100

数据来源：2013 年免费开放调查。

2. 收入情况

据《中国科普场馆年鉴 2014 卷》中的 189 个专业科技类博物馆统计，专业科技类博物馆中年度收入 100 万元以下的场馆占总数的 52.9%，年度收入 101 万 ~ 500 万元的场馆占总数的 20.1%，年度收入 501 万 ~ 1000 万元的场馆占总数的 7.9%，年度收入 1001 万 ~ 5000 万元的场馆占总数的 14.3%，年度收入 5000 万元以上的占总数的 4.8%，而且 80% 的专业科技类博物馆没有社会资金来源。说明专业科技类博物馆中有一半左右场馆年度收入总量规模较小，如表 9 所示。

表 9　专业科技类博物馆年度收入数量分布

年度收入（万元）	数　量（座）	比例（%）
<100	100	52.9
101—500	38	20.1
501—1000	15	7.9
1001—5000	27	14.3
>5000	9	4.8
总　　数	189	100.0

数据来源:《中国科普场馆年鉴 2014 卷》。

三、存在问题

（一）归口单位繁多带来的问题

改革开放使我国的经济体制发生了变化，多种经济成分共同发展，反映在博物馆的办馆主体上就是民办博物馆的异军突起，企业、事业兴办的各行各业专业科技类博物馆脱颖而出。专业科技类博物馆在快速发展的同时形成了主体多元化、管理多头化的格局，一方面，归口管理呈现出隶属关系复杂、管理各自为政、管理模式迥异的特点。加上专业科技博物馆不是上级主管部门的核心职能，难以受到上级重视，业务在所属行业难以纳入发展规划，也难以得到上级主管部门的专业指导，并且在申请财政经费时难度很大，难以保证专业科技博物馆的文物保护职能和科技教育职能不受影响。在上级委派馆领导时，也难以照顾到其管理工作的专业性。另一方面，由于归口不同，专业科技博物馆也难以得到文物博物馆主管部门和科协系统的业务指导与经费支持，无法使用常规的行政方式在专业科技类博物馆中推动相关政策的实施，同时国内馆际之间缺少业务联系，沟通渠道不畅，发展存在着资源分散、协调不足、资源共享率低、重复浪费的问题。

（二）专业科技类博物馆的数量、分布与质量问题

从科技类博物馆的数量与人口总数的比例看，目前我国大陆地区仅相当于美国的 1/2、日本和我国台湾地区的 1/4 左右，与发达国家和地区存在较大的差距，还不能完全满足人民群众日益增长的文化生活需求。从类型分布角度看，我国专业科技类博物馆类型分布不均衡。据统计，专业类和地质类博物馆占专业科技类博物馆的七成以上，其中专业类所占比例最高，其次为国土，自然类、湿地类、天文类和水族类博物馆所占比例偏少，主要原因在于专业类涉及行业众多，自然、湿地、天文和水族涉及范围较小，国土资源类等实物标本在用于研究的同时可直接用于展示。从地域分布角度看，专业科技类博物馆地域分布不均衡。专业科技类博物馆主要集中在东部沿海经济发达地区，中、西部地区则分布较少。从级别和规模上看，尽管国家级专业科技类博物馆有 30 多座，但分布在全国各地，比较分散，难以形成整体效应；省级博物馆已经基本覆盖，但仍然存在盲点，甘肃、西藏和海南至今尚未建立省（区）级综合性科技类博物馆；地市级专业科技类博物馆偏少。从主办机构性质上看，民办专业科技类博物馆数量快速增长，但质量堪忧。根据国家文物局每年公布的全国博物馆名录统计，2012 年专业科技类博物馆比 2010 年增加了 122 座，其中民办专业科技类博物馆增加 37 座，占增量的 30.3%，可以说民营专业科技类博物馆异军突起。其中大多数为行业性专题博物馆，但评估合格的民办博物馆只占 13.6%，主要原因是民办博物馆财产与举办者财产的分割不清晰，偏离博物馆的非盈利性质，甚至涉嫌超业务范围经营。

（三）自身建设、管理运行和业务发展问题

首先，科技类博物馆的管理体制和运行机制缺乏活力。我国现有的专业科技类博物馆超过 2/3 是依靠财政拨款运营的事业单位，人员基本为终身制，干部由上级单位委任，博物馆运行基本不具备独立性和自主权。由于没有考核指标体系和责任考核机制等，行业博物馆在运行过程中出现懈怠、滞后现象，大多数行业类博物馆开馆后缺乏活力，基本处在“守摊子”的尴尬状态。其次，部分科技类博物馆展品缺乏且更新较慢，没有能力向公众提供所需要的服务。部分快速建设的场馆重视前期资金投入，轻博物馆后期管理；只重视形式设计，轻展陈内容的后期更新；只重视用新科技手段锦上添花，轻主体文物的本质；只重展厅陈列，轻观众的参与互动，业务职能无法充分发挥。再次，对于科技类博物馆的科普教育功能，一些馆因其自身发展限制，尚不能充分履行科普教育职能。有些行业博物馆处于行业体制内管理的边缘，其正常运行都存在问题，甚至有些已陷入衰亡，更谈不上展教方式的创新和发展及其对科普公益功能的履行。

（四）资金来源问题

宏观环境在博物馆对社会资金的利用方面起到了决定性的作用。目前有财政或企业拨款的单位约有 57.4%，其余 42.6% 靠自收自支或通过其他方式募集资金得以生存和发展。每年财政经费中包括人员工资、运行费以及展品的更新维护费用等。一方面，随着物价、人工费用的上涨，满足基本运行后的剩余款项远不能满足设备更新、科普服务等要求。虽然目前部分专业科技类博物馆主要依靠行业资金和社会力量，但其中的一些场馆在建成后管理体制不顺、隶属关系不明，成为制约其发展的重要因素。另一方面，我国博物馆的社会资金利用程度普遍不高，利用途径少，利用状态不稳定。“十二五”期间，民办博物馆被认为是我国博物馆格局和

类型的重要补充及社会多元化办馆的体现而逐步受到重视，某些（专业）行业类博物馆在建设过程中摈弃了以往博物馆由政府投资、政府管理、政府唱主角的模式，而是更多地借助社会和企业力量。如中国乳业博物馆由光明乳业出资建成，上海纺织博物馆除由上海纺织控股集团投入部分资金外，推行“以商养博”，自筹资金解决博物馆建设和日常运行。另外，近年来为推动博物馆的发展，政府也通过减免税收鼓励社会资金进入博物馆，允许博物馆开展一些经营活动，非公有资本陆续进入博物馆。但目前相关政策还不完善，由于申请程序上的种种规定，导致程序繁琐，削减了社会资金介入的积极性。

（五）科普服务能力问题

各类科技类博物馆因其自身发展限制，尚不能充分体现出对公众进行非正规教育的科普功能。一方面，根据相关统计，我国的专业科技类博物馆的工作人员学历偏低，超过2/3的场馆本科以上工作人员比例低于50%，缺乏对相关专业知识的掌握，科研能力相对薄弱；将近2/3的场馆专职讲解人员不到5人，科普服务能力较弱。另一方面，我国专业科技类科普场馆的展览展示技术和手段有待进一步提高，科普影院是科普场馆重要的展览展示场所之一，是博物馆基本展陈的重要补充，对观众有着较强的吸引力，更易引起参观者的兴趣，但我国将近一半的场馆没有科普影院。另外，仅有27%的场馆有专门的科普经费，22%有专门的科普研发经费，由于财政经费和人员的限制，每年举办科普讲座的场馆只有25%，每年举办科普培训的场馆不到1/3，每年有科普剧演出的场馆不足3%，每年举办科普竞赛的场馆不到10%，每年举办临时展览和巡展的场馆也仅有38%和14%。有些行业博物馆因其体制机制原因，处于行业体制内管理的边缘，其正常运行存在问题，甚至有些博物馆已陷入衰亡，更谈不上考虑其展教方式的创新和发展及其对科普公益功能的履行了。

四、新形势、新机遇、新趋势

（一）新的行业发展形势

国家计划到2020年基本建成适应社会主义市场经济体制、符合科技发展规律的中国特色国家创新体系，进入创新型国家行列。十八大报告中，中央提出了在全社会“普及科学知识，弘扬科学精神，提高全民科学素养”的任务。“十二五”期间，传承创新，推动文化大发展大繁荣，提高全民族文明素质，推进文化创新，繁荣发展文化事业和文化产业成为了主要的工作任务。随着我国综合国力迅速增强，成为世界第二大经济体，稳定可观的财政收入为公共文化事业的发展提供了保障，为社会主义精神文明建设奠定了坚实的物质基础，使博物馆事业迎来了繁荣发展的春天。而且随着社会的发展进步，新的行业不断涌现，有了行业和社会经济文化发展的基础，行业博物馆如雨后春笋般迅速发展。专业科技类博物馆反映了行业自身经历的技术革新、历史文化流变，同时也折射出不同历史时期的社会风貌、市井民情，与我们的日常生活关系极为密切。当前，随着专业科技类博物馆建设不断得到重视，随着政府、企业重视，个人倡导、呼吁，专业科技类的文化遗产保护和推广工作赢得了广泛支持。专业科技类博物馆作为一个新生事物，有其自身的特殊性，其健康有序的发展离不开政府、文物管理部门、本行业内部、博物馆本身等几股社会力量的共同努力。专业科技类博物馆的发展空间很大，不久的将来必然成为最受欢迎的科普教育的重要场所之一。“十三五”期间，针对专业科技类博物馆，需要国家财政、工商企业和社会人士形成合力，将更多的资源投入到博物馆的建设中来，为专业科技类博物馆建设提供更多有力的支撑。

（二）新的技术条件

党的十八大提出，促进工业化、信息化、城镇化、农业现代化同步发展。近年来，随着新一代网络技术的发展，包括新型传感器、地球地理信息系统（GPS）、电子地图、遥感技术（RS）、新型数据中心、云计算、三网融合、物联网的发展，全国的信息化已从过去的部分环节和内部为主的智能化、初级水平的社会化阶段进入了横向系统的智慧化、融合化、标准化、规范化的新阶段。新的技术条件推动了科普向信息化发展，其中包括对专业科技类博物馆具有重大影响的新媒体技术。新媒体是以数字信息技术为基础，以互动传播为特点的具有创新形态的媒体。新媒体传播手段的兴起，使博物馆的日常运营和观众参观出现了显著变化，即空间和时间的延长、受众层次的丰富、内容发布的倍数效应。在信息化时代，博物馆形成了以门户网站、微博、微信为主打的基础网络平台。门户网站是博物馆推介自身文化资源的名片，可以及时权威地发布博物馆的各类信息，是网上博物馆的载体，利用门户网站还可以进行如网上预约、知识竞赛等互动类活动项目。微博的传播路径一是

"粉丝路径"，二是"转发路径"，这种裂变传播的速度是几何级的，远高于任何一种媒介产品的传播速度和传播广度。微信的发展速度更是惊人，在 2014 年第二季末，微信及 WeChat 的合并月活跃账户达到 4.38 亿。而手机微信平台不仅取代了以往需要在服务台租借的语音导览器，还扮演了"流动博物馆"的角色。一方面，通过手机微信语音导览，人们足不出户就可观赏博物馆的珍贵展品。语音介绍亦可反复聆听，成为一个"永不闭馆"的展览，理论上已经实现了"博物馆全球化"的目标。另一方面，博物馆微信导览平台的出现使观众可以通过微信向博物馆提出意见，有助于博物馆把展览做得更好，进一步完善和改进服务，将为整个博物馆行业的服务创新带来全面升级，让古老的历史文化艺术迸发年轻活力。

（三）新的政策环境

2008 年 1 月 23 日，中宣部、财政部、文化部、国家文物局四部委联合下发了《关于全国博物馆、纪念馆免费开放的通知》，为博物馆免费开放制度的改革提供了制度保障。博物馆免费开放制度的实施，既是一项惠及老百姓的民心工程，又是一项繁重复杂的系统工程。随着《国务院关于印发国家基本公共服务体系"十二五"规划的通知》（国发〔2012〕29 号）提出的"向全民免费开放基层公共文化体育设施，逐步扩大公共图书馆、文化馆（站）、博物馆、美术馆、纪念馆、科技馆、工人文化宫、青少年宫等免费开放范围"的要求的进一步落实，专业科技类博物馆也势必实行全面免费开放。2013 年，《中国科协办公厅关于做好科技馆免费开放前期准备工作的通知》提出了 79 家科协系统所属的县级（含）以上公益性科技馆名单。此项工作的不断推进，是公共文化服务设施事业不断前进的又一里程碑事件，势必在全社会引起对科技馆事业发展的关注热潮。博物馆全面免费开放，降低了进入博物馆学习体验的门槛，可以吸引更多的公众走进博物馆，实现博物馆传播科学技术、普及知识的社会职能；博物馆对社会公众免费开放，有利于发挥专业所长，使之成为公众学习、教育、娱乐的场所，为社会发展、提高全民素质提供服务，是博物馆社会公益性的具体体现；博物馆全面免费开放，有助于社会资源共享，满足观众日益增长的精神文化需求，使更多的公众分享国家经济发展带来的实惠。

（四）新的观众需求

2015 年前后，发达国家将进入"休闲时代"，休闲娱乐业的产值在美国的国民生产总值中将占一半，休闲将在人类生活中扮演更为重要的角色。华盛顿地区公共策略预测部主席莫利认为，休闲、娱乐活动、旅游业将成为下一个经济大潮并席卷世界各地。休闲，正成为我们这个时代的主旋律。我国公民普遍享有国家法定假日全年为 115 天；而有些群体（如大、中、小学生和教师）假日更多，加进寒暑假全年约 160 天；国家公务员以及外资企业管理人员享有"带薪休假"制度，每年约 10 天，全年约 125 天。根据休闲经济活动规律，一个国家或地区人均 GDP 达 2500 美元时，社会就会进入休闲服务消费的急剧扩张期，人们将拥有相当的经济实力和闲暇时间投入休闲服务消费。我国人均 GDP 已超过 6000 美元，休闲服务业必将迎来爆发增长期。因此，现代博物馆在传统博物馆三大基本功能（收藏、研究、教育）的基础上日益发展为一种以传播、交往、审美、休闲为中心的现代文化形态。

较之传统意义上的博物馆，专业科技类博物馆多为主题展示，打破了传统博物馆陈列内容和形式的局限，普遍实现了陈列的动静结合，重视多种现代高新科技手段在陈列中的应用，努力为观众营造身临其境的感觉，让观众在亲自动手操作演示中体验科普的魅力。因此，专业科技类博物馆要发挥优势，继续注重现代性和科学性的发展，强调高互动性、高科技含量，侧重让观众在亲身体验中了解科学知识，为参观者提供一种对话和体验的平台，尤其要在展览的设计与布置上充分体现与观众互动交流、为观众服务的理念。同时要注重场馆的质量与功能建设，给公众提供优质的服务和体验。

（五）新的发展趋势

每座专业科技类博物馆都各有所长，各有特色，向社会展示的内容和文化不尽相同，能够满足不同层次观众的需要，使观众各得其所，各得其乐。特别是对于观众的主体青少年，科普场馆多样的展示方式能充分调动其积极性，从而成为其学习知识的第二课堂。未来，专业科技博物馆的发展将从数量增加向质量提升转变，其结构、规模、区域分布将更加合理；场馆建设重点将从重硬件建设向软件服务转变，成为行业科技普及的主要阵地、行业文化展示交流的窗口；场馆人力、物力、财力进一步向科技普及方向整合，整体观众数量将明显提升，观众在博物馆的停留时间和获取的知识将不断增加；场馆功能将由单一功能向综合型功能转变。博物馆建设行

业需要不断开阔视野，不能只专注于业务，要认识到文化对行业发展、对城镇化不可忽视的助推作用。

在素质教育的政策导向下，人们逐步发现博物馆和学校合作的潜在价值。北京、上海等大城市规定了中小学生每年课外教育的天数或每天课外教育的时段，在中小学内设青少年科普工作室。例如上海市教委规定，每位高、中、小学生每年需要参加军训和学农等社会实践活动，每年学农实践活动的时间为高中生6夜7天，中、小学生2夜3天。费用由财政和学生家长各出一半。北京市教委决定为中小学生的课外活动提供专项经费资助，规定每天下午3点到5点为课外活动时间。这些新的发展趋势，将为博物馆与学校紧密结合提供新机遇。更重要的是处于社区、农村等基层环境的基层博物馆逐渐增加了科技普及的职能，向综合性公共服务设施发展，已成为区域文化的传播中心。因此，在推进城镇化和新农村建设的过程中，要抓住机遇因势利导，积极支持建设一批街乡特色生态（社区）博物馆和行业性博物馆。

五、专业科技博物馆“十三五”规划

（一）“十三五”目标

专业科技类博物馆的数量逐年稳步增加，到2020年末专业科技博物馆的总量达到1000座左右，平均约140万人拥有1座专业科技博物馆。全国专业科技类博物馆的整体布局有所改善，城区常住人口100万人以上的大城市至少拥有1座科技类博物馆，鼓励和推动有条件的研究机构、大学、企业和具有重要资源的城市因地制宜建设和发展一批专业或产业科技博物馆。充分利用国家重大工程项目或企业闲置淘汰的生产设施，建设富有特色的科技博物馆；积极推动专业科技博物馆在全国的合理布局，重点在市（地）和有条件的县（市）发展专题科技博物馆；专业科技博物馆的展教水平显著提高，拥有各行各业的展教资源，适应不同类型的观众需求，科普教育功能得到进一步拓展和完善，逐步形成具有鲜明特色的行业科普教育基地；推动基层博物馆加强科技普及职能，提高各行业科技博物馆的重复参观率，使观众数量逐年增加到1000万人次以上，到2020年接待观众数量达到1.6亿人次以上；专业科技博物馆人才队伍壮大，业务能力有较大提升，政策环境不断完善，形成一支能基本满足专业科技博物馆运行服务需求的专职、兼职和志愿者队伍。

（二）“十三五”战略重点

1. 全面实施免费开放

实行全面免费开放，这对于专业科技类博物馆增加参观观众、保障博物馆展品的及时更新、提高专业科技博物馆的办馆和科技教育水平将产生显著的、长期的、大面积的积极影响。免费开放政策实施的范围不仅限于科协系统，而且应包括其他各系统所属的博物馆，不仅仅限于国有博物馆，而且还应包括优质的民办博物馆，应在已经开展前期调研的基础上继续坚定不移地大力推进，而且越早越好，力争在“十三五”计划的早期得以施行。

2. 开展监测评估，进行分类指导

制订专业科技类博物馆的评估标准，有利于行业主管部门对专业科技类博物馆进行分类指导，扶强扶优；有利于各博物馆发现问题，明确改进方向和目标，提高科技教育能力和办馆水平。与国家文物局和中国博物馆协会开展博物馆定级和运行评估相对应，积极推动建立科技类博物馆的服务效果评估、绩效评估、能力建设评估体系，开展监测评估活动，推动博物馆改进管理、提高服务，并以评估结果为依据进行分类指导。

3. 引导专业科技类博物馆充分利用新媒体

信息产业部牵头协调信息服务企业与专业科技类博物馆，全面建设以门户网站、微博、微信为主打的基础网络平台。特别是政府应出资在各博物馆安装WiFi无线网络连接设施，建设手机导览平台。来馆观众通过手机无线上网，快速装载导览软件，就能听到展厅内对应藏品的介绍，包括语音、藏品图片、展览视频、文字介绍等。

4. 强化专业科技类博物馆的科普职能

与科技馆相比，五花八门的专业科技类博物馆各自承担着本行业上级或博物馆主办方布置的工作任务，科技普及的标准化程度更低。制订并颁发符合专业科技博物馆特点的建设标准（建筑标准、内容标准和功能标准）和考核评估标准，同时开展监测评估工作，有利于促进专业科技博物馆上级单位加强管理和专业指导，强化科普教育功能。在专业科技类博物馆数量大幅增长的同时，大力促进已建博物馆科普能力、建设水平和运行

质量的全面提升。

5. 推动专业科技类博物馆与学校的结合

以素质教育为导向，国家和政府机构介入，推动博物馆和学校的密切合作。首先，在博物馆和学校的合作中，引入大学等专业教育研究机构。其次，将中小学教师（尤其是科学教师）的博物馆课程设计、合作能力纳入专业发展、培训的范畴。再次，博物馆内部成立专门的学校教育服务机构，最重要的是推动各博物馆建立专门服务于学生、教师以及教育管理部门的机构，共同努力让博物馆科普走进学校，将学生的课堂搬到博物馆。

（三）“十三五”主要任务和措施

1. 制定科学规划，推动专业科技类博物馆建设

（1）按照因地制宜、布局合理、规模适度的原则制定统一规划。专业科技类博物馆的建设离不开行业的发展、社会的进步、文化的繁荣。与发达国家和地区相比，我国专业科技类博物馆数量存在明显差距。应当继续加大力度推动专业科技类博物馆的建设。中央各部委及地方各级政府应当根据实际情况把专业科技博物馆的建设纳入国民经济发展规划，各地政府和各行各业主管部门建设科技类博物馆应进行充分的考察、论证和评估，并主动争取国家相关行业主管单位的指导。在结构布局上，要根据当地实际情况制定规划，统筹各类专业科技博物馆的建设。要特别注意结合本地区社会经济以及文化、产业发展的情况，突出主题性和地方特色，建立专业性的、与地区资源优势、生产优势相适应的科技类博物馆。在建设规模上，要坚持适用适度的原则，不盲目求大、求新、求独特，保持科技类博物馆建设发展规模与本地经济社会发展相适应。

（2）建议新建、改扩建专业科技类博物馆。根据《全民科学素质行动计划纲要（2006—2010—2020年）》，“十三五”期间，建议在专业科技类博物馆十分稀少的海南、西藏、重庆三省（区、市）尽快推动省（区、市）级立项并建成2～3座不同专题的科技博物馆；每年推动10个大城市（人口100万以上）开展专业科技类博物馆立项论证工作，并优先考虑中西部城市。如在具有专业天文机构（天文台/站）、天文专业技术力量较强且天文科普工作基础扎实的城市昆明、乌鲁木齐、重庆等地推动建设天文馆，在自然条件较好、能体现生物多样性且生态环境破坏较少的西藏、青海、新疆、内蒙古和贵州等地建设自然博物馆。在国家战略重点领域、工业遗址和已有专业科技博物馆上新建或改扩建一批行业（专题）科技博物馆。

2. 营造有利环境，推动专业科技类博物馆发展

（1）增加政府投入，确保专业科技类博物馆正常运转。目前有近半数的专业科技博物馆通过自收自支或其他方式募集资金维持生计，科普展教职能难以充分发挥。应坚持科技类博物馆的公益性属性，对国家或地方规划建设的博物馆，财政部门要保证其全额事业单位性质，协调建立财政预算账户，将建设、运转、维护、更新和开展公益性活动的经费纳入国家和各级地方政府的财政预算，并切实给予保障；国家有关部委（单位）不仅要支持行业（专题）类博物馆的建设，进行审核批准并备案更要对行业（专题）类博物馆的运营和发展进行协调和管理并提供资金支持，保障其良性健康发展。对所有公益性专业科技类博物馆实行税收优惠政策，免征门票收入营业税、自用房产和土地房产税、城镇土地使用税；降低专业科技类博物馆水、电费收取标准，或采取年终追加专门费用补贴的办法，以减少博物馆维护其园林绿化和公益设施的经济负担。

（2）引导社会参与，推进专业科技类博物馆的办馆主体多元化。“十二五”以来，民办专业科技类博物馆快速发展，建议国家或地方政府整合社会资源，以政府购买服务的方式调动民办博物馆开展展教活动的积极性，引导民办场馆发挥科普作用。研究并出台允许科技类博物馆行业管理组织设立特种发展基金的政策文件，支持科技类博物馆依法设立科技普及类基金，积极争取企事业单位、社会团体、个人及海外机构的捐赠，并落实现有和制定出台更多具有实操性的有关鼓励科普事业发展的税收优惠政策，如落实执行社会力量通过非盈利性的社会团体和国家机关对公益性未成年人校外活动场所（包括新建）的捐赠，在缴纳企业所得税和个人所得税前准予全额扣除。

3. 发挥行业协会对专业科技类博物馆的桥梁纽带作用

随着专业科技类博物馆数量的增加、类型的增长，对归属单位性质、类型迥异的专业科技类博物馆的行业管理和业务指导显得尤为突出。按照职能分工，中国科协开展全国专业科技类博物馆建设和发展运行的统一规划、业务指导和综合管理责无旁贷。在中国科协的领导下，中国自然科学博物馆协会作为全国范围内各类型科技类博物馆的社会团体和具有凝聚力的沟通平台，应发挥桥梁和纽带作用，及时发现和反映第一线业务开展过

程中的问题，根据一些新的问题适时制订针对性措施，发挥各专业科技类博物馆的积极性，团结一致共同致力于科技普及事业。例如，全面摸清各类科技博物馆的实际情况，为政府制定政策和规划提供技术支撑；推动各行业博物馆制定符合本行业特点的建设标准；作为专业科技博物馆免费开放的倡导者、执行者，强力推进专业科技博物馆免费开放的落实；在建设科技类博物馆的评级和评估体系中发挥核心作用。在这一过程中，应充分发挥中国科技类博物馆协会等专业协会和各级主管单位的力量，推进行业标准化、规范化工程，实现对专业科技类博物馆发展的行业管理和科学指导。

4. 调动专业科技类博物馆开展科普活动的积极性

（1）积极推动专业科技类博物馆全面实行免费开放政策。根据《国务院关于印发国家基本公共服务体系“十二五”规划的通知》（国发〔2012〕29号）要求，专业科技类博物馆全面免费开放势在必行。专业科技类博物馆全面免费开放政策的实施、免费开放的政策性补贴将促进专业科技类博物馆的业务建设，吸引更多的观众走进各类专业科技博物馆。专业科技类博物馆有一个共同特征就是隶属关系比较复杂，归口管理单位多达几十家，因此要开辟一条以中国科协和自然科学博物馆协会为主导的免费开放政策落实途径，专项管理专款专用，一视同仁，保障场馆发挥科普职能，同时做到免费开放制度的长期稳定。

（2）加大专业科技类博物馆对外进行宣传推广的力度。现代社会专业科技类博物馆面临着馆际间、与各种流行文化间的竞争，已不能被动地等待参观者，而应主动出击，积极培养公众参观专业科技类博物馆的习惯。让公众主动走进专业科技类博物馆，一方面需要博物馆建设者及服务人员的努力，通过引入新的展示技术、新的服务理念、新的建馆理念，吸引人们主动走进科技类博物馆。另一方面则需要整个行业乃至整个社会的努力，包括媒体、学校、政府及相关部门等都要参与到宣传专业科技类博物馆、关注专业科技类博物馆的活动中来，通过整个社会的努力，将更多的公众特别是在各行各业工作的中青年吸引到专业科技类博物馆中来，了解这个行业所走过的艰辛历程和进步阶梯，从中透视行业的发展轨迹，从时空的纵向里获得经验性和指导性的启示。在政府的领导下，行业协会要与媒体、学校和博物馆紧密协作，每年按季度整体向全社会发布、宣传、介绍科技类博物馆的展览与活动，吸引社会大众的关注。

5. 完善功能，增强专业科技类博物馆的活力

（1）充实专业科技类博物馆队伍，提升科普服务水平。在专业科技类博物馆中，需要文理兼备、博物馆学与专业科技并蓄的复合型人才。教育部等相关部委应深入研究有关博物馆的学科建设问题，在现有博物馆学专业分设科技类博物馆学研究的专业和课程，并相应增加此类专业招生名额；在理工科专业学生选修课程中，增设博物馆学、展览策划和科技传播等选修课，培养大学生对科技博物馆的兴趣。由中国科协或中国科技类博物馆协会牵头制订系统培训计划，协调组织专家开展符合实际需要的短期培训，提升现有科技类博物馆管理人员和专业人员的综合素质，吸引和打造一批熟悉科技并与社会各界密切联系的志愿者队伍。通过志愿者资格考试，吸收和招募综合素质较高的志愿者承担科技类博物馆专题讲解、管理服务等职能，明确其权利与义务，并同他们享受博物馆提供的知识更新培训、专题科技讲座结合起来。

（2）把握专题科技类博物馆展陈特点，创新展教内容和模式。专业科技类博物馆的展陈具有专业性、时代性、科学性、体验性等特点。专业科技类博物馆的发展不应脱离人们的现实生活，不应脱离人们所关注和面临的各种问题。展陈既要反映行业面貌，揭示贯穿行业发生、兴旺、发达全过程中的科技发展主线，又要体现时代精神，展示新技术、新成果，反映人们所关注的社会热点问题。对展出内容不能适应科技创新发展形势、展项陈旧、理念落后的场馆，要进行更新、改造，由传统收藏、研究、展示功能向现代教育、休闲体验转变。注重观众的参与、动手操作和演示活动，注重高科技化与实物体验的平衡。通过体验活动让展品“活”起来，让观众“动”起来，使观众心灵感受与动手体验统一起来，让观众在动手参与和亲身体验中体验学习和发现快乐。在加强现有科技类博物馆的内容建设的同时，开展丰富多彩的科普教育活动。

（3）加强引导，推动馆校紧密结合。门类丰富、分布广泛的专业科技类博物馆体现了各行各业的发展历程以及文化脉络，反映了行业自身经历的技术革新、历史文化流变，展示各专业高新科技成果，揭示其科学原理，也折射出不同历史时期的社会风貌、市井民情。科技类博物馆教育具有实物接触、表现形式多样、互动性强等优点，这使得中小学生及青少年以更为轻松的心态去理解科学知识，是一种非正规的科学教育形式。这种课堂外的教育形式与全日制的课堂教育具有很大的互补性，是进行科技教育的第二课堂。在我国正在进行素质

教育改革的大背景下，实行两种教育形式的互补与合作是一种新的趋势。加强科技类博物馆与教育主管部门和学校之间的横向联合，制订与科技类博物馆相连的第二课堂课程计划，由教育行政主管部门统一协调、颁布大纲和计划，切实保障科技类博物馆成为全日制教育的辅助力量。例如，北京市教委决定为中小学生的课外活动提供专项经费资助，规定每天下午3点到5点为课外活动时间。由科技部或科协设立馆校结合的资助项目，并纳入博物馆评估内容，调动馆校双方合作开展馆校结合项目的积极性。博物馆可建立专门服务于学生、教师以及教育管理部门的机构来稳定沟通渠道，为馆校合作提供政策指导，制订馆校合作计划，实施馆校合作项目。

6. 开展监测评估、分类指导，提升专业科技类博物馆的整体水平

我国专业科技类博物馆的性质有国有、也有民办，有全额拨款单位也有差额拨款单位。其上级主管单位多达上百家，行业归属上有文物文化系统、科技科协系统、教育科研系统、生物和国土资源系统以及其他各行业系统，各自为政。因此，不仅有必要在重视程度上、管理体制机制上、规章制度上、业务流程上、绩效评价上建立针对专业科技类博物馆的监测、评估指标体系，进行分类分级并有针对性地指导，而且有必要引导和规范科技类博物馆建设，促进行业发展，强化服务理念，提升管理水平，从而促进科技类博物馆事业更加健康、有序、可持续地发展。

（1）建立监测评估体系，开展监测评估工作。长期以来，我国专业科技类博物馆缺少综合的评估体系、科学的评估标准和合理的评估机制。一个科学的评估体系，能有效解决我国专业科技类博物馆整体水平的提升问题。因此，无论是在国家层面，还是在地方层面，均应抓紧制订专业科技类博物馆监测评估和考核办法，实施有效监管。随着博物馆事业的发展，专业科技类博物馆的综合评价体系应逐渐由经验评估转向科学评估，由定性评估转向量化评估，由上对下的单向评估转向上下左右的全方位评估，把自我评估、专家评估、同行评估、上级评估和社会评价结合起来，确保监测评估结果具有社会公信力。参考其他国家经验，我国专业科技类博物馆的监测评估指标体系应包括观众人数、公众满意度、藏品保管、科研成果、展览陈列、文化产品、财政状况、场馆的硬件设施、制度建设、社会影响力和人力资源等主要指标。

（2）加强分类指导，提高科技普及成效。专业科技类博物馆监测评估的目的在于帮助博物馆不断改进工作，提高服务水平。因此，应该围绕专业科技类博物馆的运营和博物馆功能的实现确立科学规范的评估指标体系，针对不同性质、不同类型的专业科技类博物馆进行分类指导。同时，在业务上，可从引导专业博物馆制订各专题藏品鉴定标准、形成具有本行业特色的藏品分级鉴定体系入手；在管理上，加强博物馆标准化建设管理经验交流，提高专业科技类博物馆标准化管理水平，有针对性地开展指导工作，加强专业科技类博物馆自身建设，提升其科技普及成效、专业水准及社会形象。

参考文献

[1] 中华人民共和国科技部. 中国科普统计［M］. 北京：科学技术文献出版社，2014.

[2] 任福君. 中国科普基础设施发展报告［M］. 北京：社会科学文献出版社，2013.

[3] 任福君，陈玲. 中国科普研究进展报告［M］. 北京：科学普及出版社，2009.

[4] 袁国术. 情系科技馆——我国科技馆发展的回望与思考［M］. 北京：科学普及出版社，2014.

[5] 全民科学素质行动计划纲要“十二五”实施方案. 2006.

[6] 中国自然科学博物馆协会. 全国自然科技类科普场馆情况专项调查报告（含专题报告）. 2013.

[7] 谢莉娇，徐善衍. 我国科技类博物馆发展的现状分析和问题思考［J］. 科普研究，2010（8）：35-39.

[8] 李朝晖，任福君. 从规模、结构和效果评估中国科普基础设施发展［J］. 科技导报，2011（4）：64-68.

[9] 马琳，李怡. 论美国博物馆经济的来源与构成［J］. 美术馆，2010（11）：12-21.

[10] 张凤霞，楼锡祜. 中国的专业科技类博物馆［J］. 科普研究，2009（4）：65-70.

[11] 徐樱. 新媒体技术的发展对我国科学文化传播的影响［J］. 科教导刊（上旬刊），2012（2）：145-147.

附　　录

大事记

中国自然科学博物馆协会 2014 年大事记

4 月 11 日　在京召开协会 2014 年度联络员工作会议，110 人参加会议。会议进行了上一年工作总结，通报了本年度重点工作情况，进行了优秀联络员表彰，开展了工作经验交流等活动。

5 月 12—14 日　水族馆专业委员会动物训练员培训班在天津举办，国内 20 多家场馆的 60 余名学员参加培训。

5 月 15—20 日　国土资源博物馆专业委员会于在长沙召开国际矿物宝石博览会期间举办了博物馆论坛，来自国内外的专家、学者共计 100 余人参加论坛。

5 月 24—25 日　承办第十六届中国科协年会第 16 分会场，这是协会继 2008 年后再次获得年会分会场承办资格。分会场由中国自然科学博物馆协会与中国青少年科技辅导员协会联合承办，在云南昆明顺利举行。程东红、束为、部分省级科协领导同志莅临会议现场，分会场学术交流活动为期 2 天，举行 3 场专题研讨会，包括 13 个学术报告，邀请 3 位高水平专家（包括一位来自美国的专家）做主题报告，共有近百人参加活动。

6 月 23—27 日　第 22 届国际天文馆学会大会成功在京举行，承办单位北京天文馆是国际天文馆学会中国国家委员会所在单位，也是协会天文馆专业员委会挂靠单位。天文馆专业委员会积极参与本次大会组织与筹备，并同期开展专业委员会学术论坛。本次大会共有来自全球 40 余个国家和地区的 300 多位天文馆行业专家、天文教育专家参会。

6 月 27—29 日　天文馆专业委员会召开组建工作委员会议暨学术年会。

7 月 21—22 日　科技馆专业委员会在山西太原组织第四届全国科技馆馆长培训班，全国 62 家科技馆的馆长参加本次培训班。

8 月 8 日　湿地博物馆专业委员会在甘肃张掖召开学术研讨会，80 余位湿地科普场馆工作者参加了以“湿地科普宣传教育”为主题的学术交流活动。

8 月和 11 月　自然保护区专业委员会分别在江西南昌和台湾地区举行了有 10 余年传统的海峡两岸自然保护区业务交流研讨会。组织大陆保护区和台湾地区相关行业开展交流活动。

10 月 13 日　展项研发与环境设计工作委员会在安徽合肥市召开工作会议，是新一届工作委员会领导班子正式开始工作的标志，同时也为企业与场馆间的沟通合作架起桥梁。

10 月 22 日　在四川成都市举办省级自然科学博物馆协会联合会工作会议。会议为我国省级自然科学博物馆协会之间的沟通交流提供了平台。

11 月 7—8 日　科技馆专业委员会在安徽芜湖市举办 2014 年全国科技馆发展论坛，并举办专题研讨会、

进行论文交流等学术活动，会后出版了论文集。

11月25—28日　水族馆专业委员会2014学术年会在浙江台州市召开，论文征集、学术交流、专题论坛等多项活动为水族馆技术交流搭建了平台。

12月　参加第六届全国优秀科技工作者评选推荐工作，推荐一位候选人，成功获评。

12月8日　在广西南宁市召开六届二次常务理事会，39位常务理事出席会议。会议总结了协会2014年工作，就2015年工作要点展开讨论。会议还审议通过了部分理事、常务理事变更决定以及2014年度协会表彰名单。本次会议共变更理事14名，变更常务理事6名，增补常务理事1名。

12月15日　公布协会2014年度优秀集体和优秀工作者表彰决定，共评选表彰优秀集体45家、优秀工作者135名。

12月18日　参加学会服务中心组织的会员日科协直属学会现场活动，并现场推介会员馆古钱展览馆；副理事长贾跃明出席理事长座谈会。承担科协印刷四馆联票并向在京的中国科协会员寄送的任务，共发放参观券3000余份，为广大会员送去温暖。

重要活动及文件

中国自然科学博物馆协会 2014 年工作总结和 2015 年工作要点

2014 年是中国自然科学博物馆协会第六届理事会开局之年，在中国科协领导下，在支撑单位中国科技馆的大力支持下，中国自然科学博物馆协会依据年初制定的工作计划，认真贯彻党的十八大和十八届二中、三中、四中全会精神，围绕科技体制改革和学会能力建设，通过开展学术活动、提升会员服务、夯实基础工作三项重点任务，增强行业凝聚力，不断推进制度建设、文化建设和信息化建设，为中国自然科学类博物馆行业建设贡献力量，推动工作向深度和广度拓展。

第一部分　2014 年工作总结

一、以提升行业服务能力为目标，加强协会科普服务能力建设

1. 以大型学术会议为依托，不断提升学术能力和服务水平

协会将承办第十六届中国科协年会第 16 分会场作为上半年重点工作来抓。这是协会继 2008 年后再次获得年会分会场承办资格。分会场由我会与中国青少年科技辅导员协会联合承办，以科普作为主题，积极筹备、认真落实，学术交流工作收效良好，提交论文的数量和报名参会人数在 17 个分会场中均居前列。卓有成效的论文征集工作是本次年会 16 分会场工作亮点，也是分会场学术交流工作能够顺利开展的重要基础。程东红、束为、部分省级科协领导同志莅临会议现场，分会场学术交流活动为期 2 天，举行 3 场专题研讨会，包括 13 个学术报告，邀请 3 位高水平专家（包括一位美国专家）做主题报告，共有近百人参加活动。年会分会场的成功举办促进了协会会员服务水平的提升，也为协会今后学术活动开展奠定了坚实基础。

2. 以行业基础调研为抓手，开展《中国科普场馆年鉴 2014 卷》编撰工作

年鉴工作是从协会投身科技体制改革和促进社会发展的角度开展的创新性工作，对行业掌握发展现状、捋清发展脉络、展望发展前景有着重要的借鉴和指导意义。为此，协会成立了年鉴工作委员会，由理事长担任主任委员，各副理事长担任副主任委员。通过多次研讨修改，协会办公室于 5 月发放了年鉴资料征集通知，信息采集期持续 2 个月，初稿采集工作于 7 月底基本结束，进入编撰阶段。8 月至 9 月，在与出版社密切合作的基础上，完成了对全部约 180 家科普场馆的资料编辑，于 9 月交付出版社开始排版、校对等出版环节工作，于 12 月上旬正式出版发行。《中国科普场馆年鉴》的出版发行，填补了我国自然科学类博物馆行业信息资料统计的空白。

二、以专业委员会为平台，开展各类学术活动

中国自然科学博物馆协会拥有9个分属不同学科和专业领域的专业委员会，依托专业委员会开展学术活动一直是我会开展学术交流工作的基本思路，也是发扬协会多专业、多学科优势的关键所在。2014年，不论是协会成立之初就已诞生的专业委员会，还是刚刚成立的专业委员会，都根据自身特色开展了各具特点的学术活动。

1. 自然历史博物馆专业委员会

自然历史博物馆专委会各项活动异彩纷呈。参与组织环球自然知识竞赛，来自全球的3308组团队参加。起草制定《自然类博物馆展览评估标准》，已完成初稿编辑，将填补我国此类行业标准的空白。利用展览开展国际及国内馆际交流，策划《大型“中国恐龙和古生物”展览》，扩大行业影响力。组织开展全国重点保护野生动物标本调查与建档工作，对重点保护野生动物标本数据进行统计汇总。

2. 科技馆专业委员会

科技馆专业委员会一直是协会内开展学术活动较为活跃的专委会之一，2014年组织了多项活动，7月21—22日在山西太原组织第四届全国科技馆馆长培训班，全国62家科技馆的馆长参加本次培训班。11月7—8日在安徽芜湖举办2014年全国科技馆发展论坛，举办专题研讨会，进行论文交流和结集等学术活动。

3. 水族馆专业委员会

水族馆专业委员会的学术活动具有传统，别具特色。5月12—14日动物训练员培训班在天津举办，国内20多家场馆的60余名学员参加培训。11月25—28日，水族馆专委会2014学术年会在浙江台州市召开，论文征集、交流、专题论坛等多项活动为水族馆技术交流搭建平台。专委会还组织人员翻译编印了《动物训练》和《创建水族馆》，介绍国外动物训练和水族馆建设的先进经验。

4. 天文馆专业委员会

组织国际学术会议是今年天文馆专业委员会工作的重点。6月23—27日，第22届国际天文馆学会大会成功举行，专业委员会积极参与本次大会组织与筹备，并同期开展专委会学术论坛。6月27—29日，召开天文馆专业委员会组建工作委员会议暨学术年会。

5. 专业科技博物馆专业委员会

专业科技博物馆专业委员会本年度学术工作以承担专业科技博物馆发展研究课题项目为龙头。此项课题为“中国科协‘十三五’科普基础设施发展规划”专题研究项目之一，受协会委托，专委会对全国专业科技博物馆的基本情况进行了调查，拟初步建立我国专业（行业）科技博物馆基础信息资料数据库。此外，还进一步结合《“十三五”科普基础设施发展规划》研究、编制工作方案的要求，梳理了“十二五”期间我国专业（行业）科技博物馆发展概况，最终撰写完成相关研究报告。10月31日—11月2日，专委会学术年会在浙江省杭州市开幕。

6. 湿地博物馆专业委员会

湿地博物馆专业委员会成立几年来，一直开展具有自身特色的学术活动。2014年举办论文征集评审活动，出版《湿地科普宣传教育》论文集，收录优秀论文近百篇。8月8日，专委会在甘肃张掖召开学术研讨会，80余位湿地科普场馆工作者齐聚一堂参加以“湿地科普宣传教育”为主题的学术交流活动。专委会全年还编辑六期《中国湿地》科普刊物面向社会发行。

7. 国土资源博物馆专业委员会

国土资源博物馆专委会于5月在长沙召开国际矿物宝石博览会期间举办了博物馆论坛，来自国内外的专家、学者以及国土资源博物馆专业委员会代表共计100余人参加论坛。

8. 自然保护区专业委员会

自然保护区专委会于8月和11月分别在江西南昌和台湾举行了有10余年传统的“海峡两岸自然保护区业务交流研讨会”。组织大陆保护区和台湾地区相关行业开展交流活动。

9. 科普场馆特效影院专业委员会

科普场馆特效影院专委会是六届理事会新成立的分支机构，4月召开成立大会，10月在主任会议上重点研究了影片联合采购和专委会网站建设等事宜。

三、以承接政府转移职能为契机，大力做好专项工作

1. 承接中国科协委托的项目

一是科协系统内科技馆免费开放工作。这一工作是2013年的延续性工作，根据科普部落实财政部要求的指示，整理免费开放科技馆名单，制订科技馆免费开放宣传方案。二是科技馆组建理事会试点项目。根据科普部要求，组织召开科技馆组建理事会试点工作调研座谈会，会议围绕中央精神，就科技馆组建理事会工作方案的制订、调研报告的编写等进行了深入而广泛的探讨，并部署了在部分科技馆组建理事会的试点工作。三是先后启动"全国自然科学类博物馆人才结构现状和需求调研报告""专业科技博物馆发展研究"和"科技馆发展研究"3个科协"十三五"科普基础设施发展规划的前期研究专题，并提出了"十三五"期间的发展思路和措施建议。四是由科普部、协会和清华大学科学传播中心联合主办第一届地市级科技馆建设（合肥）培训班，参加人员130人。五是开展帮助鄱阳湖湿地公园建立"科学大课堂"项目，发挥协会湿地专委会优势，为其建立科普实验室和活动室并开展科学实验活动、培训相关科技辅导员，目前相关工作已经完成。

2. 加强行业宣传与研究

一是开展国际合作，研究国际同行业组织的运行情况，进行北美科学中心《维度》杂志的中文翻译工作，与对方签署翻译合作协议，翻译印刷出版第一期中文版。二是按期编印协会《通讯》，内容涵盖近百家单位会员的发展状况、活动信息等，全年共发行6期近8000份，不断扩大行业影响力。

四、搭建沟通平台，组织多层面工作研讨会

1. 召开联络员工作会议

为了充分发挥各单位会员联络员的桥梁纽带作用，搭建交流平台，进一步加强联络员队伍建设，促进相关工作有序开展。协会于4月11日在京召开了2014年度联络员工作会议，来自协会各单位会员的联络员及协会相关领导和工作人员共110人参加会议。会议对2013年联络员工作进行了总结，通报了2014年开展的与单位会员密切相关的协会年鉴等重点工作情况，进行了优秀联络员表彰，开展了工作经验交流等活动。

2. 召开企业会员工作会议

协会于2013年顺利换届后，开展企业会员相关工作的委员会也于今年组建了新一届领导班子。10月13日在安徽合肥市召开的此次工作会议，是新一届工作委员会领导班子正式开始工作的标志，同时也为企业与场馆间的沟通合作架起桥梁。

3. 举办省级自然科学类博物馆协会工作会议

中国自然科学博物馆协会是全国范围内的科技类博物馆行业组织，在国家级协会的引领和示范作用下，国内10余个省级行政区相继成立和即将成立自己的科技类博物馆协会组织。这一行业发展形势要求作为国家级协会的中国自然科学博物馆协会在工作中发挥领头羊作用，为省级协会的成长发展提供支持和帮助。协会六届理事会审时度势，顺应这一行业发展的新形势，在以往的工作基础上总结经验，于10月22日在四川成都市组织召开省级自然科学博物馆协会联合会工作会议。会议由中国自然科学博物馆协会主办、四川省自然科学博物馆协会承办，会议为我国省级自然科学博物馆协会之间的沟通交流提供了平台。

五、以制度建设为基础，不断加强自身建设

1. 完成分支机构组建工作

按照协会章程，进一步理顺各委员会工作职能，开展新一届理事会各委员会机构及其人员的组建工作，并为进一步开展活动做好组织准备。目前各委员会已完成组建工作，共设9个专业委员会7个工作委员会。

2. 成立新的专业委员会和工作委员会

紧扣行业发展动向，探索科普场馆发展新途径、新方式，协会于上半年成立了年鉴工作委员会和科普场馆特效影院专业委员会并已开展工作。积极推动协会各项工作向更广范围和更深领域拓展。

3. 完善会员管理办法

为更好地服务会员，制订会员管理补充规定，主要对会员入会、会费管理等程序进行进一步规范和完善。

六届理事会换届以来，新接收单位会员 72 家、个人会员 281 人。目前共有在册单位会员 539 家。2014 年已收缴会费 34 万元。

六、以实现信息整合应用为重点，扎实推进行业信息化建设

1. 协会网站改版试运行

为适应全新的互联网信息化环境，扩大影响力，为会员和社会公众搭建更便捷的信息动态平台，协会对原有网站进行了全面改版，形式和内容进行全新升级，增设了新的互动功能和用户服务入口，信息获取更清晰，会员与协会沟通更便捷。新网站已开始试运行，在进行一段时间的功能测试和调整后将正式投入使用。

2. 初步建立会员管理系统

为实现会员管理信息化，以协会新版网站为平台，初步设立会员管理系统，逐步实现会员入会、登记、管理工作的全程信息化操作，并在此基础上建立会员数据库。定期推送行业动态、政策走向、协会信息等内容，会员可获得稳定的信息来源服务，提升协会在会员中的影响力；同时搭建交流平台，及时传递、发布各专委会、各单位会员和个人会员之间的有用信息，实现行业公共信息的资源共享。

第二部分　2015 年工作考虑

2015 年，协会将认真贯彻落实党的十八大和十八届二中、三中、四中全会精神，按照中国科协的工作部署，在继承中创新，在创新中发展，以服务为切入点开展 2015 年工作。博协作为自然科学类博物馆的行业组织必须抓住机遇，提升自身能力特别是学术能力，大胆承担政府转移职能，主动开展行业评价。围绕服务会员发展、服务行业发展和服务全民科学素质建设三项重点，坚持民主办会，不断开辟服务渠道，努力提升协会自身能力和学术水平。

一、加强学术建设

1. 举办协会首次学术年会

在专委会学术活动的基础上，为整合优势学术资源，搭建会员学术交流平台，推进协会学术能力建设，拟于 2015 年举办协会第一届学术年会。年会将按照“学术、交流、旗帜、平台”的定位，以各专委会在发展和建设中的共性为基础，以自然科学博物馆界的发展为主题，积极探索协会学术活动与专业委员会活动结合的新方式，鼓励专委会间的跨界交流与合作。学术年会拟每年举办一届，由协会主办、专委会申报承办。学术年会将成为协会主办的规模最大、行业特征最鲜明的学术性活动。

2. 筹办学术期刊

为充分发挥协会的学术平台作用，促进我国自然科学博物馆行业发展，加强理论研究，推动协会科研工作和科研信息交流，拟创办协会学术期刊。2015 年起与中国科技馆、中国科学技术出版社、上海科技馆等单位合作，拟创办 2 本正式学术期刊。2 份刊物将立足于不同定位，为广大会员和自然科学博物馆行业工作者提供高水平、专业性强的学术平台。

3. 筹备 2016 年亚太地区科技中心网络组织年会

亚太地区科技中心网络组织（ASPAC）成立于 1997 年，为亚太地区最主要的科技馆 / 博物馆联盟组织。协会支撑单位中国科技馆是该组织创始单位之一。2014 年上半年，我国申办 2016 年亚太地区科技中心网络组织年会成功，中国自然科学博物馆协会将参与筹备此次会议。本次国际会议参会人员为国内外科普场馆领导和业务骨干、展览展品设计企业及特效影视制作企业代表等。如何结合 2016 年 ASPAC 年会的筹备，探索举办协会学术活动，特别是学术年会的方式方法，将是 2015 年协会学术建设方面的工作重点之一。

4. 加强专委会学术水平和能力建设

坚持专业委员会为基础的学术工作基本方针，鼓励跨界交流，积极参与高水平学术活动。继续推动和加强协会所属的 9 个专委会建设，尤其加强学术交流，举办不同类型、性质的学术活动，开展业务学习探讨，为本专委会和本专业自然科学博物馆的建设搭建平台，推动行业发展进步。各专委会应关注国际学术动态，找准专

业对口的国际组织，积极参与相关活动，提升自身学术能力水平。

二、加强队伍建设

构建协会继续教育体系和平台。在今年结题的“全国自然科学类博物馆人才结构现状和需求调研”项目课题的基础上，结合中国科协“十三五”发展规划，由科普与教育专业委员会牵头开展协会人才队伍建设，制订培训方案，初步构建协会继续教育体系，逐渐形成人才发展和行业领军系统性的培训机制。对各专委会现有的优秀培训和行业认证项目要继续鼓励其向深度和广度拓展，扩大影响力。

三、加强建言献策和服务全民科学素质行动计划纲要工作

1. 起草《关于开展全国科普基础设施评估定级工作的建议》

在充分调研的基础上，起草并向中国科协提交《关于开展全国科普基础设施评估定级工作的建议》，建议先期开展自然科学类科普场馆评估定级工作。通过这一政策建议，提升协会向政府、行业主管部门建言献策的能力与水平，强化协会对行业性普遍问题的共识与思考，不断推动行业发展与进步。

2. 编辑出版《中国科普场馆年鉴 2015 卷》

在总结今年首次年鉴编辑工作经验的基础上，开展对各专委会、各单位会员的调研工作。《中国科普场馆年鉴 2015 卷》在收集单位会员基础数据的基础上，拟加入我国自然科学类博物馆发展研究报告，报告主题包括已经开展研究的“全国自然科学类博物馆人才结构现状和需求调研”，其他内容将由年鉴工作委员会讨论决定。

3. 做好科协系统内科技馆免费开放工作

在过去两年调研总结、数据测算的基础上，按照有关单位要求，做好先行试点，开展科协系统内部科技馆免费开放工作。

四、加强协会自身组织建设

坚持民主办会的宗旨。切实发挥协会理事会、常务理事会作用。坚持以专业委员会为工作的基础和落脚点，加强自身能力建设。充分发挥专业委员会的工作优势和特点，以集体智慧共同推动自然科学博物馆行业的发展。

以上关于协会 2014 年度工作总结和对 2015 年工作要点的设想，是今年多次理事长办公会认真研究的结果，并整合了六届二次常务理事会议讨论意见。协会是共襄盛举的事业，按照“民主办会”原则，协会重视和依靠各位常务理事的重要决策作用，尤其是关于 2015 年的各项工作，希望各位常务理事发表真知灼见。我们将在大家意见建议的基础上，进一步修改形成协会 2014 年工作总结和 2015 年工作要点，为协会明年的工作绘就蓝图。在“协会管理民主化、学术交流民主化”总体原则基础上，认真、深入规划协会的发展和未来，使协会活动更加符合科技社团发展规律，推动协会继续成长进步，更加具有自身特色，不断焕发新的生机与活力。

第十六届中国科协年会第16分会场学术交流活动圆满落幕

5月24日，第十六届中国科协年会在云南省昆明市隆重开幕。年会共设17个分会场，由中国自然科学博物馆协会和中国青少年科技辅导员协会共同承办、云南省青少年科技教育协会协办的第16分会场学术交流活动同期启幕。16分会场“以科学发展的新视野，努力创新科技教育内容”为主题，以“学科交叉、大科普、为会议举办当地服务”为定位开展各项学术交流活动。

24日下午，16分会场全体会议在昆明云安会都酒店国际会议中心举行。中国科协副主席、中国自然科学博物馆协会理事长程东红，中国科协党组成员、中国科技馆馆长、中国自然科学博物馆协会常务副理事长束为出席会议并发表讲话，中国自然科学博物馆协会执行副理事长赵有利，辽宁省科协党组书记、副主席康捷，内蒙古科协党组书记、常务副主席马强，中国科技馆副馆长郑浩峻，中国自然科学博物馆协会秘书长陈洪庆等同志，中国科协办公厅、学会部主要负责同志以及来自两家协会的90余名代表和云南省部分青年科技教师代表共120余人参加会议，会议由中国青少年科技辅导员协会副理事长任林主持。

程东红同志对16分会场召开表示热烈祝贺，她在致辞中指出，2014年是贯彻落实党的十八届三中全会精神、全面深化改革的开局之年，也是实现《全民科学素质纲要》“十二五”发展目标的攻坚之年。科普工作应在《纲要》精神的指导下，深入学习贯彻落实党的十八大和十八届二中、三中全会精神，按照全面深化改革要求，落实创新驱动发展战略部署，围绕“四化”同步发展目标，以提高我国公民基本科学素质为核心，以建立长效机制为重点，面向基层、贴近群众，创新方式方法，提升科普工作能力，推动科学普及和科技教育工作不断取得新成效。她表示，16分会场是本次年会中唯一以科普教育作为主题的分会场，在这个基础上开展学术交流，必能在科普工作领域碰撞出耀眼的火花，促进科普工作的全面发展。她对本次分会场学术交流活动提出四点希望，一是要紧紧围绕年会和分会场主题，将学术交流落到实处；二是要探索科技创新和科学普及工作的发展方向，汇聚广大科普和教育工作者的创新智慧，积极搭建交流平台，开创科普教育工作新局面；三是要在培养科普教育人才方面探索新路，不断拓宽人才培养选拔渠道，为营造良好的人才成长环境、建设人才强国发挥作用；四是要抓住改革机遇，探索提升科普工作能力和扩大科普工作影响力的新方式，全面推进科普教育事业的发展。最后，程东红强调，在协会今后的工作中，要继续大力发展会员服务，搭建学术交流平台，丰富会员服务内容，共同为推进国家科普事业和科技教育事业贡献力量。

随后，中国自然科学博物馆协会名誉理事长李象益、美国洛杉矶加州大学教授桑多瓦尔、上海师范大学教授鲍贤清分别作学术报告。

束为同志在总结讲话中指出，科普工作是中国科协和各级科协的重要工作范畴，不论是今年科协年会的主

题，还是16分会场的主题，都是紧扣今年科普工作的指导思想。从事科普工作就是要围绕和服务于党和国家的中心工作，服务创新型国家建设和文化强国建设，突出科普工作的基础性、大众性、实用性。他强调，科普工作正在经历一次重要的机遇期，作为一个科普工作者要有机遇意识，在工作中要明确围绕服务创新驱动发展战略这条主线，牢牢把握科普教育工作发展的新机遇；关注最新的科学技术发展趋势，为创新科普工作方式和提高工作水平寻找方向；顺应科学技术发展的新趋势和广大公众的新需求、新期待，加快推进科普现代化；加强科普工作的责任感、使命感，提升工作质量。

25日上午，16分会场分别召开两场专题研讨会议，中国科协党组成员、中国科技馆馆长、中国自然科学博物馆协会常务副理事长束为出席中国自然科学博物馆协会专题研讨，专题研讨由中国自然科学博物馆协会执行副理事长赵有利主持。中国科技馆副馆长郑浩峻、中国湿地博物馆馆长陈博君、东北师范大学自然博物馆副馆长李迎化、北京天文馆副研究员李昕、中国铁道博物馆正阳门馆副馆长李海滨分别就各自领域的重点问题开展专题报告，这些报告囊括了自然科学博物馆协会大部分专委会的重要工作。赵有利同志在主持中强调，中国自然科学博物馆协会的发展已经进入了一个新的阶段，要实现全方位建设与发展，必须要以中央关于学会建设的精神为统领，不断增强创新意识、改革意识、服务意识，发扬行业协会优势，不断提升学术水平，扩大社会影响，增强行业凝聚力，向着更深层次和更广领域拓展，推动我国自然科学博物馆事业蓬勃发展。

会议结束后，参会代表赴中国科学院昆明动物研究所昆明动物博物馆学习调研。

第十六届中国科协年会由中国科学技术协会和云南省人民政府共同主办，以“开放、创新与产业升级”为主题，立足于“大科普、学科交叉、为举办地服务”的年会定位，是凝聚全国科技工作者的智慧和力量、推进创新驱动发展战略、服务地方“两强一堡”战略和国家“一带一路”战略的重要举措。第16分会场在取得年会分会场承办资格后，认真准备、全力以赴，学术交流工作得到了两家协会会员的积极响应。共征集到300余篇论文，向年会论文征集推荐优秀论文91篇，不论是提交论文的数量还是报名参会的人数在17个分会场中均居前列。年会的召开和分会场各项活动的举行，对提升自然科学博物馆协会在我国科普场馆中的影响力、提升协会的科研学术水平、扩大会员服务内涵发挥了重要的推动作用。

中国自然科学博物馆协会六届二次常务理事会在南宁召开

2014年12月8日，中国自然科学博物馆协会六届二次常务理事会在广西南宁市召开。本次会议由广西科技馆承办，共有39位常务理事出席或派代表出席会议。

协会执行副理事长赵有利主持上午时段的会议。广西壮族自治区科协党组书记、副主席叶宗波，自治区科协副主席梁春花出席本次会议。叶宗波副主席代表广西壮族自治区科协致辞欢迎协会常务理事会议在南宁召开，预祝会议圆满成功，并祝与会代表在南宁度过一段愉快的时光。

会议的第一项议程由协会理事长程东红向会议报告协会2014年工作总结以及2015年工作考虑。理事长首先对2014年协会开展的重点工作进行了总结，之后报告了理事长办公会对协会2015年工作、乃至协会六届理事会任期内工作的规划和设想。理事长指出，我国正处在“十二五”规划执行接近完成、“十三五”规划正在制定的阶段，自然科学类博物馆作为科普基础设施中的“旗舰”，是前景广阔、充满活力的“朝阳行业”。在创新型国家建设、创新驱动发展的方针指引下，科技社团在引领创新、进行学术自律、行业内人才和项目评价方面的作用日益凸显。中国自然科学博物馆协会作为自然科学类博物馆的行业组织，必须抓住机遇，提升自身能力特别是学术能力，大胆承担政府转移职能，主动开展行业评价。在此认识基础上，协会应找准定位，以服务为切入点开展2015年工作。在学术建设方面，要创办协会自己的学术期刊，创办全协会范围的学术年会。在人才培养方面，要由科普与教育工作委员会牵头，开展系统培训工作。在服务政府和社会发展方面，要继续编写《中国科普场馆年鉴》，在已有工作的基础上更进一步加入专题研究内容；以科普场馆为切入点，在科普基础设施评级方面向中国科协建言献策；以专业委员会各项工作为基础，加强专委会之间的交叉合作、跨界交流，积极参与高水平的国际学术活动。在协会自身建设方面，要坚持民主办会的宗旨，切实发挥协会理事会、常务理事会作用，以集体智慧共襄自然科学博物馆行业发展的盛举。

第二项议程由协会副理事长、上海科技馆馆长王小明作为科普与教育工作委员会主任作《全国自然科学类博物馆人才培训方案》报告。报告就已经完成的现状需求研究和即将开展的业内人才培训工作情况进行了详细汇报。孟庆金副理事长代表年鉴工作委员会为协会编写的《中国科普场馆年鉴2014卷》首发致辞；朱进副理事长为《维度》杂志中文版首发致辞。常务理事、广西科技馆馆长江洪代表单位会员接收了《中国科普场馆年鉴2014卷》和《维度》中文版。

上午余下的时间里，与会代表分为两组，针对协会2014年工作总结和2015年工作考虑进行了热烈的讨论。

下午会议由程东红理事长主持。会议首先由赵有利副理事长向常务理事会介绍协会2014年优秀集体和优秀工作者评选工作情况，宣读了本年度协会“优秀集体”“优秀工作者”名单，并经常务理事会审议通过陈洪庆秘书长代表组织与会员工作委员会作《关于变更及增补中国自然科学博物馆协会理事、常务理事的报告》。

理事、常务理事变更及增补名单由常务理事会审议并通过。

接下来，由齐继光、张希武两位副理事长代表两个小组汇报了上午分组讨论的具体情况。代表们的讨论集中在几项协会的重点工作上：协会开展行业培训的方式方法、基础资源、经费支撑等情况；协会组织学术年会的形式、时间、地点以及年会主题和工作模式；民主办会和组织建设的相关工作，包括发展会员、服务会员等各方面工作。理事长感谢各位常务理事对协会工作的热情以及在各项工作方面提出的意见建议；责成秘书处将代表意见总结成为会议纪要，并修改形成协会 2014 年工作总结及 2015 年工作要点发常务理事会审议。

来自中国科协学会学术部改革发展处的副调研员邹超列席了本次常务理事会，并应理事长请求，向与会代表介绍了中国科协在学会工作方面的工作思路和政策信息。

执行副理事长赵有利对会议进行了总结，认为本次会议务实、高效、成功。他还就承接政府转移职能、提升学术能力建设、提升科普工作水平、加强会员服务等方面工作和代表们进行探讨。广西科技馆承办了本次会议大部分的会务工作，赵有利代表协会对广西科技馆给予会议的大力支持致以衷心感谢。最后程东红理事长向代表们致以岁末新年的祝福。本次常务理事会在热烈的掌声中圆满落幕。

中国省市自然科学博物馆协会2014年工作会议在四川科技馆召开

10月21日，中国省市自然科学博物馆协会2014年工作会议在四川科技馆召开。中国自然科学博物馆协会赵有利执行副理事长，四川省科协党组成员、副主席、四川省自然科学博物馆协会理事长刘进出席会议，与来自全国各地的省市级协会负责人和4家观察员单位代表齐聚一堂。会议由四川省自然科学博物馆协会副理事长、秘书长雷斌禄主持。本次工作会议由中国自然科学博物馆协会主办、四川省自然科学博物馆协会承办。

刘进副主席在大会上致辞时表示，中国自然科学博物馆协会在过去的34年一直致力于弘扬科学精神、传播科学思想、倡导科学方法，为提高全民科学素质服务做出了重要贡献。本次会议将传达中国自然科学博物馆协会工作规划，指明全国自然科学博物馆协会的工作重心，并为各省市协会工作情况交流研讨、行业内相互学习和借鉴提供一个良好的交流平台。四川省自然科学博物馆协会会员涉及多行业，始终坚持面向中小场馆、民主办会的原则，经过5年的努力，已成为连接省内各类场馆、具有吸引力和凝聚力的平台，推动了一批年轻优秀人才的成长，对四川科学博物馆场馆的蓬勃发展起到了应有的作用。四川省自然科学博物馆协会将借此次大会的良机积极学习借鉴其他省市科学博物馆的经验。

赵有利副理事长以自然科学博物馆协会的作用、职责和方法为主题在会议中作了报告。他指出，协会是科协赋予的职责，发挥着无法代替的作用，在“减政放权，提高效率”的背景下，要为科技馆、自然史馆、地质馆等场馆服务。协会为会员服务，以研究各类场馆长远发展为己任。我们要以支持当地场馆建设、提高场馆教育功能、科学化管理、充分发挥志愿者作用、重视安全工作等方面为切入点，不断促进各类自然科学博物馆快速、健康、蓬勃的发展。

与会人员先后发言，各自汇报2014年开展的重点工作和取得的有益成效，介绍2015年度工作计划，并提出了工作中遇到的相关问题。大家围绕科普工作的难点和问题从务实的角度展开了充分、翔实的讨论，提出了很多可供大家参考的做法和经验，现场气氛热烈，收获颇多。

最后，会议达成一致共识，即通过大家的不断努力工作，发展壮大组织，搞好服务，凝聚会员。全国各地情况不同，工作方法有一定差异，但是大量的工作在地方起到了很大的推动作用。要继续搭建平台，通过定期召开常务理事会、学术交流会等主要活动加强协会凝聚力和提升会员单位能力。此次会议的发言将整理汇集为通讯专辑，让全国同行借鉴、学习，促进全国省市自然博物馆协会的建设和蓬勃发展。

中国自然科学博物馆协会 2014 年联络员工作会议在京召开

为充分发挥各单位会员联络员的桥梁纽带作用，搭建交流平台，进一步加强联络员队伍建设，促进工作有序开展，4 月 11 日，中国自然科学博物馆协会 2014 年联络员工作会议在京召开。会议由协会秘书处主办，秘书长陈洪庆出席会议并讲话，秘书处相关同志、来自协会单位会员的 110 位联络员参加会议。

会上，陈洪庆秘书长对中国自然科学博物馆协会 2014 年工作进行了部署，并就会员管理与服务、协会分支机构调整等重点工作进行强调。

会议对协会 2013 年度工作情况进行总结，通报了第六届会员代表大会暨环节选举大会的整体情况及第十六届中国科协年会分会场筹备等相关情况。

为肯定成绩、鼓励先进，激励联络员为协会发展做出更大贡献，协会评选出 40 名 2013 年度优秀联络员。陈洪庆秘书长宣读了《中国自然科学博物馆协会关于表彰 2013 年度优秀联络员的决定》及《中国自然科学博物馆协会 2013 年度优秀联络员名单》。

会议还就《中国科普场馆年鉴 2015 卷》编撰情况进行了重点通报，强调了编撰出版年鉴的重要意义、目的、工作进程及具体要求。

会后，全体与会人员赴协会在京会员单位中国铁道博物馆和中国电影博物馆考察学习。

关于变更及增补理事、常务理事的决定

科博字［2014］第 37 号

2013 年 8 月 23 日中国自然科学博物馆协会第六届全国会员代表大会选举产生了 130 名理事和 44 名常务理事。一年多来，各位理事和常务理事紧密围绕协会中心工作，团结协作，开拓进取，取得了诸多丰硕成果，极大地推进了协会各项工作的开展。

一年来，部分理事和常务理事工作变动和调整，为更有效地持续推进各项工作的开展，有关专业委员会提出了理事和常务理事变更及增补申请。根据《中国自然科学博物馆协会章程》第三十条规定："代表单位进入协会的副理事长、常务理事、理事在原单位工作发生变动时，原则上不再担任协会原职务。常务理事、理事可由原推荐单位提出换人申请，经理事会或常务理事会讨论通过后变更。"

变更及增补名单由组织与会员工作委员会提交协会六届二次常务理事会审议并通过，自 2014 年 12 月 8 日起生效。

中国自然科学博物馆协会理事和常务理事变更、增补名单

一、理事变更

1. 李迎化变更为王会民（东北师范大学自然博物馆馆长）；
2. 董玉琴变更为黄克力（天津自然博物馆馆长）；
3. 杨永安变更为陈志强（中国电影博物馆党委书记、副馆长）；
4. 周久经变更为刘云（女，中国消防博物馆馆长）；
5. 樊维变更为杨蕊（女，北京汽车博物馆馆长）；
6. 周纯烈变更为陈岗（内蒙古科技馆常务副馆长）；
7. 方荣基变更为杨泳滨（贵州科技馆馆长、党委书记）；
8. 冯芊变更为王汉祥（湖北科技馆馆长）；
9. 杨文志变更为张秋立（河北科技馆馆长）；
10. 张卫伟变更为汪立祥（江苏科技馆馆长）；
11. 林学理变更为王美玲（女，福建科技馆馆长）；
12. 周世文变更为李伟（山东科技宣传馆馆长）；
13. 周厚明变更为喻泽红（湖南科技馆馆长）；
14. 郭定平变更为梅玉军（重庆科技馆馆长）。

二、常务理事变更

1. 李迎化变更为王会民；
2. 董玉琴变更为黄克力；
3. 杨永安变更为陈志强；
4. 周久经变更为刘云（女）；
5. 杨文志变更为张秋立；
6. 周世文变更为李伟。

三、增补常务理事

增补徐东向（中国自然科学博物馆协会理事、青海省科协副主席、青海科技馆馆长）为常务理事。

中国自然科学博物馆协会
2014 年 12 月 15 日

关于表彰 2014 年度优秀集体和优秀工作者的决定

科博字［2014］第 36 号

2014 年，中国自然科学博物馆协会广大会员积极、富有创造性地开展工作，推动自然科学博物馆事业持续、健康地向前发展，取得了丰硕的工作成果。为总结经验、表彰一年工作中涌现出的优秀集体和优秀工作者，协会开展了本年度的优秀评选表彰工作。

根据《中国自然科学博物馆协会优秀集体及优秀工作者评选表彰办法》，经理事长办公会决定，2014 年度优秀评选工作于 11 月初启动。优秀集体由各专业委员会按照会员比例的 20% 进行推荐评选，8 家专业委员会和展项研发及环境设计工作委员会共推荐评选优秀集体 45 家。优秀工作者由各单位会员推荐，共评选推荐优秀工作者 135 位。推荐名单经 2014 年 12 月 8 日六届二次常务理事会审议通过，以下单位和个人被评为中国自然科学博物馆协会 2014 年度优秀集体和优秀工作者。

中国自然科学博物馆协会 2014 年度优秀集体名单

一、自然历史博物馆专业委员会

天津自然博物馆　重庆自然博物馆　山东博物馆　南通博物苑　安徽博物院

二、科技馆专业委员会

中国科学技术馆　上海科技馆　广东科学中心　山西省科学技术馆　广西科技馆　黑龙江省科学技术馆
重庆科技馆　厦门科技馆　合肥科技馆

三、水族馆专业委员会

青岛水族馆　海昌（中国）有限公司　天津海昌极地海洋世界　台州海洋世界　香港海洋公园

四、天文馆专业委员会

中国科学院紫金山天文台　河北省科学技术馆　中国科学院紫金山天文台青岛观象台
成都金都超星天文设备有限公司

五、专业科技博物馆委员会

中国农业博物馆　中国航空博物馆　中国煤炭博物馆　中国消防博物馆　中国园林博物馆　北京汽车博物馆

六、自然保护区专业委员会

江西井冈山国家级自然保护区管理局

七、国土资源博物馆专业委员会

中国地质博物馆　甘肃地质博物馆　黄果树奇石馆　常州中华恐龙园　本溪地质博物馆

八、湿地博物馆专业委员会

中国湿地博物馆　北京延庆野鸭湖湿地自然保护区管理处　张掖湿地博物馆　景宁望东垟高山湿地管理局

九、展项研发及环境设计工作委员会

北京普昂科技有限公司　广州宏达工程顾问有限公司　合肥安达电子有限公司
浙江科信科普发展有限公司　西安航美工程技术开发有限公司　合肥探奥自动化有限公司

中国自然科学博物馆协会2014年度优秀工作者名单

（按姓氏笔画排序）

丁宏伟　丁剑玲　丁　浩　于湛瑶　卫　红　王正前　王立新　王红英　王佳瑞　王　剑　王　亮
王　莉　王莹莹　王润福　王　维　王喆琛　王燕萍　尹继勇　田　伟　付建中　兰建华　宁继雄
吕连荣　吕宪杰　华兴宏　刘日林　刘文杨　刘永全　刘　青　刘　欣　刘　建　刘树臣　刘　勇
刘桂年　刘雪梅　刘婕好　齐　英　江　洪　孙东洵　孙　帆　孙振元　孙　琦　牟文虎　苏文峰
杜　媛　李小英　李子方　李　平　李　光　李　华　李宏斌　李　杰　李佳沅　李　勇　李瑞宏
李毅钢　李燕宁　李巍巍　杨国超　吴立平　吴　奇　吴晓龙　吴　婧　宋小伟　宋　苑　张月侠
张成贵　张华英　张青松　张若婷　张国强　张保庆　张洪钢　张　艳　张铁奎　张　静　陈冬妮
陈向阳　陈思浓　陈炳华　陈　莉　陈　虔　陈渊文　罗友恒　金利勇　金　穗　周文婷　周立群
周全民　周晓丹　郑博文　孟庆学　赵一斌　荣　竹　胡能勇　胡　静　南云珊　柏劲松　侯元生
俞　瀛　袁　祝　贾金萍　夏　军　徐　湮　翁喜丹　高　岩　高　燕　高　霞　郭宗亮　郭　霞
唐　波　唐定华　陶曙宏　黄仁普　黄知锡　曹玉星　龚建玲　常　梅　崔希栋　阎宝成　梁　莉
扈先勤　彭小国　彭　健　葛子红　葛　亮　曾以平　温万成　雷斌禄　路建宏　蔡文东　管丹平
谭红红　缪自平　潘铁虹

中国自然科学博物馆协会
2014年12月15日

《维度》杂志中文版印刷发行

《维度》杂志中文版于2014年12月首次印刷发行。这是中国自然科学博物馆协会首次引进外文刊物开展翻译发行工作，既是协会外事工作的破冰之旅，也是我国自然科学类博物馆行业开展国际学术交流的重要举措。

将《维度》杂志翻译成中文，由程东红理事长首先提出并倡议。2014年3月，在比利时举行的“2014年世界科学中心峰会”上，中国自然科学博物馆协会与科技中心协会（The Association of Science-Technology Centres，ASTC）达成合作协议，决定在中国大陆地区编译发行《维度》杂志中文版。根据双方协议，科技中心协会提供《维度》杂志全部版权和每一期电子版图文，中国自然科学博物馆协会负责将其翻译成中文，并排版印刷发放。这是一次互利双赢的合作，为我国自然科学类博物馆踏足国际舞台、聚焦全球视野、推动行业的整体发展进步发挥了积极的促进作用。《维度》杂志中文版的翻译发行是协会加强为会员服务的具体体现。

《维度》杂志中文版第 1 期封面

科技中心协会成立于1973年，目前拥有600多个成员，分布在50多个国家和地区，是具有广泛代表性的科学中心和科技博物馆国际组织。《维度》杂志是该协会的旗舰杂志，首发于16年前，每两个月围绕某一特定主题发行一期，为各成员单位提供服务。杂志的学术质量高、理论研究深入、关注业界前沿焦点问题，在会员中有着良好的影响力，今年5月曾荣获美国媒体“协会媒体与出版优秀奖”金奖。

杂志翻译发行由协会外事工作委员会、科技馆专业委员会和秘书处共同负责，排版印刷精美，文稿内容充分展现了国际科技博物馆界当前最为关注的问题，从形式到内容都极具特色。杂志签约和翻译发行过程中，得到了中国科技馆的大力支持。这本杂志在我国科技博物馆之间流传，将加强我国科普场馆与国际的交流，在我国自然科学类博物馆的发展进程中起到积极作用。

索 引

展览名称分类索引

包括常规展览和临时展览。为方便使用者在不知道展览确切名称时从主题内容角度浏览查检，本索引采用分类字顺方式。先按照涉及的内容范围，将展览分为7类，依次为：综合性展览，天文、地球、地质与矿产，植物、动物与生命起源，海洋与水生生物，科学技术，人类文明与环境保护，艺术与民俗等；类下再按展览名拼音次序排。使用时，可先根据展览的内容特点确定所属的类目，再在类目下按展览名的拼音次序浏览查找。例，一属于海洋生物领域的展览，可先找到"海洋与水生生物"类，再在该类下按拼音进行查找。展览名后标注有"*"的为常设展览。

综合性展览

A

安徽省蚌埠市科学技术馆常设展览* 411、417
安徽省科学技术馆常设展览* 389

B

巴彦淖尔市青少年科技创新大赛作品展览 231
毕节市第二届青少年科普创新大赛作品展示 606
毕节市科技馆常设展览* 605

C

车载展品 507
成都理工大学博物馆常设展览* 1097
创新驱动发展 科技引领未来——中国科学院科技创新（2014）年度巡展 196、203、786、1279
重庆科技馆常设展览* 566、576

D

大庆市青少年科技文化活动中心常设展览* 287
"大自然的奥秘"大型科普展 301
第三届大型科普博览展 135
东莞科学馆常设展览* 526
东莞市科学技术博物馆常设展览* 536

F

佛山科学馆常设展览* 520
福建省流动科技馆福州巡展 420
福建省流动科技馆龙岩巡展 420
福建省流动科技馆南平巡展 420
福建省流动科技馆宁德巡展 420
福建省流动科技馆莆田巡展 420
福建省流动科技馆泉州巡展 420
福建省流动科技馆三明巡展 420
福建省流动科技馆漳州巡展 420

G

甘肃科技馆常设展览* 628
广东科学中心常设展览* 179
广东省青少年科技创新大赛优秀作品展 510
广东省院士科技创新成果展 1212
广西发明创造成果展览交易会中小学生发明创造成果展 559
广西青少年科学节 547
广西壮族自治区科学技术馆常设展览* 546、562

索引

贵州科技馆常设展览* 591

H

合肥市科技馆常设展览* 395、403
合肥现代科技馆常设展览* 404
河北省科学技术馆常设展览* 196、204
河南省地质博物馆常设展览* 1074
黑龙江省科学技术馆常设展览* 272、285
洪泽湖博物馆常设展览* 974、975
湖南省科技馆“科普进校园进社区” 499
湖南省科学技术馆常设展览* 497
湖州市科技馆常设展览* 386
黄石市科学技术馆常设展览* 483

J

吉林省科技馆常设展览* 260、263
嘉兴市科技馆常设展览* 375、379
江苏省首届科普场馆发展论坛暨优秀科普产品展示 1049
江西省科学技术馆常设展览* 437、442
焦作市科技馆常设展品* 473、476
荆门市科技馆常设展厅* 495

K

科技馆活动进校园 315
科技馆活动进校园之走出去 368
科技政策导读挂图展 1212
“科技生活·创新圆梦”主题科普展览 621
“科技引领，放飞梦想——大力推动创新型省份建设”主题科普展览 620、623
科普博览会 166
科普大篷车 145、226、240、249、256、260、303、328、376、383、390、438、449、458、474、479、484、515、527、569、600、617、621、628、675、715
科普大篷车（Ⅱ型） 633
科普大篷车（Ⅲ型） 633
科普大篷车“六进”活动 244
科普大篷车进社区广场学校农村活动 664
科普大篷车巡展 923
科普进广场科普展 746
科普进社区科普展 746
科普进校园科普展 746
科普宣传车 832
科普宣传月展板宣传 739
科普仪器展 714
科普展 970
科普知识展板 1040
“科普知识进校园”展览 623
科普周科普展项进社区、进学校 342
科普主题展板 507
科学迷宫 141
科学奇异果·多思多美味 165
“科学奇异果”科普展 368
“科学的探索”科普展览 615
“科学生活 创新圆梦”云南省公众畅游科普教育基地大联动——石林科普联展 1105
“科学隧道 3.0”展览 141、1278

M

“梦想杯”江西省少年儿童科技发明创造作品竞赛成果展 444

N

南京科技馆常设展览* 301、311
内蒙古巴彦淖尔市青少年科学技术馆常设展览* 231
内蒙古巴彦淖尔市乌拉特中旗科技馆常设展览* 239
能源、新能源、古生物化石实物标本展览 1066
宁波科学探索中心常设展览* 354
宁国市自然博物馆常设展览* 970

Q

青海湖国家级自然保护区展品说明 1144
青海湖生物多样性 1143
青海省科学技术馆常设展览* 630
全国科普日 694
全国科普日两美浙江科普展 327
全国科普日专题展 1064
“全国科普日”科普资源展 805

S

赛复流动科技馆 166
山东黄河三角洲国家级自然保护区湿地博物馆常设展览* 980、986
山东省科学技术宣传馆常设展览* 445、457
山西省科技馆科普大篷车 209
山西省科学技术馆常设展览* 207、218
陕西科学技术馆常设展览* 616、620
上海国际青少年科技博览会 176

上海科技活动周临展　1048
上海科技节　694
深圳市科学馆常设展览*　515、519
沈阳科学宫常设展览*　248
世纪变迁科技云南　612
四川科技馆常设展览*　578

T

探索北极展　177
“体验科学”流动科技馆展品展示　327
“体验科学”——中国流动科技馆新疆巡展　645
“体验科学——流动科技馆”巡展　1253
天津科学技术馆常设展览*　188

W

温州科技馆常设展览*　367
我的中国梦科普展　547
我们的地球家园　651、1353
乌海科学技术馆常设展览*　225
乌鲁木齐市科学技术馆常设展览*　653、657

X

厦门科技馆常设展览*　427、436
县域流动科技馆　449
校园科技馆　449
新疆科学技术馆常设展览*　644、651
“雪龙”南极行　177

Y

烟台自然博物馆常设展览*　1068
延安市科技馆常设展览*　625
盐城市科技馆常设展览*　321、324
“迎青奥”科技小发明优秀作品展示会　302

Z

张掖湿地博物馆常设展览*　976
浙江大学学生科普传播暑期社会实践浙江省科技馆活动　327
浙江科技活动周——首届“中国 FM 创新科技节”　327
浙江省科技馆常设展览*　327、336
浙江省青少年科技创新大赛优秀作品展　379
浙江省重点企业研究院成果展　327
郑州科学技术馆常设展览*　464、470
中国地质博物馆黄果树馆常设展览*　1087、1089
中国地质大学逸夫博物馆常设展览*　82
中国第四纪冰川遗迹陈列馆常设展览*　922
中国古代科技展——天文与航海　160
中国科协夏季科学展　142
中国科学技术馆常设展览*　141
中国科学院 2014 年度创新成果展　142
中国流动科技馆　197、243、260、274、289、328、396、458、474、527、569、600、621、628、633、782
中国流动科技馆（安徽）省内巡展　390
中国流动科技馆“体验科学”主题展览　215
中国流动科技馆安徽皖北地区巡展　412
中国流动科技馆广西巡展　547、551
中国流动科技馆湖南巡展　499
中国流动科技馆金沙站巡展　607
中国流动科技馆内蒙古巡展　222
中国流动科技馆山西巡展　209
中国流动科技馆陕西巡展　617
中国流动科技馆项目　145
中国流动科技馆云南巡展　613
中国流动科技馆在市县科技馆巡展　479
中国流动科技馆郑州地区巡展工作　466
中国流动科技馆织金站巡展　607
中国梦大型图片展　546
中国湿地博物馆常设展厅*　937

天文、地球、地质与矿产

A

安徽省地质博物馆常设展览*　1057

B

北京国际矿物宝石化石展　115
北京市房山世界地质公园博物馆常设展览*　1012
北京天文馆常设展览*　771、778、1157

C

测绘法宣传日主题展览　1075

D

地海漫诗　991
地学科普知识图文展板专题展览　1002
地质风光摄影展　1031

地质灾害图片展 1012
“地质灾害防治”大型图片展览 509

G

甘肃地质博物馆常设展览* 1112
古观象台——灵台观象 500 年 772
“观赏石的故事”全国科普日专题展览 1075
广东省地质灾害防治 536

H

河北省科学技术馆常设展览* 786
黑龙江省地质博物馆常设展览* 1035
湖南省地质博物馆常设展览* 1091
黄河奇石展 930

J

吉林大学地质博物馆常设展厅* 1031
嘉兴市少儿太空创意画 379

K

矿业大会展览 1003

L

罗方扬天文油画展 789

M

美丽的石头 116

N

南京地质博物馆常设展览* 1039
宁夏回族自治区地质博物馆常设展览* 1126、1131

Q

青岛观象台常设展览* 794
青藏高原的隆起 074

S

山西地质博物馆常设展览* 1017、1022
尚贤——中外著名地质学家图片展 989
诗意星空天文摄影大赛优秀作品展 778
石——标本采集与购置成果汇报展 989
石家庄学院天文馆常设展馆* 787
实物地质资料中心工作成果图文展板专题展览 1002
世界地球日专题展（网上） 1066
世界地球日专题展览 1039
守护家园——甘肃省地质灾害防治与可持续发展 1112

T

探索北极 074
天文科普大篷车——流动科普设施 773
天文望远镜观测——流动科普设施 795
天文知识展板——流动科普设施 795

W

我们珍贵的地球 146、291、437
“我眼中的地质科普”摄影大赛作品展 1039

X

新疆地质矿产博物馆常设展厅* 1133
“新能源新生活·页岩气地热能”网上专题展 1066

Y

“宇宙畅游”展览* 771

Z

珍惜矿产资源，转变发展方式 991
中国·宁夏宝玉石观赏节 1127
中国地质公园十年回顾展 989
中国地质调查局国土资源实物地质资料中心常设展览* 1001
中国昆明泛亚石博览会 2014 银川巡展 1130
“中国历法之二十四节气”展览 777
中国煤炭博物馆常设展览* 838
中国石林喀斯特地质博物馆“全国科普日”活动 1106
中国石林喀斯特地质博物馆常设展览* 1105、1110
中国指南针发展史展 772
中外著名地质学家图片展 991
珠宝展 580

植物、动物与生命起源

MINI 侏罗纪 1048

A

爱护胭脂鱼·保护大自然 125

爱鸟活动周` 970
爱鸟周 982
爱鸟周图片展 680

B

包头市南海湿地管理处常设展览* 952
"保护珍稀鸟类"科普知识图片展 486
"博博会"贝林学习中心野生动物展览 115
北极熊妈妈与熊宝宝的故事图片展 074
北京麋鹿生态实验中心常设展览* 085
北京麋鹿生态实验中心世界鹿类展 092
北京自然博物馆常设展览* 073、082

C

常州中华恐龙园常设展览* 1047、1054
成都大熊猫繁育研究基地常设展览* 095
"重返侏罗纪、恐龙进昌吉"恐龙化石展 127
重庆自然博物馆常设展览* 114、124
穿越侏罗纪——恐龙化石展览 355、1097
春节特展：新春马展 693
聪明的植物 083

D

大型 3D 实体仿真古生物 437
东莞市兰花资源科普展览 526
动物的特异功能 465
多肉植物展览 884

G

高清动物月 760

H

蝴蝶展全县巡展 974
"画说恐龙"凌曼·余勇恐龙绘画展 127
欢乐蝴蝶节 492
会飞的花朵 116

J

金色满园——颐和园皇家园林古桩腊梅展 884
巨龙传奇 115
"拒绝野生生物贸易"展 101

K

恐龙标本展 492
"恐龙标本"主题科普展 494
恐龙穿越极地来到西安 127
恐龙仿真模型展 1066
恐龙科普知识展 1066
恐龙空降龙城 127
恐龙去哪儿了？ 127
恐龙展 321

L

辽宁古生物博物馆常设展览* 105
辽宁恐龙特展 110
"龙出没"恐龙科普外展 1048
龙行浙江——浙江出土恐龙化石展 074
龙湖野生动物展 115
龙腾中原——"路易贝贝"及中原巨龙特展 074、1075
绿野仙踪——"脊椎动物探秘"暨广西动植物标本联展 547

M

马化石特展 105、1127
马年生肖科学展 428
马年生肖文化展 1212
马年说马 201
"马年话马"生肖科学展 141
"美丽的蝴蝶"工艺科普主题活动 549
"美丽云南"科学绘画植物篇 615
"美丽云南"科学绘画动物篇 615
"麋鹿还家"科普展览 092

Q

奇遇侏罗纪 127
骐骥盛壮马年生肖展 165
庆七一暨美丽南海 让鸟自由飞翔第一届中国画展 953
"清幽湿地·圣洁仙子"荷文化展 944

R

人类亲缘展——灵长类多样性与人类起源主题展 567

S

上海崇明东滩鸟类国家级自然保护区常设展览* 957、960
"蛇行天下"科普展览 166、526
生命的支撑 074

生态恐龙展　644
“湿地精灵·蝶影缤纷”蝴蝶文化展和　944
“室雅兰香——迎春兰花展览　891
守护远古的生命——《古生物化石保护条例》3周年展览　989
暑期青少年恐龙科普展　127
“水果”系列邮票展览　476
四川自贡恐龙博物馆大型恐龙文化展　127

Y

眼睛的故事　222
眼睛与视觉的奥秘　073
野生动物标本情景展　121
野性非洲嘉年华——野生动物科普展　115
有毒和致敏植物　536

Z

珍稀蝴蝶标本展　405
中国黄河湿地博物馆——鸟类图片展览*　952
中国生物多样性保护与利用专题展　141
自贡恐龙博物馆常设展览*　126、136
走进非洲　115
走进侏罗纪：大型恐龙主题科普展　526、1097

海洋与水生生物

A

澳洲大肚海马，邀您走遍天涯——澳洲大肚海马首次落户厦门海底世界主题特展　709

B

包螺万象　663
保护海豹　704
保护海洋，从你我做起　704
北海海底世界常设展览*　751、753
标本展　714

C

长沙海底世界常设展览*　738、742
成都极地海洋世界常设展览*　758

D

大丰港海洋世界常设展览*　688、691
大连老虎滩海洋公园常设展览*　680
东海藻类展　966

F

“反对割翅，拯救鲨鱼”支持野生救援环保科普展　966
非洲风情墙展览*　693
“佛教与海洋珍宝的故事”科普展　966
富国海底世界常设展示*　671

G

关爱十周年——十周年特展　694

H

海博会　688
海底鱼儿闹新春之百马贺岁主题特展　709
海象见面会　727
海洋动物爱情史　731
海洋家园　146、411
海洋精灵主题标本展　688
海洋类科普展牌　715
海洋生物标本　715
海洋生物繁育成果展　731
海洋生物科普展　313
海洋生物与仿生科技科普展　966
海洋生物与佛教渊源　966
海洋生物展　579
“海洋生物与中医中药”科普展　966
海洋展　321、644
“海洋的奇珍异宝”科普展　966
“海洋瑰宝——砗磲”科普展　966
“海洋精灵——迷人的珊瑚世界”科普展　966
航海模型展　179

J

极地风貌摄影展　669
极地海洋智慧生物展　754

K

科技游园会　754

L

猎奇热带“鱼”林之旅主题特展　709

M

“梦之蓝”海洋生物精品主题展　717

N

南极展　674
南宁海底世界常设展览 *　745、748
拟绵蟹特展　694
宁波神凤海洋世界常设展览 *　697、702、703
宁海县海洋生物博物馆常设展览 *　965

Q

企鹅科普展　704
青岛海昌极地海洋世界常设展览 *　720、724
青岛海底世界常设展览 *　714、718
青岛水族馆常设展览 *　663、668
泉城海洋极地世界常设展览 *　733

R

如何饲养水母的实用性科普知识　710

S

上海海洋水族馆常设展览 *　693
圣诞发光生物展　694
世界杯足球展——2014 水族世界杯，鱼儿为球狂　694
世界海洋日暨全国海洋宣传日　720
世界海洋日科普展览　751
“守望大湖——巢湖的过去、现在和未来”主题展　396
树立海洋意识，我们在行动　669
水母展　745
水生野生动物保护宣传月　754

T

台州海洋世界常设展览 *　704、707
田园卫士——蛙类展　745
通灵寿龟展　674

W

武林大会——黑木崖　693

X

戏说海底之穆桂英挂帅——国粹京剧主题特展　709
厦门海底世界常设展览 *　709、713
香港海洋公园常设展览 *　759
祥龟齐聚　华夏祈福——奇异龟鳖展　738

Y

烟台海昌鲸鲨馆常设展馆 *　730
“有毒的水生生物与预防”科普展　966
愈夜愈美丽——荧光鱼主题特展　709
“缘木求鱼之生活在两个世界的鱼类”主题特展　709

Z

中国旅游日海洋展览　751
“走进极地　拥抱海洋”科技周　720
走丝绸之路　建海洋强国　1212

科学技术

3D 打印主题展览　301
3D 打印，打印未来　196
iWatch 手表　313

B

宝安区智能穿戴暨云计算大数据产业专题展　212
北京汽车博物馆常设展览 *　897、908
北京自来水博物馆展品说明　913

C

嫦娥三号登月展览　789
嫦娥探月系列展板　795
“嫦娥玉兔访月宫”展览　778
长春中国光学科学技术馆常设展览 *　265、269
车轮上的科学梦　437
触摸 3D 打印，体验智慧制造　340
从 1949 走来——中国汽车红旗的故事　897

D

达芬奇的科学密码——机械发明与机器人展　355
达芬奇机械发明与机器人展　567
“电与磁”主题展览　244

G

谷歌眼镜　313

H

杭州市青少年科技创新大赛优秀少儿科幻画作品展　340

航模——流动科普设施　507
航天航空主题展览　244
航天嘉年华（昆明）——航天尖端科技成就与互动体验展　926
合成生物学展览　179
黄河博物馆常设景观 *　933
黄河水利知识普及教育　931

J

“见证亲历　与卓越同行”——从上海大众汽车 30 年看中国汽车合资合作 30 年　897
交换机发展历史展览　817
“蛟龙号”载人潜水器主题图片展　142
九天揽月——中国探月工程展　580

K

科技新生活及涡喷 5-J 发动机　536
科技在行动　465
科普机器人—流动科普设施　507

L

历代水力驱动仪器展　863
“力与机械”主题展览　244
灵动的艺术——纳米材料科学艺术图片展　273

M

“美丽云南”科学绘画展　612
密室智逃　142

N

“南京某系统型号成果汇报展”航天展厅　928

Q

奇异的材料　165
“汽车环保新材料　绿色回收再利用”巡回展览　898
青少年科幻画展　547
“清洁核能　助力两富浙江”科普展　367
全国青少年机器人展　644

S

神奇的仿生学　146、327、376、382、411
“声与光”主题展览　244
数码世界　186
岁月留痕：广告中的汽车生活　897

T

天津泰达建区 30 周年成就展中国运载火箭技术研究院展位　926

W

“我的梦・科技梦”巴彦淖尔市首届少儿科技绘画大赛作品展览　231

X

“小梦想，大变革——纳米科技在中国　1279
新能源临时展览　146
新能源汽车全国万里行　612
“新能源”科普展　368
“巡航舵——AR 增强现实”项目展示　418

Y

意念控制临时展览　382
意念想象，控制未来　327
“影子的世界”专题展览　146、272、418
“用眼看世界”科学观察工具展　179、367、1212
“月宫一号”实验装置主题图片展　142
“云计算技术揭秘”网上专题展　818

Z

浙江省优秀科幻绘画作品展　379
中国航空博物馆常设展览 *　878、881
中国航天科普展　926
中国梦・科技梦——核科学技术展　142、328
中国梦・科技梦——载人航天科普展　141
中国梦・科技梦——中国互联网 20 年科普展　141、327
中国水利博物馆常设展览 *　858
中国铁道博物馆常设展览 *　819
中华航天博物馆常设展览 *　926

人类文明与环境保护

“119”消防展　831
“‘119’宣传周”摄影展　612
“3D 走进生活”3D 展　418
H7N9　272

A

安全用药常识科普主题图展　512

安全知识训练营　248

B

“百万市民学科学”图片展　486
北京铁路局全国“青年文明号”巡展　820
变废为宝　232

C

茶叶博览会　804
倡导低碳生活　维持生活平衡　146、630
成都秋季渔具展览会　579
成都市中高等学校展示会　579
成都中等职业学校文明风采展示　578
城市生活安全　506
城镇化与减灾　1039
城镇居民应急避险　1079
吃进嘴里的健康——关注农产品安全　179
崇尚科学　反对邪教　630
传统玩具中的科学　567
创新发展，全民行动展板　493
从皇帝到公民——爱新觉罗溥仪的一生　883

D

大家风范　中国精神——20 世纪文化名人的人格和家风　866
“党从群众中走来”的大型图片展　623
带着爱游延庆　945

E

儿童用品博览会　547
二小童话作品展　945

F

反腐倡廉书画展　483
反腐倡廉主题影展（第二部分）　851
防灾减灾知识展　739
“防灾减灾”主题展板　624
防震减灾　1353
防震减灾　651
防治雾霾　关注健康　1212
“放飞青春期梦想，科学助我成长”青春期主题展览　188

G

关注国土资源，共建生态家园　1079
关注食品安全、保障生命健康　272
“光影典范颂清风”反腐倡廉教育展览　847
广西科技大集融安金橘节　547
广西科普惠农展　547
“广东海上丝绸之路”大型科技文化展览　511

H

“杭州市三江两岸·五水共治”优秀书画作品展　328
“呵护美丽黄山　守护精神家园”中国风景名胜区系列展览　892
河南院士风采馆　461
核电科普展　255
画说节约型社会专题展览　1134
“话说低碳”科普专题展览　146、272、367、390、418
“环保节能”主题展板　624
黄河口·大湿地　981

J

“基础科学”及“低碳环保”主题展览　244
激情残奥展会　579
计划生育展板　493
“建设节约社会　节能我先行”专题展　286
“健康湿地·有机生活”有机生活展　938
“践行社会主义核心价值观·同心共筑中国梦”主题宣传展览　561
焦作籍体育名人展　476
“交通安全”主题展板　624
节能减排　共建资源节约型社会　1212
节能减排主题科普展览　1212
节能减排专题展览　1074
“节约集约利用土地，转变土地利用方式”全国土地日专题展览　989、1074
“京张到高铁——百年铁路影像展”　825
“镜头中的汽车与生活”记者摄影作品展　909
居里夫人巡回展览　188
聚焦水之源　506

K

科技梦·中国梦——“中国现代科学家主题展”全国巡展南京站　301
科技梦·中国梦——“中国现代科学家主题展”全国巡展陕西站　619
科技梦·中国梦——“中国现代科学家主题展”全国巡展四川站　579

科技梦·中国梦——“中国现代科学家主题展”全国巡展郑州站 470
科技梦·中国梦——“中国现代科学家主题展”全国巡展重庆站 567
科技梦·中国梦——“中国现代科学家主题展”全国巡展宁波站 355
科技梦·中国梦——“中国现代科学家主题展”全国巡展新疆站 644
科学玩意周 428
科学养生如何应对慢性病 146、630
科学养生之如何面对慢性疾病 567
科学饮食，健康生活展板 492

L

“乐山乐水 乐在其中”中国风景名胜区系列展览 892
绿色办公展板 492

M

美丽的家园 654
美丽中国主题科普展览 1212
魅力永恒的童话力量——安徒生童话进入中国百年纪念展 866

N

“南海·湿地”主题邀请展 091
难忘记忆——纪念5·18国际博物馆日馆藏农业宣传画精品展 813
内幕交易警示教育展 580、644

Q

强国路 中国梦——詹天佑与中国铁路“十一”特展 820、916
溱湖湿地日活动 961
溱潼会船节 961
青少年远离毒品——禁毒展 651、1353
全国公安摄影艺术暨全国消防摄影经典作品展 831
全国优质农产品（北京）展销周 804
全民科学素质纲要：安全篇展板 493

R

让社会对水质安全更加放心，让市民对供水服务更加满意 910
人类文明的源与流 506
认识、预防、关爱——青少年预防艾滋病知识展 226
“认识雾霾”巡展 375
如影随形的辐射 146、464、473、536

S

三品展 579
少男少女——青春期性健康教育 226
身边的水资源 146、222、248
沈北旅游科普展览 106
“生命与健康”主题展览 244
生生·不息——野外生态摄影年展 179
生态文明主题科普展览 1212
湿地建设展板 491
湿地知识展览 945
“湿地，与我同行”书画展 977
“湿地：生命的摇篮”——2014湿地主题少儿绘画大赛作品展 938
“食品安全”图片展 486
食品安全与健康展览 355
食品与安全——流动科普设施 633
食品与健康 146、340
世界电信日“揭秘身边的辐射” 327
世界环境日——流动科普设施 982
世界粮食日 612
数学展品一组 429
“数学”主题展览 244
“水育浙江”——2014浙江水文化遗产专题巡展 863
“丝国之路——中国丝绸艺术的历史和时尚”展 874
“丝路之缬”：绞缬、夹缬和扎经染色”系列大展 874
“四季疾病预防”主题展板 624
“随着时间的流逝”法国卡马格湿地风采展 938

T

“叹为观纸”科学创意展 368、428
天蚕灵机——中国蚕桑丝织非物质文化遗产展示* 874
铁路节能环保展 820
铁路实寄封收藏展 820
童话科学 146、429、483、536
童话科学展 546
童话中的科学 465

W

玩具展——玩具中的科学 578
玩具中的科学 146、411、1212
玩转思维益智游戏展项 523

“我身边的科学”科普展览 547
我眼中的北京自来水博物馆 910
五水共治科普展 376、382、938
“五水共治”群众科普咨询活动 342
“五水共治——建设美丽浙南水乡”科普图片展 368
雾霾，我们如何防治? 248
“雾霾来了怎么办”科普展 378

X

西南地区宠物医师学术大会 612
向雾霾宣战 1031
消防科普成果展 831
消防知识展览 485
“消防安全宣传日”活动 580
小童话 大未来——安徒生童话在中国 866
“携手节能低碳，共建碧水蓝天”主题宣传展板 487
“新科技·新生活”低碳专题展览 208
“新能源，新生活，新发展”专题展板 1066
“新中国百位女性第一与中国梦”展览巡展 869
秀洲区青少年“五水共治”绘画作品展 379
循环经济展板 493

Y

烟雾疏散逃生屋——流动科普设施 832
衣言布语 272
衣言布语话科技 146、464、536、1212
益智展品——流动科普设施 507
饮料盒的后半生 342
拥有与缺失——2014联合国消除针对女性暴力国际日当代艺术邀请展 866
“用低碳开启地 球绿色模式”低碳知识展览 350
渔具展 738
预防雾霾 376
云南高原特色农业成果展 612
云南金融博览会 612
运动科学 146、497
运动与健康专题展 405

Z

詹天佑生平事迹展* 819
赵联忠个人铁路文化收藏展 820
珍惜水资源 506
“珍惜水资源、增强节水意识”主题展览 914
“知识产权ABC”科普展 547
“知识产权”彩色漫画科普展览 561
中国·兴化农耕文化展 805
中国电影博物馆馆藏电影器材展 847
中国妇女儿童博物馆常设展览* 865
中国国际农产品交易会 804
中国国家湿地公园主题展 938
中国杭州低碳科技馆常设展览* 339
中国黄河湿地博物馆常设展览* 952
中国农业博物馆常设展览* 803
中国丝绸博物馆常设展览* 872、875
中国铁道博物馆馆藏精品文物图片展 826
中国铁道博物馆珍贵文物图片展 820、916
中国铁路站台票精品展 820
中国雾霾主题公益海报作品展 328
中国消防博物馆常设展品* 836
中国园林博物馆常设展览* 883
“中华农耕文化展”巡展进校园 805
“中华农耕文化展”巡展走进社区 805
“中华农耕文化展”巡展走进展馆 805

艺术与民俗

1891—1968法国车身造型：艺术、技术和专业成果图片展 908
2014太原收藏文化博览会 839
3D立体图片展 486
7D电影展览 578
BBC英国野外生态摄影获奖作品年赛巡回展 465
IMAX球幕电影新片“同一生命”首映礼和专题展览 538

B

“八桂画童”书画展 547
“抱璞守真回归自然”——实力派画家王国栋大型画展 579
北京国际艺术博览会 804
北京中国文物国际博览会 804
变形金刚中国大展成都站 578
“变形金钢”钢雕展 340

C

超越历史和物质——中国当代丝绸艺术展 874
朝鲜当代美术作品展 580
成都市老科协技术工作者摄影作品展 580

瓷上园林——外销瓷在海外　885
“瓷上园林——欧洲人眼中的东方风景”园博馆外展　884
错觉画展示　313

D

当代法国油画艺术展　938
党员风范——优秀人物影片展映　852
电影的探索者——吴天明导演作品公益展映活动　851
“电影贺新年”主题影展　854
东方之美　875
动漫巡展　311
动漫展　612

E

俄罗斯当代著名油画家作品展　580

F

芳菲流年——中国百年旗袍展　874

G

“光影中国梦”主题展　854
广东省少年儿童发明奖优秀作品展　1243
广西壮族自治区妇联摄影展　547
国风·雅韵——中国传统插花花艺展　894

H

韩忠学——毛泽东诗词书画展　579
华美致远　875
华美致远——中国外销丝绸的风貌展览　874
黄少军美术展　1068

J

纪念邓小平诞辰110周年即建国65周年书画展　579
“纪念抗战胜利”主题公益影展　853
“脚步　遇见”摄影展　308
节约资源书画展　1036
“谨严大度　文质合一”江南园林陈设精品展　883
旧旗新帜　875

K

卡通形象征集活动获奖作品展　1212
科勒济南艺术发现展　446
科协书画展　547

L

李约瑟影展　612

M

美丽中国——水景名画织画巡展　859
“美丽乌海”青少年书画摄影作品征集活动优秀作品展　229
“魅力中国　江山如画”系列展览——庐山展　894
“魅丽中国　江山如画”系列展览——黄山景区　883
“魅丽中国　江山如画”系列展览——乐山峨眉山景区　883
“魅丽中国　江山如画”园林摄影展　892
“麋鹿苑杯”摄影展
民族风格　世界水准——国产电影国际获奖影片选作展　852
民族风格　世界水准——国际获奖影片选作展（二）　852

N

南昌动漫气球展　437

Q

齐鲁动漫展　446
奇艺魔方·3D魔幻立体互动展　1212
乾隆色谱　875
秦洪斌美术展　1068
青海省科技馆职工书画摄影展　630
青年艺术　100　804
全市中小学生作品展　226

S

山东女子学院艺术学院2014年毕业生设计作品展　446
盛装华彩　中国—东盟服饰文化展　866
“时代映像：中国时装艺术1993—2012”巡展　875
首都科技工作者摄影展　772
书法图画展览　654
书画扇面展览　804
书画展　644
水与粮食——中国粮票珍品展　859
水育浙江——水文化遗产专题巡展　859
四川工艺美术精品展　579
四川省工艺美术大师精品展　587

T

坛庙撷英——天坛馆藏文物展　883
童画全国小画家之星大赛优秀作品展　425
“童话・童画”儿童优秀作品专题展　418
童真的畅想——第二届全国儿童剪纸作品展　866
土库曼斯坦——装饰和应用艺术展　866

W

“微观湿界・石上华章”李浩微雕艺术展　938
“伟大的祖国——喜迎新中国65周年华诞”主题影展　853
“我们的生活、我们的快乐”绘画作品展　866

X

西南动漫游戏文化周之2.5D电影　579
西南动漫游戏文化周之漫画展　579
西溪流韵书法展　938
西溪旅游纪念品创意设计大赛成果展　938
“喜乐新春”主题影展　851
小善大爱公益影展　644
馨逸——梁洁华人物画展　866
“熊博士”获奖作品展及球幕新片　536
徐州汉画像石展　974

Y

“移”中法大型画展　938
艺术北京　804
艺术学院毕业作品展　547
意大利“从文艺复兴到黄金时代——威尼斯之辉”文物展　883
优秀规划设计获奖作品展　883
“玉雕丹青　金石和声”玉雕彩绘版画展　884

Z

哲思神工——皇家园林家具展　883
“正气之歌”主题影展　851
指尖春色　妙手生花——十姐妹中国刺绣展　866
中国当代汝瓷大师精品展　461
中国的卓别林——纪念谢添诞辰100周年公益影展　852
中国电影博物馆常设展览*　846
中国风景园林名家展　883
中国国际文化艺术博览会　804
中国科学技术大学显微摄影作品展　405
中国梦　新女性——第二届全国女性摄影作品展　866
中国盆景文化精品展　884
中华传统吉祥图案展　974
中华玉雕精品展　989
中小学生教育绘画展　826
中央国家机关庆祝新中国成立65周年书画展　884
“筑梦——长安女工的故事”黄晓丽摄影展　866
自治区及全市中小学书画作品展　226

教育活动名称分类索引

为方便使用者在不知道教育活动确切名称时从主题内容角度浏览查检，本索引采用分类结合拼音排序方式。先按照涉及的内容范围，将教育活动分为7类，依次为：科普活动、讲座与培训、趣味活动与科普知识、实践与动手、知识竞赛、社会人文与科普演出等；类下再按教育活动名称的拼音次序排。使用时，可先根据展览的内容特点确定所属的类目，再在类目下按展览名的拼音次序浏览查找。例，在查找实践操作型的教育活动时，可先找到“实践与动手”类，再在该类下按拼音进行查找；在查找竞赛类教育活动时，可先找到“知识竞赛”类，再在该类下按拼音查找。

科普活动

“5·19中国旅游日”旅游惠民活动　839
“9·27世界旅游日”旅游惠民活动　839

A

“爱鸟周”活动　946
“爱鸟周”宣传活动　1144

B

保护黄河口湿地，建设鸟语花香的美丽东营　981
“保护海洋，保护环境，从你我开始”海洋科普进社区活动　698
“保护环境，关爱湿地”主题世界环境日系列展览活动　950
“保护生物多样性·体验魅力园博馆”系列主题科普活动　892
北京市科普基地科普行　916
北京市科委电子科普行活动　1015、1016
“北京科学嘉年华”活动　092
蚌埠市“全国科普日”暨“平安中国”防灾宣导主场活动　416
碧桂园学校科技节　521
博物馆校外教育活动　916
博物学科普节　144

C

禅城区“科技进步月”启动仪式暨大型广场科普活动　523
禅城区实验高中科技节　520
成华区“‘科技之春’科普活动月”启动仪式　1097
“城镇化与减灾”主题全国防灾减灾日活动　486
重演黑洞周围的光电离故事——公众讲座　772
“创新发展　全民行动”全国科普日活动　621、698、1044
“创意飞扬，活力无限　521
创意机器人系列活动　180
创造从童年开始　438
春日雏鹰飞　981
春天里的科普馆　开启智慧的殿堂　249

D

“大手拉小手——科普报告荆楚行”活动　486
“带你走进南北极——解开极地神秘面纱”暑期科普活动　990
岱山县全国科普日系列活动　166

“低碳减排·从我做起”内蒙古科技馆世界环境日主题活动　1170
“低碳总动员”主题科普活动　390
“低碳生活，创新圆梦”主题科普活动　390
地球日活动周科普活动进校园　990
“地球日暨科普周”科普宣传活动　1129
“地球日”科普活动　1025、1031、1083
地震科普主题活动　429
地质博物馆进社区　990
地质博物馆进校园　991
地质科普进校园、进社区暨地球日系列活动　999
东营湿地梦　982
端午文化科普周活动　657

F

防灾避险主题科普活动　392
防灾减灾日主题活动　832
防灾救灾主题活动　357
防震减灾日活动　249、1172
“放飞梦想·创新中国”主题科技活动周　216
“放飞青春梦想　科学助我成长”青春期主题教育系列活动　194
福建省暨福州市全国科普日主题活动　419

G

“关爱青少年、科普进校园，激发想象力、激活创造力”科普活动　509
“关爱水生动物　共建生态文明”宣教活动　710
“关爱水生动物，共建生态文明”海洋科普进社区活动　698
“关爱水生动物、共建生态文明”主题水生野生动物保护宣传活动　667
馆校共建——送课程进校园　899
广东省“全国科普日”活动启动仪式　180
广西—东盟（各国）文化建设与传播研讨会　550
广西中小学生发明创造示范单位建设项目　548
“广场科普夜市”活动　415
贵州省青少年科技辅导员论文征集活动　606
“国宝麋鹿”科普周活动　086
“国际海豹日”主题活动　1172
“国际海豹日保护日”活动　708
国际博物馆日　115、981、1043、1098、1113、1134
国际博物馆日——化石走进岐山一校　106
国际博物馆日宣传活动暨自贡市文化志愿者行动启动仪式　128
国际博物馆日主题活动　832、1038
国土资源科普知识进社区　1121
国土资源科普知识进校园　1121

H

海昌小小旅行家主题活动　757
海昌小小魔法师主题活动　758
海淀千人计划　144
海洋科普俱乐部活动　715
红月亮大型月全食观测活动　798
湖南省地质博物馆系列科普教育活动——走近恐龙世界　1092
湖南省科协“2014 年中国科协会员日”活动　499
“欢乐科学节”全国科普日活动　499
欢乐科学周末山区行（广宁站）　521
欢乐科学周末山区行（清远站）　523
黄石市第 32 届“爱鸟周”宣传活动　486
“黄石市 2014 年节能进社区”活动　487

J

家庭总动员合力找火患　832
嘉兴市第二届机器人运动会　378
揭秘 $PM_{2.5}$ 保护环境从我做起　189
荆门市 2014 年全国科普日活动　494
恐龙王国的奇迹——化石科普展走进和平电业社区　106

K

科技场馆科学教育项目展评活动　157
科技创新月　484
科技馆活动进校园　1207
科技馆进社区　396
科技馆进校园　396
科技馆科学嘉年华活动　335
科技活动周　095、990、1064
科技活动周科技大游园活动　1098
科技活动周——科学生活·创新圆梦　1127
科技列车赣南行”活动　990
科技期刊论坛　507
科技之春：“推动科学发展、建设美丽延安”科普宣传活动　621
“科技之春”科普活动月主题活动　095

科普报告进校园　1009
“科普传万家　帮扶进校园”广西科技馆2014年“扶贫日”活动　550
“科普传万家　帮扶进校园”广西科技馆活动进融安岗伟小学　550
科普大篷车进蚌埠十一中　412
科普大篷车进蚌埠市第六中学　412
科普大篷车进蚌埠一中　412
科普大篷车进宏业社区居委会　412
科普大篷车进后场小学　412
科普大篷车进淮上实验学校　412
科普大篷车进前进路二小　412
科普大篷车进胜利四村居委会　412
科普大篷车进施家洼社区　412
科普大篷车进十六中和李楼小学　412
科普大篷车进石巷小学　412
科普大篷车进太平岗小学　412
科普行活动　946
科普活动　396
科普活动周　1036、1095、1209
科普基地科普行　093
“科普基地行”主题活动　831
科普嘉年华　248
科普讲座进校园　1058
科普进社区活动　128、632、715
科普进万家　429
科普进校区，行动惠师生　1106
科普进校园系列活动　128、715、1003、1040
科普三进　180
科普同乐日　521
科普校园行　259
科普宣传墙　314
科普宣传月　1025
科普宣传月展板宣传　739
科普宣传周　1044
科普知识进校园　1045
科普志愿服务进社区活动　302
科普周末山区行　507
“科探家族玩科学”进校园　355
科学使者进校园　1134
科学展览进校园　1134
“科学生活　创新圆梦”主题江西省科技活动周　438
“科学生活　创新圆梦”全国科技活动周　498、978
“科学生活　创新圆梦”主题2014年重庆市科技活动周　574
“科学生活”“六一”机器人主题活动　498
“科学在我身边，梦想点亮生活”科普文艺作品征集活动　576
“恐龙万里行”科普进校园　1055
“恐龙王国—博物馆藏品架起沟通的桥梁”——化石走进铁西爱心社区　106
恐龙走进皇姑泰山社区　106

L

“蓝天自造，低碳我先行”主题“地球一小时”活动　784
凉山自然保护区暑期环境保护夏令营　096
两岸三地夏令营科学考察活动　075
“了解地震、远离伤害”主题科普活动　390
流动科技馆进龙江活动　075、779、832
流动科普设施三下乡活动　654
“六五”世界环境日广场宣传活动　631
“六一”科技嘉年华　349
绿动未来——“走进汽博馆　体验新能源”活动　907
绿色教育“三进”活动　939
露天天文观星赏月公益科普活动　203

M

麋鹿与生物多样性保护国际研讨会　092

N

南京市第二十六届科普活动周　302
宁波市科技活动周开幕式　356

P

“爬行天下——从远古走来的爬行动物”六一儿童节主题科普活动　990
“普及地学知识　弘扬地学文化”科普基地科普行主题参观体验活动　1012

Q

“七巧科技”系列活动　258
七色花科普进校园　321
“气象伴我行，绿色游南京”主题宣传　1043
青海省“全国科普日”活动　631
青海省科技馆科技活动周　631
青少年科技教育节　255

庆“十一”新民兴隆恐龙主题科普外展　106、112
全国海洋宣传日活动　698
全国科技活动周　1055
全国科技活动周广西活动“明日科技之星——爱心科普行”活动　549
全国科技活动周暨南京市第二十六届科普宣传周　308
全国科技活动周重大示范活动　187
全国科技周主会场活动　832
全国科普日　303、507、1055、1098、1124、1134
全国科普日　华南虎园　1146
全国科普日“新能源、新生活、新发展”专题活动　1065
全国科普日——动感科普　联通你我　1127
全国科普日活动“创新发展，全民行动”　128
全国科普日暨3D打印技术展教活动　311
全国科普日青海省分会场　632
全国科普日省科技馆湖南主场活动之“科普进校园进社区”活动　499
全国科普日系列活动　606、654、1025
全国科普日系列活动——“我们身边的矿石”科普进校园活动　1138
全国科普日系列活动——科技馆活动进校园　296
“全国科普日”活动河南主场　458
“全国科普日”活动暨大型广场科普咨询服务活动　688
全国青少年高校科学营北京营走进中国科技馆　145
全国水生野生动物保护科普宣传月活动　698、710
全国水生野生动物保护月活动进“四区”（社区、学区、渔区和景区）活动　730
全国土地日　1036、1043
全国土地日宣传活动　1113

R

日常科普活动　1009

S

赛马会、集会、法会群众集会宣传　1143
上海科技活动周　1055
社工与您同行科普活动　518
生命科学俱乐部活动　145
食品安全宣传周活动　631
食品药品安全“科普进社区、进校园、进集市、进基地”活动　498
“狮爱未来，成就梦想”活动　355
世界环保日系列活动　1043
世界野生动植物日宣传活动　949
世界博物馆日主题活动　1069
世界地球日观众互动活动　1075
世界地球日活动　115、127、507、1035、1040、1058、1064、1095、1124
世界地球日活动周“保护地球资源，放眼绿色未来”　252
世界地球日科普报告会　1091
世界地球日科普宣传活动　1002、1098、1134
世界地球日主题宣传活动周　1038、1042
世界地球日主题宣传活动　996、1113
世界环境日　981
世界湿地日主题宣传活动　978
“世界湿地日”主题宣传活动　962
世界水日系列主题活动　859
世界水日科普活动　1042
“水产科技创新，全民共同参与”2014年水产科技周活动　698
“水生野生动物保护科普宣传”主题“送科普进校园”公益活动　719
水生野生动物保护科普宣传月活动　758
四川科技馆第八届“春雨知晓”系列科普活动　580
四川省食品安全周活动　587
送科技进佛山华英中学活动　520
送科普进校园　1098

T

探秘地震主题科普活动　392
“探秘水族科技——海洋之心”主题活动　673
“体验科学，放飞梦想”——哈尔滨市四十九中学走进科技馆暨“馆校结合”　283
“体验科学，牵手共享”科普活动　1239
天津世界矿业大会活动　1009、1010
天文活动　292
天文科普进校园　205

W

“为孩子鼓掌”科普进校园系列活动　226
“我们身边的矿石”科普进校园活动　1138
乌鲁木齐市第十二个科普活动月　1134

X

西城区科普征文颁奖活动　831

消防安全进社区活动　831
消防科普园地　832
校园流动科技馆　1239
“携手节能减排，共建碧水蓝天”特色科普活动　390
新疆维吾尔自治区科技活动周　1134

Y

“阳光 100”恐龙化石科普展　106
“意念想象，控制未来”主题脑电科普体验活动　332
英仙舞动福满福建天文风情游活动　798
“拥抱绿色春天，践行低碳生活”主题科普活动　389
“拥抱绿色梦想——低碳我先行”公益科普活动　390

Z

浙江省 2014 年“全国低碳日”主题宣传活动　344
“珍爱生命健康成长”安全周活动　867
中国（常州）国际恐龙节　1055
中国石林喀斯特地质博物馆“全国科普日”活动　1106
中国石林喀斯特地质博物馆春季科普活动　1106
中国石林喀斯特地质博物馆第十六届中国科协年会活动　1106
中国石林喀斯特地质博物馆科普志愿者活动　1106
中国水周“文明用水，从小做起”学生校外体验活动　859
中秋文化科普周活动　657
中日青少年主题科学实践交流活动　180
中小学生安全教育月　832
“助力科学梦想家”——第五届雅培家庭科教浙江站　335
自贡恐龙复活节　134
自贡恐龙科普季　127
“走进房山世界地质公园　探索地质奥秘”宣讲活动　1012
“走进海底世界幕后的故事”科普进校园活动　719
“走进生命科学”微观观测活动　531

讲座与培训

1945 国宝大劫难主题讲座　884
“2014 年中国电影展望”讲座　851
2014 天象预告　772
24 节气与民俗　806
Astronomy in the Middle East——Cultural heritage and recent development 公众讲座　772
Connecting man and the heavens–a brief history of Astronomy in China, and its links with the West 公众讲座　773
make 系列课程　365

A

安徽省科技馆小讲解员培训班　392
“安徒生进入中国百年”系列讲座　867

B

“把壮美的紫禁城完整地交给下一个六百年”主题讲座　893
白色污染与对策　537
宝马安全训练营　249
保护环境随手可做小事　085
保护鲨鱼　从你我做起课件　710
曝光宇宙中的黑暗力量——暗物质　773
贝壳启蒙班　762
比目鱼形成之谜科普讲座　702
标本的制作与维护　970
博物馆及古生物科普教育　1018
“博物馆理论与实践”专题讲座　873

C

“藏品与保管”主题学员培训　906
场馆展示工程设计科普讲座　342
场馆展示设计与会展材料科普讲座　342
“常博大讲堂”专题讲座　1053
“畅谈〈星际穿越〉中的科学”主题讲座　1213
“畅想电动之光”课程　899、909
“车魂”课程　909
城市 STEMI 建设研讨会　537
“吃动平衡延年益寿”专题讲座　419
充满谜团的鲨鱼科普讲座　702
崇学半月坛　334
创意科学游戏的设计及体验讲座　465
“‘春节档’与 2014 年中国电影”讲座　851
春日学堂　762
春夏星空　795
聪明八爪班　762

D

“大奔来了”情景式讲解活动　075
大家风范中国精神名人系列讲座　867

大脑地图讲座　314
“大脑骇客”科学脱口秀　356
大手拉小手——科普报告青海行　632
大数据时代教师心理建设　583
大型海洋知识免费公开课　715
大学生创业知识讲座　582
大学生志愿服务培训　899
带你去看日全食公众讲座　773
带你走进蜜蜂王国　867
单片机培训　144
“当代博物馆的功能及其实现”专题讲座　805、813
“当下热映影片解读”讲座　854
“当下中国电影新趋势”讲座　853
“低碳生活总动员”主题科普讲座　390
“地球两极与人类未来”主题讲座　617
地球历史中的生命故事　1079
地球趣话课程　1083
地学课堂　990
地震，原来如此　390
电影大讲堂　847
“电影、市场与观众”讲座　853
“电影营销与制片：全能电影人＋全勤劳动者”讲座　852
雕版印刷科普讲座　340
东莞市青少年科学影像节活动骨干辅导教师培训班　542
冬日学堂　762
动感大讲堂，启迪大未来　521
动力模型培训　249、1173
“动手动脑，快乐实验”主题科学实验课　203
动物本领大揭秘科普讲座　342
多肉植物科普知识讲座　884

E

“儿童安全出行计划”科普讲座　898
儿童的生长发育　582
儿童天文（一）公众讲座　772
儿童眼保健天府科普大讲堂　581

F

发动机工作原理　900
发动机之旅　900
“反市场垄断与反价格垄断”全国科普日专题科普讲座　419
“飞上蓝天”折纸飞机竞赛讲座　465
飞机发展的科普沙龙——军用飞机　582
飞机发展的科普沙龙——民用飞机　581
非科技类课程　428
分享爱的维他命——走进艺术　583
风险管理与内部控制信息系统培训　089
复活节岛的启示　085

G

“甘肃省地质灾害防治与可持续发展”科普讲座　1112
甘肃省区域地质矿产地质新进展及进一步工作展望科普讲座　1113
“感恩 14 年”主题德讲堂　1052
告诉你一个真实的星空　197、782、1165
工业设计，就在我们身边　537
古建之韵主题辅导　142
古生物化石科普知识　1018
“古代水利设施与五水共治”主题讲座　863
“古钱币文化知识”专题讲座　924
观赏石基础知识　1075
观天巨眼，宇宙探究　789
馆长课堂　743
“馆校结合·科学教育”论坛　537
贵阳“空中怪车”UFO 事件是何方神圣所为　789
贵州“农村中学科技馆”辅导员培训　602
贵州科技馆科普大讲堂　604
国土资源管理知识专题讲座　1113

H

“孩子怎么才能心理健康地阳光成长”专题知识讲座　314
海马爸爸的故事专题课件　708
海西科普大讲坛　419
“海底鱼儿知多少”科普专题讲座　710
“海洋科普课”进校园　745
“海洋小博士”科普大讲堂活动　678
海洋科普讲座　675
海洋课堂讲座　733
海洋里的动物科普讲座　342
海洋里最神奇的“复活”本领科普讲座　703
海洋趣味大讲堂　681
海洋生物讲座　669
海洋生物介绍　966

海洋生物趣谈科普讲座　703
海洋十大哺乳动物专题课件　708
海洋十大杀手专题课件　708
海洋有宝专题课件　708
海洋之星科学社　745
杭州气候科普讲座　340
航空飞行原理科普讲座　342
航空科普知识（飞机的飞行原理）科普讲座　341
航空模型制作　879
航天科技连着你和我——院士专家校园行　631
航天科技令世界更美好公益讲座　523
航天体验活动——培训航天义务讲解员　926
航天员是怎样炼成的　474
“喝出花一样的美丽，做花一样的女人”花卉茶生美容知识讲座　884
“和田玉文化”科普讲座　1134
禾馨论坛　376
恒星的家园——千姿百态的星系公众讲座　773
红豆科学小课堂　553
黄石市青少年“七巧科技”活动培训班　486

J

机器人课程　599
机器人培训　249、866、1173
“极光、极光”天文讲座　798
“计算机的过去、现在和将来”主题讲座　1213
纪念“三八”国际劳动妇女节专题讲座　419
纪念“世界气象日”专题讲座　419
纪念中国原子弹爆炸成功50周年爱国主义专题讲座　1249
“家中的生态小农场”讲座　804
家中的健康杀手，你知多少　537
家族系统排列，为您揭密幸福密码　537
建立循证营养学的思考与探索　581
建站历程和1.2米近地天体望远镜观测情况介绍科普讲座　789
健康生活与食品安全科普讲座　617
健康新生活科普系列讲座　527
健康饮食与冬季养生　806
健康知识与科学养生　537
“健康科学年”系列讲座义诊活动　475
交通安全科学实验课　899
教师场馆教育培训　465
教师研习室　763
节能与排放课程　899
今天我们如何做家长科普讲座　340
“今天阳光，明天希望，努力成长，未来栋梁”科普讲座　1025
精彩人生科普讲座　340
“聚焦”高速铁路铁路知识讲座　828
巨蟹创意班　762
军用战斗机揭秘科普讲座　342

K

科技·人文大讲坛第32期：高考志愿与职业规划　568
科技·人文大讲坛第33期：致敬梦想——海盗王基德的环球奇妙之旅　568
科技·人文大讲坛第34期：走出世界末日的千年迷思　568
科技·人文大讲坛第35期：3D打印　印出全新世界　568
科技·人文大讲坛第36期:《黑镜》看片会　568
科技·人文大讲坛第37期：点沙成金　把世界放入掌中　568
科技·人文大讲坛第38期：奇妙的昆虫世界　568
科技·人文大讲坛第39期：催眠及其在亲子沟通中的运用　568
科技·人文大讲坛第40期：世界军用无人机（飞行器）作战与发展　568
科技·人文大讲坛第41期：经济大势与投资选择　568
科技辅导员培训　606
科技骨干教师培训班　492
“科技发明创新”专题讲座　490
科技类课程　428
科技兴趣班培训　239
科技馆“小小志愿者”培训　242
科技馆杯——红领巾相约中国梦科普活动　652
“科技馆杯”青少年新型能源创意大赛培训班　650
科技馆里的科学课——光的七彩世界　429
科技馆里的科学课——声音的秘密　429
科技活动课　1031
科技活动周青年学者科普报告会　405
科技课　537
科技令世界更美好　520
科技人文大讲坛——军用无人机给现代战争带来了什么改变　1221

科普传播与校园媒体座谈会　458
科普大讲堂：海狮小雨的周岁见面　754
科普大讲堂：海洋动物手绘模型课　754
科普大讲堂：科学与中国院士报告会　438
科普大讲堂：南极的探险——在南极的冒险故事　754
科普大讲堂：探索极地动物的奥秘　754
科普大讲堂：鱼类麻醉与一般临诊检查　754
科普大篷车配套科普教育活动——科学 DIY 课堂　260
科普讲座进社区　115
科普讲座进校园　527
科普教育　626
科普进社区　705
科普进校园活动——好玩的数学展品　429
科普进校园活动——机器人小课堂　429
科普进校园活动——科学小课堂　429
科普剧汇演业务培训　314
科普课堂：海洋知识的普及　739
科普实践课程：太阳系　357
科普实践课程：探索眼睛的奥秘　357
科普实践课程：饮食与健康　357
科普硕士实训　482
“科普校园行”讲座　166
科普万花筒——走近南极、北极讲座　465
科普小课堂　074
科普知识大课堂　1069
科学 +ASTalk——生生不息，我们走向何方　368
科学 DIY 课程　365
科学 EDU 科普课程　356
科学・宗教・邪教　458
科学大讲堂　376
科学健康讲座　583
科学讲坛　144
科学课堂：玩转牛顿　438
科学课堂：物联网　438
科学启蒙课程　365
科学实验课　255
科学实验培训　1173
科学双语课程　365
“科学・探索”公益教育系列讲座　523
科学玩家冬季挑战营科学课程　356
科学玩家之秋季班课程　357
科学小讲台　166
科学小讲堂：动画转盘　233
科学小讲堂：飞去来器　232
科学小讲堂：浮力　233
科学小讲堂：行走的机器人　232
科学小讲堂：乐高机器人传感器　232
科学小讲堂：摩擦力　232
科学小讲堂：如何使水中的鸡蛋浮起来　232
科学小讲堂：烧不着的手帕　232
科学小讲堂：神奇的火焰　233
科学小讲堂：摔不碎的鸡蛋　232
科学小讲堂：水中沉浮　232
科学小讲堂：汤匙变磁铁　233
科学小讲堂：自制动画　233
“科学家与你面对面”科普巡讲　408
“科学微电影”科技辅导员培训　242
“科学预防埃博拉病毒”科普专题知识讲座　419
空气动力学在汽车上的应用课程　899
恐龙万里行”校园科普讲座　1048
快乐生活快乐工作科普讲座　1113
“矿产资源与人类生活”科普讲座　1122
矿物的硬度　990

L

垃圾分类科普讲座　342
兰花科普讲座　884
蓝鲸灵科普课堂——蓝鲸灵（鲸鲨、北极熊）　727
蓝鲸灵科普课堂——美人鱼（海牛、欢乐剧场）　727
蓝鲸灵科普课堂——造梦者（水母、天幕电影）　727
蓝鲸灵科普课堂——智慧树（珊瑚、热带鱼）　727
牢记历史，传承“两弹精神”原子弹爆炸实验成功 50 周年　583
老年痴呆的预防与治疗　583
乐高机器人培训班　274
雷锋——一个汽车兵的故事　901
流动的海洋课堂　734
流行性传染病疫情与对策　537
绿箱子公益环保移动课堂　166
“绿色低碳发展、通向生态文明”科普讲座　1075
鲁班门徒课程　365

M

“玛纳斯碧玉”培训讲座　1138
脉冲星：宇宙中最奇妙的天体　772
漫博会动漫手绘课堂　542

"美丽云南"科学绘画专题讲座　613
"魅力北京"百场讲述活动　867
"魅力藏东南"科普讲座　125
魅力科学课堂　465
梦想的力量　520
麋鹿沧桑与传奇　085
民间艺术家走进学校　292
民用和军用飞机简史讲座　579
名侦探福尔摩斯——解密金融 IC 卡　583
模型制作班　654
魔术互动讲座　429
母亲节"感恩母爱"主题亲子课程　885

N

南极内陆科考与天文—科普讲座　789
南京科协大讲堂　302
南京市中小学教师科普剧创演培训　298
能源　999
溺水应急救护科普讲座　341
年年有余——家庭常见观赏鱼讲座　884
鸟类与观鸟　085
"农耕文明经验传承与农民精神养成"项目授课　815
农业博物馆陈列讲解的基本要求　805
农业文明交流座谈　805

P

陪您去看流星雨　795

Q

气球变变变　356
气象灾害特点与防灾减灾措施　537
"气候变化与气象灾害"主题讲座　1213
汽车的结构课程　899
汽车的模样——博物馆现场课堂　899
汽车的模样——现代汽车课程　899
汽车高科技带来的汽车安全性能讲座　898
汽车构造、行车安全课程　899
汽车结构课程　899
汽车历史课程　899
汽车排放物对大气环境的影响以及控制对策讲座　898
"汽车人走进汽车博物馆"系列讲坛　898、907
"汽车流言终结者"课程　909
汽车设计科技课堂　900
汽车设计艺术课堂　900
汽车污染排放与汽车创新发展　900
牵手工程——博物馆特色课堂　900
乾隆鹿角的故事　085
亲近自然　085
亲子益智娱乐班　240
青春期的家庭教育科普讲座　340
"青春期我们在蜕变"科普报告会　188
"青少年眼病防治"专题科普知识讲座　419
青葱小学堂　106
青海省中小学科技辅导员培训班　632
青稞沙龙　321
青少年大熊猫科普讲堂　096
青少年儿童公益培训班　1212
青少年科技创新培训　412
球幕影院课程——八大行星　357、1192
球幕影院课程——太阳系奇观　356、1192
球幕影院课程——五大湖之谜　363、1192
趣味科学科普讲座　342
趣味科学实验讲座　465
趣味科学实验室课程　365

R

人的科学发展（一）人类发展的基本历史解读　521
人的科学发展（二）人是怎样成长的　521
人的科学发展（三）人究竟需要怎样的素质　521
人生·科研科普讲座　617
人造太阳耀斑——公众讲座　772
认识地球资源　996
认识海洋从这里开始　664
日晷——白天的钟表天文讲座　563
日月安属星安陈——认识中国星座，发现天文之美公众讲座　773
"'日食、极光'科技与大自然的和谐之美"主题讲座　1213
如何带孩子参观博物馆　867
如何陪伴孩子成长　537

S

"赛先生来了"专题讲解　074
山西科学讲坛　209
"膳食营养与健康"科普报告　639
上海科普大讲坛第 37 讲：突围十面"霾"伏，共护大气安全　165

上海科普大讲坛第 38 讲：仰望美丽星空，共探宇宙新知　165
上海科普大讲坛第 39 讲：行走极地，科考未来　165
上海科普大讲坛第 40 讲：绿色可持续城市　166
上海科普大讲坛第 41 讲：新大陆：探秘脑科学　166
上海科普大讲坛第 42 讲：阳光运动　健康成长　166
上海科普大讲坛第 43 讲：是什么成就了我们——改变世界的 30 种发明　166
上海科普大讲坛第 44 讲：芝麻开门——大数据改变我们的生活　166
上机实践课程　899
舌尖上的营养　537
社会大课堂（光影知识乐园）　847
社会大课堂活动　074、879
社会大课堂进农博　804
社会基地群——实践大讲堂　1071
社会志愿者服务培训　899
“摄影艺术的语言运用”专题讲座　357
深化科技体制改革、创新社会治理体制　581
“神奇的风”地学科普知识主题宣讲　1046
神奇的光世界科普讲座　340
神奇的科学玩具讲座　465
“生命之歌·女孩如花·男孩如树”生命教育启蒙课　357
生态文明建设与植物园发展　537
“生态摄影——发现并记录自然之美”讲座　884
“生物多样性”讲座　615
省直工会“关爱职工送健康”专场科普讲座　581
省直机关工委“网络舆情引导和网上群众工作主题报告会”　581
“盛世与收藏”园林文化大讲堂　885
诗情墨韵话月球　197、782
“诗意园林”文化公益讲座　891
“食品安全与营养健康”讲座　356
“食品掺假与食品安全热点问题”专题讲座　419
食品安全科普讲座　617
世界上最毒的动物科普讲座　703
“世界各地的纺织品”专题讲座　873
“释放心灵　成就梦想”科普讲座　314
室雅兰香——迎春兰花展之插花主题讲座　884
室雅兰香——迎春兰花展之茶道主题讲座　884
室雅兰香——迎春兰花展之兰花主题讲座　884
室雅兰香——迎春兰花展之香道主题讲座　884
首届广东省大学生科学影像大赛培训　180
首届中国少年儿童公益微电影大赛首次全国公益培训　853
书画艺术培训班　240
暑期科学魔术班　527
暑期天文知识培训班　527
暑期学堂　762
暑期志愿者培训暨现场讲解与签名承诺互动展　095
“谁是能工‘桥’匠”创意课堂　376
水文化巡讲活动　859
“水仙花雕刻与年宵花选购知识”公益文化讲座　890
“丝绸之路”专题讲座　873
四点钟课堂　355
四季星空和天球坐标知识　197、782
孙敬修讲故事培训　867

T

太阳天文讲座　795
太阳——我们的恒星天文科普讲座　799
太阳系行星探测科普讲座　789
探秘苍穹主题辅导　142
“探秘春季星空”天文课　795
“探索未来能源奥秘之太阳能”课程　909
“探索宇宙奥秘的新进展”主题讲座　1213
探索未来能源奥秘之太阳能课程　899
探知云计算　613
特别课堂:“百年历程，世纪辉煌——中国电影史略述”讲座　853
“提倡低碳生活，增强环保意识”专题科普知识讲座　314
天府科普大讲堂——人体体质与中药进补　581
天府科普大讲堂——如何正确添加鱼肝油　582
天府科普大讲堂——生活中的电子商务　582
天府科普大讲堂——食品安全背后的道德教育和法律保障　582
天府科普大讲堂——艺术摄影的鉴赏　581
天人合一，中国和西方天文的联系简史公众讲座　773
“天外来客——陨石的科学价值与鉴定”讲座　786
“天文气象与人类活动”科普讲座　799
天文观测讲座　615
天文教学——科普讲座　782
天文科普讲座　772
天文科普小讲堂　201

天文摄影也诗情——公众讲座　772
天文微课堂——夜空星陨如雨　795
天文微课堂——月有阴晴圆缺漫谈月相　795
天文学入门　795
“调控情绪，做快乐的自己”专题科普知识讲座　419
“调整心态，健康快乐生活”科普报告　639
“听詹天佑故事，让梦想照亮人生”主题知识讲座　828、920
统筹人与自然的和谐发展　1005

W

外展保育讲座　763
“外星人在哪里？天文科普知识专题讲座　419
玩在大自然科普课程　086
玩转大自然科普课程　086
玩转科学课　302
微小生物班　762
“未来教师保护教育培训”项目　096
“文化遗产月”科普讲座进校园　115
“文人山水园林”主题讲座　893
我的追星之旅——公众讲座　773
我和星空有个约会——科学课堂　782
我们身边的大气压　226
我心中的未来汽车 1 课程　899
我心中的未来汽车 2 课程　899
“我身边的水族精灵”系列科普体讲座　673
“我与藏品的对话”讲座　805
五禽戏背后的自然科学　085

X

西溪人文大讲堂　938
系统性创造力乐高讲座　376
“夏季星空”科普讲座　799
县级科技辅导员培训班　489
现场应急处理科普讲座　340
“现代爬行动物分类”专题科普讲座　1024
现代天文巡天展望——公众讲座　772
“想象力比知识更重要”主题报告会　617
消防安全知识讲解和消防灭火演练培训　638
“小球大世界”主题教育活动　144
小谷围讲坛（第 108 期至 128 期）　180
小汽车大世界——德国公路文化课程　899
小升初家长怎么办科普讲座　340
小小飞行员培训　542
小小讲解员培训　074、287、396、542、866、1026
小小科技辅导员培训　476、568
小小双语科普讲解员培训班　654
小小饲养员　743
小小志愿者培训　350
小学生如何进行发明创造　302
小学专题研习课程　762
校园科普报告会　1075
校园应急处理科普讲座　340
新民晚报公益体验课　166
新能源汽车发展与趋势讲座　898
新一代创新型科技馆建设专题报告会　458
“新疆地貌”科普讲座　1134
星空观测——科学课堂　782
行车安全知多少　537
学习人民科学家钱学森的专题报告会　197、782
“学习詹天佑，做光荣中国人”铁路主题创意绘画教学　829、920

Y

雅培家庭公益科学教育项目　645
亚太学校选修课　144
“艳遇科学摄影”培训　075
仰望星空，我们能看到什么？　203、785、1165
养乐多健康科普讲座　166
“样式雷与颐和园”传统文化讲座　885
野生动物的保护　970
夜空星陨如雨——狮子座流星雨天文科普讲座　799
“以“虫”命名的石头”地学科普知识讲座　1134
一个关于尺度的故事公众讲座　772
银河系新结构公众讲座　772
“应对暴力袭击”安全知识讲座　548
优质课评选活动　474
鱼会睡觉吗科普讲座　703
宇宙的边疆公众讲座　773
宇宙中最古老的超大质量黑洞公众讲座　773
“宇宙学是画鬼还是写真”讲座　786
“云计算揭秘”科普讲座　816

Z

珍惜生命健康成长科普讲座　340
珍惜水资源，增强节水意识”为主题的科普大讲堂　912
郑和宝船的秘密——水密隔舱　142

“植景意境漫谈”园林文化大讲堂　885
纸工天球仪天文讲座　563
志愿者讲解员礼仪讲解培训　664
志愿者培训　853、867、1098
制作星座摩天轮科学课堂　782
智慧工作室　371
智慧工作室公益科学培训　368
智慧工作室暑期训练营　371
智能鲸训练班　763
中东的天文学：文化传承与当今的发展公众讲座　772
中国“风景园林月”科普讲座　891
中国·合肥“科学家、企业家讲坛”　396
中国传统宝玉石　999
中国传统园林假山艺术　884
中国大鲵的未来　613
中国科协科普报告荆楚行　484
中国恐龙　1079
中国恐龙足迹研究新进展科普讲座　1113
中国铁路现代史　826
“中国的探月梦”科普报告会　609
“中国梦·民生梦”主题报告会　581
“中国梦·新女性”系列摄影讲座　866
中国园林楹联艺术赏析　885
中国早期铁路及老北京火车站铁路知识讲座　828
“中华礼乐文化的现代价值”公益讲座　885、894
中小学社会实践课　226
中小学生校园安全科普讲座　340
中学生志愿服务培训　899
珠江科学大讲堂（第 11 期至第 16 期）　180
主题展区展品的深入探究活动　592
专家手把手教你雕水仙主题讲座　884
追寻壮丽的星空暨天文科普教育的见解公众讲座　773
“追溯古代车马文化”专题讲解　898
资源知识讲座　1036
自来水大讲堂　910
自我意识与梦——心理健康与科学生活　583
“走进科学，走进梦想”主题科学实验课　202
“走进微观世界　感受纳米科学的艺术之美”科学与艺术展及报告会　273
走进天文学科　1186
走近恐龙家族　996
走近神秘的古代矿物　990
钻石　999

趣味活动与科普知识

3D 打印演示　143
“HAPPY LAND 系列之黑猫警长来了！”高科技亲子互动嘉年华活动　1258

A

爱鸟周启动式活动“发现野趣展览会”　957
“爱鸟周”活动　961
爱您一生一世——陪您去看流星雨，走进泰州天文博识之旅　798
“爱上科技馆”冬夏令营　144
“安徽省气象科普知识竞赛暨夏令营”活动　417
“安徽省青少年生物学夏令营”活动　417
安徽省六月儿童科学乐活动　392

B

拔河比赛　226
爸比，你能带我去‘玩’科技馆吗?　443
“伴影成长，快乐童年”——儿童节电影音乐展示欣赏活动　852
“保护海洋，保护海洋动物，你我在行动”有奖征文征画活动　698
北京学生科学文化节　900
贝壳标本制作　737
变色花　299
变形机甲虫探险营　334
“缤纷秋日　科普异彩”十一系列科普活动　632
“冰河世界”科普活动　1178
冰川馆里过大年　923
冰极天地幕后之旅　761
冰桶挑战　721
“博物馆探秘”寻宝活动　667
博物馆奇妙夜活动　106
“博物馆奇妙夜”密室逃脱活动　667
博物馆奇妙夜之“当科学遇上艺术——光影周”　075

C

彩色蚕宝宝征文活动　387
城市科学节　900
创 E 机器人台湾游学营　428

创意机器人夏（冬）令营　187
“春风清影踏歌来”——电影音乐展示欣赏活动　851
“璀璨星空，启迪梦想”特色活动　779

D

“大手牵小手　安全过暑假”消防科普夏令营系列活动　549
大花楼织机演示　142
大学生“海底欢乐脱光季”　730
“‘盗走达·芬奇’主题密室大逃脱活动”　361
登陆火星探险活动　1175
低碳达人对抗赛　273
“低碳之中，沃享科技”体验　353
抵消你的碳足迹　273
地动仪演示　142
地球一小时　681
地学科普知识夏令营　1113
地质、生物夏令营　990
东莞科技馆“哇哇哇”科学巡游活动　542
东莞市科技进步活动月之“科技梦·飞行梦·少年梦”大型科普活动　542
“东滩渔家乐”自然体验活动　958
动物基地导赏团——海豹　761
动物基地导赏团——海豚　761
动物基地导赏团——水母　761
动植物科普调查　953
“夺宝奇兵”大型寻宝活动　487 动物基地导赏团——大熊猫　761

F

“繁花似景五月天　欢乐假期乐无限”五一系列科普活动　631
“繁星之夜”天文科普活动　778、1160
“防灾训练营”系列科普活动　574
“飞，其实很简单”航空航模大型公益活动　542
“分享天文乐趣，共赏中秋明月”大型公益观测活动　550
“分享童年·共筑未来”夏令营　292

G

高校科学营活动　302
古代科技庙会　144
古法抄纸　142
关爱水资源　951
光的偏振　143
广西“快乐科普校园行”活动　549
广西青少年科学节　550
广州科普精品一日游　180
国宝机车百年轨迹探寻之旅——铁博探宝活动　828
“国际海豹日”主题活动　248
“国土杯”绘画剪纸大赛　106
国土资源科普车友总动员科普活动　1091

H

哈利魔法科学秀　379
海豹饲养　737
“海昌小小旅行家”活动　729
海鸟保护节　681
海水的奥妙　143
海水勾兑　737
海洋动物大阅兵　730
海洋科普进幼儿园活动　698
海洋科普夏令营　698
海洋奇观幕后之旅　760
海洋庆生会特色活动　708
海洋夜未眠特色活动　708
航空科普一日游活动　881
航天爸爸　926
合肥市青少年科技夏令营　403
红红火火闹元宵　804
“花朵与水”主题亲子活动　859
欢乐假期　科学无限　249
欢乐水世界　143
欢喜闹元宵　轻松学科普　232
“欢迎鸟儿节”暨“飞翔的翅膀”青少年观鸟活动　982、985、986
环保承诺墙　121
环保科技兴趣小组学生参观科普教育基地　698
绘本中的科学　396
“火车王国”系列游戏活动　828

J

机器人冬令营　428
激光内雕演示　143
“激扬童心·体验科技”主题科普活动　314
极地动物做月饼之旅　678
“家有汽车”主题活动　901
嘉兴市第 8 届中小学生科技夏令营　381

假期科普活动　1207
“节约国土资源，延续生命演化奇迹”手工模型SHOW——第45世界地球日主题活动　106
解密4D　1183
精彩假期　玩转科普　248
精彩假期　玩转科普冬令营　1172
精细雕刻演示　143
“骏马奔腾”春节科技游园活动　418

K

“开启天宫的梦想”——2014年全国青少年航天科普系列活动　640
看的展览——眼睛与视觉的奥秘　075
“科技创造梦想　劳动伴我成长”系列科普活动　645
“科技创造梦想·劳动伴我成长”，庆“五一”系列科普活动　649
科技动漫，精彩无限　542
科技馆活动进校园　419
科技馆活动进校园之请进来　368
科技馆奇妙夜　632
科技馆奇妙夜之“大师的宝藏”　356
科技馆奇妙夜之“神秘的图腾”　356
科技馆小达人　328
科技夏令营　376、542
科普场馆进校园项目　900
科普大闯关　384
科普大篷车进校园　506
科普灯谜　476
科普动漫电影展播活动　539
科普红包大拜年　654
科普嘉年华　1172
科普教育交流平台活动：吹出来的科学　447
科普教育交流平台活动：大气压的魔力　446
科普教育交流平台活动：脑力大挑战　447
科普教育交流平台活动：森林揭秘　446
科普教育交流平台活动：太空奥秘——太阳系之旅　447
科普进小学　705
科普进幼儿园　705
科普日活动　957
科普夏令营　507、669
科普寻宝活动　749
科普一日游　527
科普总动员·欢乐学知识　313
科普总动员·民俗一条街　313
科普总动员·全家齐互动　313
科普总动员·我讲你来听　313
“科学+百日谭”第12期活动——世界水日：五水共治　人水和谐　333
“科学+百日谭”第15期活动——能源与环境　333
“科学+百日谭”活动——防癌于未然　护航于健康　333
“科学+百日谭”活动——生命急救术　333
“科学+百日谭”活动——二孩准生症　332
“科学+会客厅”：探索微世界　追寻健康梦　333
“科学+会客厅”：问渠哪得清如许　335
“科学+特别活动”之“好心态助推好成绩”　333
“科学+在现场”活动——安全辐射，健康未来　334
“科学+在现场”活动——看准标签，选对食品　334
“科学+”情人节特辑“爱上来自地球的你”　332
“科学+”系列活动　328
“科学+ASTalk”第18期——移动浪潮　竞速未来　333
“科学+AstalK”活动——转基因观察，像福尔摩斯一样思考　333
“科学+ASTalk”活动——最早的江南　333
“科学+EFTlink”第29期活动——直播脑神经外科开颅手术　334
“科学+EFTlink”第32期达芬奇机器人手术——前列腺根治性切除术　335
科学EDU夏令营　362
科学棒棒堂　379
科学光影厅　1225
科学魔法冬令营　428
科学沙龙　654
科学探究营地、冬夏令营　180
科学探秘大闯关　476
科学探索夏令营　311
科学玩家冬季挑战营——GEEK空间挑战营　356
科学玩家冬季挑战营——奥运挑战营　356
科学玩家冬季挑战营——电磁穿越挑战营　356
科学玩家冬季挑战营——航天挑战营　356
科学玩家冬季挑战营——机器人挑战营　356
科学玩家冬季挑战营——鲁班门徒挑战营　356
科学玩家冬季挑战营——小鬼当家　356
科学玩家夏令营——奥运特战队　356
科学玩家夏令营——航模特战队　356
科学玩家夏令营——机器人特战队　356
科学玩家夏令营——名侦探联盟　356

科学玩家夏令营——双语科学联盟　356
科学玩家夏令营——台湾绿能机关王　356
科学玩家夏令营——玩家经典联盟　356
科学玩家夏令营——小鬼当家星联盟　356
科学玩家夏令营——舟山海洋科考队　356
科学训练营　328
“科学岛半日游”活动　410
“科学玩家”系列科普活动　548
“科学也好玩”五一主题活动　497
“科学之旅·幸福探秘”主题冬令营　292
科学之旅　499
恐龙宝贝之梦幻庄园　1054
恐龙绘画亲子活动　1095
“恐龙的世界”科普活动　1178
“恐龙灭绝”科普活动　1178
“酷科一族”科学冬夏令营　419
“快乐六一”亲子活动　542
“快乐暑期游　七彩科学梦”暑期夏令营　632
“快乐童年、精彩无限”儿童节系列科普活动　645、1252
快乐新年科普活动　542

L

李四光中队——地质勘探训练营　922
历奇探索系列——“护鲨大军”探险活动　763
“灵动生命　自然体验”鸟类主题亲子科普活动　958
领养彩色蚕宝宝　387
流动科学工作室　633
“六一”“海洋魔法季”活动　729
“六一”特别活动“复古童玩 Party”　361
“‘六一’淘宝”科普活动　1095
绿色燎原计划“走进顺天湾　环保零距离”湿地科普营　938
绿色体验季　946
“路边天文观测”系列活动　534
轮胎堡大作战　273

M

“妈妈去哪儿了”亲子活动　379
漫博会——关注有礼　542
漫游太阳系　1160
美丽红月，神秘月食　396
美丽乡村夏令营　805
“美丽的蝴蝶”工艺科普主题活动　549
“美丽帽檐、神秘土星”天文观测活动　400
美术创意活动　387
梦想 in 科学扬帆 2014 ——新年系列科普活动　631
梦想 in 科学扬帆 2014 ——元旦系列科普活动　631
梦想 in 科学虫虫特攻队　567
密室逃脱　579
闽江口湿地观鸟活动　423
木板水印　142

N

“南极童话村”冰雪节活动　729
南京科技馆奇妙夜　302
南京市革命老区中小学生科技夏令营　311
能量探秘主题之旅　349
年卡会员专享探索活动之“探索摩擦力”　356
年卡会员专享探索活动“真相只有一个”　361
年卡会员专享探索活动之“眼球中的大世界”　356
年卡会员专享探索活动之“真相只有一个”　356
鸟蛋的启示　144
鸟类认养和认领养护湿地活动　949
“农博一日”科普活动　805

P

平衡世界里的秘密　273

Q

“七巧科技”系列活动　258
“奇妙的星空”庆“六一”——走进招远罗山观星赏月活动　798
奇妙的食物之旅　281
“启迪多彩童年梦想　快乐探索汽车世界”主题活动　906
“启航我的科技梦”暑期夏令营　302
气象科普报告进校园活动　412
气象日主题活动　645
汽博精彩过暑假　900
汽车乐趣坊　900
“汽车文明伴我成长”暑期体验营　906
“亲近自然，呵护鸟类”——青海湖鸟岛观鸟旅游季活动　1144
亲子实验秀，全家显身手　384
亲子游园　232
棋琴诗茶香园林雅集　885
溱湖湿地亲水节　962

溱湖水乡采菱节　962
青春期教育主题展览活动　189
青少年高校科学营湖南分营　498
青少年高校科学营活动　259、388
青少年高校科学营四川分营　587
青少年科技节　1207
青少年科学调查体验活动　606
青少年探秘科普营活动　631
趣味科学夏令营　428
趣味科学原理猜猜猜　289
趣味亲子运动会　281
全国青少年地学夏令营　1046、1066
“全国青年科普创新实验暨作品大赛”暑期特别策划——科普俱乐部　273
“全国青少年高校科学营”活动　417、606、632
“全家总动员——欢乐满童年”趣味科学运动会　580

R

“热爱生活”主题社会实践活动　961
热带雨林天地幕后之旅　760

S

“赛复”夏令营　166
闪电之舞　208
社会大课堂进农博　804
社会责任系列——绿“惜”先行者企业伙伴活动　763
神秘深海之夜　762
神奇的国石——寿山石探秘活动　423
神奇的微生物　1252
“神奇的微生物”系列活动第二季——酸奶与馒头的奥秘　649
“神奇的微生物”系列科普活动　645
神奇的兴安岭　273
生物多样性保护科普展板有奖竞答活动　885
生物防止观众体验科普活动　885
湿地日活动　957
“湿地心愿树”活动　950
“十一”国庆节大型儿童主题活动“奇幻气球节”　758
“十一”去哪玩？科技馆陪你乐翻天科普活动　650
手电池　226
手眼协调　226
守护远古的生命——古生物都去哪儿了？　1127
暑期课堂活动：地、鸟类、迁徙、观鸟　957
水母繁殖　737
水实验表演　143
四驱车拼装　299
算算你的碳排放量　274
“岁月与俱深，麋鹿相为友”主题趣味运动会　092

T

拓片　142
“太空育种”——青少年科学调查体验活动　562
“太空种子进校园”活动　417
“太空种子种植”活动　490、606
探索 DNA 的奥秘　284
“体验科学，走进科技馆”夏令营活动　609
天空之城大型涂鸦派对　579
天文观测　1172
天文启蒙夏令营　515
天文下乡——走进平度郑州路小学活动　798
“听院士讲座、观太阳黑子”天文观测　217
“同一片天空·同一个梦想”大型科普民俗活动　550
“童眼看花花世界”系列自然体验活动　297
土星冲日　396
团队建立系列——踏出正力量　763
团队建立系列——终极求生　763

W

玩转空气秀　189
“玩转大自然”科普游戏　092
“玩转科技馆　国庆七天乐”主题科普活动　580
“为小海龟包粽子”活动　671
文化遗产日 & 父亲节活动——跟大师一起赏“文化遗产”陪着爸爸忆童年　885
我爱水妈妈　1221
我的神州航天梦　273
我是科学大玩家　1252
我是小小消防员　281
“我是科学大玩家”迎新春系列科普活动　645
“五一”“快乐寻宝之旅”活动　580
“五一”国际劳动节之“科技梦·飞行梦·少年梦”活动　542
舞蹈课堂特色活动　708

X

西南动漫游戏文化周之“破蛋”派对　579
西南动漫游戏文化周之动漫派对　579
西南动漫游戏文化周之科涛小镇　579

西南动漫游戏文化周之密室逃脱 579
西溪魔幻之旅 938
“希望之星”夏令营 470
“夏日科技绿茵”系列活动 297
“夏之趣，蚂蚁王国”科普夏令营 498
夏日科技绿茵——科学也疯狂 292
现场领养胭脂鱼 121
“相约月全食”大型天文观测系列活动 534
“小贝壳”分享交换系列活动之科普读物 592
小伙伴们，寒假我们去哪儿？——科技馆里玩科学 龙神马壮闹新春 291
小记者探秘科技馆 371
小乐的快乐科学寒假——小乐猜灯谜 356
小乐的快乐科学寒假——小乐大闯关 356
小乐的快乐科学寒假——小乐大冒险 356
小乐的快乐科学寒假——小乐三连拍 356
小乐的快乐科学寒假——小乐做实验 356
“小牛顿科学考察队”活动 579
小实验家工作室活动 581
小小大力士 273
小小讲解员 428
小小科学家亲子实验活动 515
小小水族师 694
小小饲养员特色活动 708
“小小探索者”科普活动 1178
小熊猫移动课堂 096
小学生图书文化节 681
“小养殖员去哪？”冬令营 673
新春寻宝·科技同行 542
星际移民 1225
“星星是我的好朋友”主题活动 779
虚拟自行车挑战赛 273
玄武区第十二届文博夏令营 1043
学雷锋活动禽流感知识宣传活动 957
学生春游主题活动 698
学生团体场馆探究活动 145
学习策略冬令营 428

Y

雅培家庭科学教育公益项目 568
亚洲动物天地幕后之旅 760
“仰望星空快乐成长”科普冬令营活 777
鳐宝宝见面会活动 671
野鸭湖暑期环境宣教活动 950
“野生动植物保护日”活动 945
“夜宿动物园·日游园博馆”暑期夏令营活动 893
夜探海洋馆 705
夜宿海底世界 669
液氮表演秀 143
“艺想天开”家庭园林活动 885
“忆民俗·知民俗·承民俗”——二十四节气湿地民俗体验活动 938
迎新年 砸彩蛋 猜字谜 学知识 232
营养物质大搜寻 299
勇闯海陆空”闯关活动 356
与小鸟交朋友 950
“与月食为伴·与科普同行”2014年公益观测活动 550
园林探索之旅 884
远古的呼唤 1183
“约会小海豚”公益活动 698
“悦享悦休闲·鲸鲨温泉游”三八节活动 729
月亮去哪儿了 273

Z

浙江省“科技馆小达人”活动 334
珍贵的矿石 116
“真情五月，礼赞劳动”——庆五一电影音乐展示欣赏活动 852
镇馆之宝甄选 938
拯救圣诞老人大作战——爱心童话市集 357
拯救圣诞老人大作战——儿童奔跑真人秀“科学少年跑起来” 357
拯救圣诞老人大作战——圣诞老人送惊喜 357
拯救圣诞老人大作战——圣诞许愿森林 357
纸杯中的科学 274
纸的科学与艺术 368
纸的游戏 189
“智慧闯关”六一科普亲子系列活动 419
“智能导览系统”APP推广 542
中国湿地生态旅游节暨中国姜堰溱潼会船节 962
“中国梦 航天梦 我的梦” 庆六一主题科普系列活动 631
“中国铁路微博行——穿越铁路时空”网友体验微活动 825
“中生代王者归来”流动科普车 75
“逐梦航天”2014赛复科普夏令营 166
“追寻詹天佑足迹，传承詹天佑精神”主题夏令营 920

自然博物馆发现之旅　1072
自然科学体验夏令营　527
“走进科普基地，感受科普魅力”科普体验营　352
走进春天、放飞梦想　291
走进湿地　感受自然　946
走近汽车科技、发现丰台之美　900
做科学实验、写科技小论文　490

实践与动手

“2014 年科技之旅”体验活动　1098
LED 发光字 DIY 活动　338
Light on 亲子科学时间—— To be 达芬奇　567
Light on 亲子科学时间——大大泡泡 bang　567

A

安静的小球　197

B

巴斯夫爱上小小化学家　144
巴斯夫小小化学家　166、568
“白金十分钟”自救互救　249
“百变造型体验课——光与影”电影大讲堂　853
保护环境、爱我家园　982
毕业论文指导　1010
毕业实践实习　1010
变废为宝——单打小怪兽　341
冰极动物护理员　761

C

彩色蚕宝宝”科普体验实践活动　387
查查我的恐龙前身　1055
“畅通生命通道，增强自救技能”主题公众疏散逃生体验　1027
超导磁悬浮列车探究式教育活动　143
穿墙而过——科普仪器　715
穿针引线——科普仪器　715
传统文化技艺体验　866
“创新在我身边”科学调查体验活动　255
创意贺卡制作　341
创意手工——制作康乃馨　341
创意玩具大比拼　866
创意折纸　447
创意纸工 DIY　340
春天里的实验室　297
瓷上园林——青花盘绘画创意手工　895
磁悬浮转盘——科普仪器　715

D

达尔文课堂　106
大家来养蚕宝宝——科普养蚕活动　873
大手牵小手，播下绿色希望　127
大小熊猫护理员　761
当意面”塔”上棉花糖结构设计　356
低碳创意手工制作　350
地震小屋　208
地质认识实习　1010
电与磁　449
电子百拼　341
“东营湿地梦”主题科普活动　985
“动手识标本”互动实践活动　1134
动量守恒——科普仪器　715
动物派对二重奏　762
豆类种子历险记　274

E

儿童趣味科学实验　142
耳语传真　313

F

繁星之夜创意工坊　772
风车转转转　197
“风力小吊车”动手活动　292
疯狂实验室——超强气流　428
疯狂实验室——光明之旅　428
疯狂实验室——魔幻泡泡秀　428
疯狂实验室——叹为观“纸”　428

G

感知色彩　197
高校暑期社会实践活动　982
哥尼斯堡七桥——科普仪器　715
个性风车的制作　496
共振环——科普仪器　715
光压风车——科普仪器　715
广西科技馆“蜡染探究活动资源包”参展首届城市科学节　549

广西科技馆“月相” 科学天文探索体验——2014年圆梦蒲公英主题活动 549
国际实习生项目 096
国庆期间玩转科技馆 232

H

海底现场绘画 703
海洋动物折纸 703
海洋科普实验室——海洋小厨师 731
海洋科普实验室——水母观察员 731
海洋奇观水肺潜水体验 762
海洋全接触 761
海洋运动家 762
航模动手做”国庆科普系列活动 419
虹吸——科普仪器 715
化学实验 201
画脸谱 144
画小机器人赢奖品 232
欢度国庆 玩转汽博 898
环境保护教育实践活动 977
回形针浮起来 314
火山喷发 274、298

J

家庭亲子插花花艺活动 884
家庭生活技能 448
剪纸活动 232
健康饮食实验 341
教学实习 1002
“杰出爱国工程师，铸就辉煌中国梦”语文课程教学探索实践 826
节约资源变废为宝 703
静电的妙用 289
静电碰碰球——科普仪器 715
静电系列实验 143

K

卡通泥塑体验课——光与影”电影大讲堂 852
看不见的力 274
看得见的力——科普仪器 715
科技馆活动进校园——个性风车的制作 492
科技馆少年邮局 476
科普影片观后感 1203
科普资源包 328
科学实验课程——彩虹玫瑰的秘密 505
科学实验课程——琥珀制作 505
科学实验课程——乐高幼儿 505
科学实验课程——力学探奥 505
科学实验课程——蚂蚁探秘 505
科学实验课程——趣味数学 505
科学实验课程——生活里的光和声 505
科学实验培训 249
科学调查体验活动 378、1207
“酷玩皮影——光与影”电影大讲堂 852
矿石试验 1134
昆虫眼看世界——科普仪器 715

L

乐高进校园 232
乐高走进幼儿园 232
粮食知多少 274
龙卷风 197
笼中鸟——科普仪器 715
绿丝带行动——汽车环保我先行 898

M

霾老大之殇 197
美丽东营，和谐发展——关注东营环境保护与经济发展之间的权衡”主题暑期社会实践 985

N

宁国市津南小学——我的标本我的手 972

P

胚胎与胚胎发育实验 143
配音与表演体验课——光与影”电影大讲堂 853
“平安在路上·欢乐在汽博”寒假体验营” 898

Q

七巧板拼出中秋节 亲子齐心协力赢礼品 232
七色花家庭科普实验 325
七色花立体花贺卡 341
奇妙的乐器——科普仪器 715
奇妙的液晶玻璃——科普仪器 715
企鹅全接触 761
气球 style 326
气压与气球——科普仪器 715
“汽车文明伴成长”暑期体验营 898

亲亲海豹 761
亲子乐 乐陶陶 232
亲子庆圣诞 232
"青春正能量 保护母亲河"实验 353
青海省青少年科学调查体验活动拓展活动——太空种子种植 638
青少年科学工作室——机器人 496
青少年科学工作室——乐高活动中心 496
青少年科学工作室——陶艺 496
青少年科学工作室——微型机床 496
青少年科学调查体验活动 631
青少年社会实践活动 239
青蛙走钢丝 278
趣味小游戏 314

R

热带雨林动物护理员 761
人与飞翔 313
认识静电 197
认识牛郎织女星 197、782
认知化石做模型 989

S

赏诗文 314
少儿主题绘画活动 1045
社区趣味实验室 376
身边的摩擦力 197
深度看展品——不倒的秘密 428
深度看展品——地转偏向力 428
深度看展品——电电不怕 428
深度看展品——费力省力 428
深度看展品——光与色彩 428
深度看展品——虹吸原理 428
深度看展品——惊奇镜面 428
深度看展品——声声不息 428
深度看展品——声学院 428
深度看展品——水中沉浮 428
深度看展品——压力山大 428
深度看展品——眼睛会说谎 428
深度看展品——一起飞吧 428
神奇的冰雪世界 278
神奇的大气压 197
神奇泡泡秀 189
神器的魔术气球 341
生活小妙招 314
时间反应测试——科普仪器 715
实验乐翻天 074
食物魔法师——紫薯 278
世界奇妙市集——创意木工 DIY 356
世界奇妙市集——打印奇巧 3D 魔戒 356
世界奇妙市集——建造奇异小人国 356
世界奇妙市集——奇妙童趣音乐会 356
世界奇妙市集——奇趣黏土 DIY 356
世界奇妙市集——四驱演绎奇速激情 356
世界奇妙市集——小小奇想家市集 356
手工纸模制作 592
手工做青团 314
手绘黑子——天文微课堂 795
手拉手 守交规 232
手蓄电池探究式教学 142
双曲狭缝——科普仪器 715
水火箭的制作与发射 202、232、785

T

"探古寻香"香文化体验活动 885
碳索奥秘"趣味互动 科学实验 390
"天文动手做"手工作坊 778
天文观测 197、249
天文科学动手实验 549
跳舞的纸蛇 274
豚聚一刻 761

W

玩在大自然 086
玩转大自然 086
玩转科学—— C60 晶体 596
玩转科学—— DNA 597
玩转科学—— F1 赛车 595
玩转科学——百变风扇 597
玩转科学——鼻涕虫 596
玩转科学——变色水 593
玩转科学——变色水 598
玩转科学——表面张力 592
玩转科学——博科摆 595
玩转科学——不倒翁的秘密 599
玩转科学——齿轮皮带轮 594
玩转科学——磁力车 592
玩转科学——磁力看得见 595

玩转科学——磁铁指南针 594
玩转科学——答题器 593
玩转科学——打捞沉船 594
玩转科学——单摆 594
玩转科学——地雷包 595
玩转科学——电磁摆 597
玩转科学——电磁铁 594
玩转科学——电磁陀螺 596
玩转科学——电灯笼 594
玩转科学——电动瓢虫 592
玩转科学——电路实验 594
玩转科学——多角球体 596
玩转科学——发报机 596
玩转科学——发电机 596
玩转科学——反冲小车 594
玩转科学——反充气垫 594
玩转科学——飞梭 596
玩转科学——风力风向 594
玩转科学——伏安法 598
玩转科学——浮力 593
玩转科学——浮沉娃娃 594
玩转科学——杆秤 594
玩转科学——杠杆天平 594
玩转科学——怪坡 595
玩转科学——灌篮高手 595
玩转科学——光控电扇 596
玩转科学——光纤灯 596
玩转科学——滚摆 597
玩转科学——国际时钟 597
玩转科学——合成灯 596
玩转科学——红绿灯 594
玩转科学——滑轮测力器 594
玩转科学——滑翔机 594
玩转科学——会点头的小鸟 597
玩转科学——活动星图 596
玩转科学——机械活动画 596
玩转科学——机械手 592
玩转科学——净水器实验 598
玩转科学——快了元旦 598
玩转科学——拉线小车 592
玩转科学——蜡烛 596
玩转科学——冷暖包 597
玩转科学——连通器 594
玩转科学——笼中鸟 595
玩转科学——鲁班锁 596
玩转科学——密度 598
玩转科学——明轮船 593
玩转科学——摩擦力 594
玩转科学——摩擦力与旋转盘 599
玩转科学——魔方 595
玩转科学——魔法珠 596
玩转科学——喷气船 592
玩转科学——砰砰枪 595
玩转科学——皮影戏 593
玩转科学——平面镜成像 598
玩转科学——平面镜光 594
玩转科学——瓶中龙卷风 592
玩转科学——气体的热胀冷缩 594
玩转科学——汽水 592
玩转科学——潜水艇 594
玩转科学——趣味马德保 599
玩转科学————趣味小实验 387
玩转科学——日晷 595
玩转科学——溶解过滤 594
玩转科学——蛇形摆 594
玩转科学——圣诞寻宝 599
玩转科学——手电筒 598
玩转科学——手提风扇 593
玩转科学——刷刷车 595
玩转科学——水的浮力 594
玩转科学——水的形态 598
玩转科学——水轮车 594
玩转科学——水往高处爬 594
玩转科学——四驱车 597
玩转科学——提取纯盐 598
玩转科学——天球仪镜 597
玩转科学——铁树银花 597
玩转科学——铁索桥 594
玩转科学——听诊器 592
玩转科学——挖掘恐龙 592
玩转科学——玩转六一 599
玩转科学——万花筒 592
玩转科学——望远镜 593
玩转科学——无限长廊 593
玩转科学——五球碰摆 596
玩转科学——洗涤灵 593
玩转科学——下雨报警器 595
玩转科学——显微镜 597

玩转科学——香皂 595
玩转科学——小灯泡亮了 592
玩转科学——小孔成像 594
玩转科学——小路灯 593
玩转科学——斜拉桥 594
玩转科学——星象仪 593
玩转科学——许愿水晶 593
玩转科学——压强 598
玩转科学——验电器 595
玩转科学——验流器 595
玩转科学——液体叠罗汉 594
玩转科学——音乐盒 593
玩转科学——音乐听筒 596
玩转科学——音乐投币盒 598
玩转科学——云霄飞车 595
玩转科学——照相机 596
玩转科学——蒸汽船 594
玩转科学——织布机 594
玩转科学——直升机 592
玩转科学——种子发芽 594
玩转科学——竹签陀螺 595
玩转科学——转圈玩偶 595
玩转科学——啄木鸟 592
玩转科学——自制电动机 597
玩转科学——自制净水器 598
玩转科学——自制时钟 598
玩转科学——自制手电 593
玩转科学——自制香水 593
玩转科学——自制牙膏 593
玩转科学——自制音乐瓶 592
玩转科学——自制钟表 593
玩转科学——走马灯 596
玩转科学——组装小台灯 594
万物生长靠太阳——天文微课堂 795
未来水世界 289
喂饲海狮明星 761
我和星星有个约会 197
我们身边的矿物质 1134
我心中的海洋动物”创意伞手绘活动 729
无形的力——科普仪器 715
“五彩绘出高铁梦 我心中的动车组”科普绘画活动 827

X

消防展品小互动 232
小记者科学实验活动 273
小记者探秘科技馆——走进科普秀 371
小记者探秘科技馆——电子制作体验课 373
小记者探秘科技馆——航模体验课 373
小记者探秘科技馆——走进智慧工作室 373
小讲解员讲解 866
“小恐龙的奇幻旅程”艺术工坊活动 453
小牛顿实验 419
“小手画世界”儿童绘画活动 885
小推车实验 143
“小小达·芬奇”彩绘活动 357
小小工程师 144
小小急救员体验日 1221
小小讲解员 106、128、135
小小农艺家 805
小小园林师——亲子插花花艺活动 895
小小智慧树 613
小制作“拼出”大智慧 591
心随手动 趣味 DIY 591
“学习詹天佑，做光荣中国人”的创意绘画教学实践活动 826
“寻找儿时的记忆”——自制玩具主题活动 419

Y

岩心编录实习 1010
眼见一定为实吗 226
仰望星空，我们能看到什么 197、782
野外生产实习 1010
一叶一世界 498
“拥抱蓝色海洋，珍爱生命摇篮”主题暑期社会实践 985
鱼眼看世界——科普仪器 715
与海狮明星合照 761
元宵节 & 情人节 欢乐浪漫 DAY 302
园博馆小小园林师科普体验活动 884
月亮的脸偷偷在改变 197
月球观测 197、782
月全食观测 197、782

Z

展品体验师 429
折纸做模型 996
真人版垃圾分类互动游戏 350
振动与声音 197
“拯救绿色地球 从我做起”主题体验活动 1013

纸杯形状的奥秘 278
纸质飞行器手工制作 341
制作幻灯机 197
制作莫比乌斯带 143
制作万花筒 197
制作星座摩天轮 197
智慧拼图 313
智能机器人 448
“蛭石”膨胀实验 1134
种子达人之太空种子种植实践活动 804
抓住太阳的能量 289
自制彩虹 314
自制碳酸饮料实验 341
自制小台灯 292
“走进南海子，探究麋鹿的生态空间”学生实践课程 091

知识竞赛

ChinaJoyCosplay 嘉年华山东赛区预选赛暨世博动漫嘉年华 446
SOLVE FOR TOMORROW 探知未来 2014 年全国青年科普创新实验暨作品大赛哈尔滨复赛 273
WRO 华中赛区选拔赛 498

A

奥妙的地球与奇特的生命科普研讨会暨绘画征文大赛 303

B

蚌埠市第二十九届青少年科技创新大赛 415
蚌埠市少年儿童科学幻想绘画作品比赛 415
北京高校观鸟赛 946
北京科技微视频大赛 853
北京青少年科技创新大赛 083
北京市青少年天文观测竞赛 1159
北京市中小学生自然科学知识竞赛 074、082
毕节市青少年科技创新大赛 606

C

“潮小孩未来星”少儿模特大赛半决赛 350
成都市中小学无线电子科技锦标赛 578
创意积木拼装大赛 492
“创意吧”陶艺大比拼 302

D

大学生地质技能大赛 1009、1010
东莞市青少年（生物学）实验操作技能大赛 527
东莞市青少年机器人竞赛活动 527
东莞市青少年科学影像大赛 542
东莞市小学生天文知识竞赛 527

F

“放飞梦想　启迪未来”航模比赛 419
“放飞希望，梦想起航”竹蜻蜓比赛 314
福建省青少年科学素养网络竞赛 419
福州市青少年科学素养竞赛 419

G

“敢挑战吗？”亲子积木挑战赛 314
“广东省少年儿童发明奖”评选活动 180、187
广东省创意机器人大赛 187、1243
广东省大学生科学影像大赛 187
广东省科普剧大赛 542
广东省科普剧大赛——科普剧表演赛 1243
广东省科普剧大赛——科普剧剧本创作赛 1243
广西科协团委“五四”青年节劳动技能比拼活动 548
广西青少年机器人竞赛 547
广西青少年科技创新大赛 548
贵州省青少年科技创新大赛 606
国际科学与和平周全国中小学生金钥匙科技竞赛（南京地区）团体赛 309
国际天文与天体物理奥林匹克竞赛 778

H

海昌小小魔法师摩尔庄园大冒险暨第三届鲸鲨宝贝才艺大赛 729
海底世界杯之趣味足球赛 709
海洋绘画比赛 749
杭州原创微型科普剧剧本创作大赛暨青少年科普剧表演大赛 350
航海模型比赛（2014 年度分站赛首站） 180
合肥市青少年科技创新大赛 400
湖南省科普讲解大赛暨全国科普讲解大赛选拔赛 1095
湖南省科普讲解大赛 1091
湖州市科技馆第三届“趣味科学小实验”比赛 385
湖州市中小学生航模锦标赛 387
葫芦岛市科学表演大赛培训 258

环球自然日——青少年自然科学知识挑战赛　74
“环球自然日——青少年自然科学知识挑战赛”重庆赛区赛及全球总决赛　115、122、125
活力健将接力赛　281
火热比拼　决战五子棋　592

J

机器人表演赛　287
机器人竞赛　376
机器人联盟赛年赛　429
机器人运动会　376
机器人足球赛　356
嘉兴市 2014 年青少年信息学（小学组、初中组）竞赛　380
嘉兴市第 29 届青少年科技创新大赛　380
嘉兴市第七届头脑奥林匹克万人大挑战决赛　378
江苏科技馆第五届“十佳小小讲解员”比赛张家港赛区预赛、决赛　314
脚踏发动机对抗赛　476
金钥匙比赛决赛　326
金钥匙科技竞赛　303

K

科技杯创新创业大赛　507
“科技杯”小学生征文有奖大赛　242
科技馆杯“乐高机器人争霸赛”　371
“科学·印象”摄影大赛　363
“科学生活　创新圆梦”主题科普讲解员大赛　364
科普讲解员大赛　180、187
科普剧剧本赛　255
科普剧征集评选活动　490
科普知识竞赛　287
科学表演大赛（剧本赛）259
科学宫杯少儿围棋定级赛　252

L

乐高机器人家庭挑战赛　497
乐高机器人竞赛　232
两岸城市杯少年羽球邀请赛　292
辽宁省青少年机器人竞赛　255
辽宁省青少年科技创新大赛　258
龙昌机器人比赛　542
绿色引领时尚环保时装秀创意赛　376

M

“煤海探秘杯”太原旅游职业学院第四届“谁不说俺家乡好”技能大赛　839
“魅力北碚，灵韵犹存”讲解比赛　115
萌萌哒求拍照·烟台海洋动物摄影大赛　730

N

南京科技馆包粽子大赛　302
南京市第二十届中小学师生科技创新大赛　309
农业知识竞赛　805

P

培训手脑速算比赛　547
拼七巧板迎新春　232

Q

巧手变宝品创意大赛　376
亲子环保手工艺品大赛　749
青海省科学技术馆 WCA 魔方公开赛　631
青海省青少年科技创新大赛　631
青海省青少年机器人竞赛　631
青少年创新奖　1207
青少年动植物识别挑战赛　487
青少年科技创新大赛　302、546
青少年科技创新大赛湖北省“七巧科技”竞赛　490
青少年科普剧竞赛　557
青少年文明科普之歌歌词征集及评选活动　550
“清洁海滩　保护蔚蓝”6·8 世界海洋日活动　753
趣味科普知识竞答　232
趣味科学闯关赛　429
趣味亲子科学实验赛　328
全国科学表演大赛　253
全国青年科普创新实验暨作品大赛　157、160、584
全国青年科普创新实验暨作品大赛哈尔滨复赛　286
全国青年科普实验大赛　180、187
全国青少年信息学奥赛　606
全国首届科普讲解大赛（厦门赛区）434
全国信息学奥林匹克联赛（NOIP2013）浙江赛区颁奖大会暨 NOI2014 省队集训选拔赛　333
全国原创微型科普剧本创作大赛暨青少年科学表演大赛　278
全国中学生天文奥赛　777
全区乡村少年宫技能竞技比赛　547

全区乡村学校少年宫素质竞赛　558
全市首届青少年科普剧比赛　379

S

山东省大学生动漫大赛　1238
山东省机器人大赛中小学组（济南赛区）比赛　446
山东省校园数字科技馆小学生科普知识竞赛　1239
少年儿童电影配音大赛　847
沈阳市第二十九届青少年科技创新大赛　249、1172
沈阳市青少年电脑机器人竞赛　249、1172
沈阳市青少年智力七巧板竞赛　254
沈阳市首届青少年动力模型校联赛　254
生物学竞赛　606
“圣亚杯”观赏水族造景设计大赛　684
湿地主题少儿绘画大赛　939
“诗意星空”天文摄影大赛　778
“十佳科普讲解员”大赛　187
世界奥林匹克机器人竞赛华中区选拔赛暨天心区第一届中青少年机器人竞赛　503
世界地球日大学生地学知识竞赛　1118
世界地球日知识竞赛　1069
“书核心价值观·绘岩画太阳神”全市中小学生现场书画比赛　230
暑期“火热求知”系列科普活动——小达人科普竞赛　580
四川省纪念第45个世界地球日第七届大学生演讲比赛　581
“速度与激情”意念车对抗赛　353

T

太原市第六届学生风采大赛中国煤炭博物馆公益解说志愿者活动　839
“探知未来·2014年全国青年科普创新实验暨作品大赛”复赛　1250
天津市首届科普讲解大赛　194
头脑奥林匹克　376

W

玩转铁博——铁路知识亲子挑战赛　827
“万方杯”机器人校际联赛　453
微信服务号知识抢答赛“地小博微问答”　1092
未来工程师大赛　166
“为孩子鼓掌”科普制作大赛　226
我是展项挑战王　357
“我爱我岗”演讲比赛　1015
“我爱我展厅”科学表演大赛　145
“我劳动、我快乐、我成长”广西科技馆首届儿童劳动技能大赛　548
“我心目的最美少年”演讲比赛　296
“我眼中的地质科普”摄影大赛　1045
“我眼中的美丽园林”——东方童画杯儿童绘画比赛　891
“乌海之声”全市青少年才艺大赛决赛　228
无线电制作省赛　490
五连环挑战赛　142

X

西南动漫游戏文化周之“英雄联盟”对抗赛　579
西溪旅游纪念品创意设计大赛　939
厦门市青少年科技创新大赛　435
厦门市“科普志愿者讲解技能大赛”　710
“小梦想，大变革”纸船承重比赛　314
小小导游比赛　749
小小讲解员　438
新疆自然博物馆协会第二届辅导员大赛　1253
“心环保，新生活”全国环保科普创意大赛云南赛区活动　615
信息学奥林匹克联赛黄石赛区赛事　490
“星际争霸Ⅱ”体验赛　579
“雄展杯”中小学生放飞梦想航模竞赛　236

Y

亚太天文奥林匹克竞赛（APAO）　778
亚洲机器人联盟华东地区青少年联赛暨江苏省第五届青少年科学嘉年华　309
“一砖一瓦建北京”大赛　869
迎“六一”少年儿童科普竞赛　236
原创微型科普剧剧本创作大赛　259

Z

张家港市第五届脑力风暴比赛　314
“珍爱生命　安全出行”知识竞赛　232
郑州市二七区折纸飞机竞赛活动　465
志愿者风采大赛　429
智慧达人机器人挑战赛　498
中国城际家庭机器人挑战赛西南赛区选拔赛　572
中国创新创业大赛　180
中国古星图填图比赛　778
中国青少年机器人竞赛创意比赛获奖作品展示活动　145

中小学生 2014 年“三模一电”总决赛　376
“助力科学梦想家”——第五届雅培家庭科教浙江站　335
走进贵州科技馆　我是小小讲解员　591
“遵守交规　珍爱生命”知识竞赛　232

社会人文与科普演出

IMAX 球幕电影新片“同一生命”首映礼和专题展览　538
IPS 大会　1159
$PM_{2.5}$ 谁是凶手　201

A

爱牙行动：牙齿保卫战　357
“爱心助学，科普万里行”科普剧汇演　498
澳门国际球幕电影节获奖影片展映　1158

B

“白金十分钟”自救互救　1173
“百名流动学童走进水世界”主题实践活动　912
宝马安全训练营——交通安全活动　1173
“保护湿地，热爱第二故乡”实践活动　977
北极熊为什么不怕冷　372
冰与火之歌　311
“播种希望，祈祷青奥”植树节　302
播放影片《巨树》　1186
不可思议的纸张　372

C

猜谜·奇妙的魔术　591
餐桌上的科普　326
“残健青年　共享春光”——爱心帮教科技体验活动　273
残疾日“免费游海洋世界”公益活动　708
《茶馆》赏析与交流活动　852
畅游科技馆欢度国庆节　289
超能英雄背后的秘密　311
成都创意设计周双百活动　1098
“崇尚科学、放飞梦想”黑龙江省少年儿童百米长卷绘画、文艺演出活动　273
“川湘少年行”大型公益活动　498
春天的故事　297
春天里的科普馆　开启智慧的殿堂　1172
从马航失联到航空安全　297

D

打工子弟科普夏令营　805
大气表演　142
大熊猫命名规则全球征集　099
大学生创作 PPT 展播活动　1009
带着爸妈来看海重阳节特别活动　739
当梦想照进现实　402
导览机器人　208
低温的奥秘　298
低温物质实验表演　143
“地球的呼唤”科普剧　652、1253
电磁表演　142
电磁表演——高压放电系列　368
“电的初体验”科普实验剧　311
东莞科技馆科普春晚　542
东南商报高级小记者培训学员参观科普教育基地　698
冬眠动物模仿秀　297
对地球的认识——科普启蒙看片会　203、786

E

儿童电影《老大别怕》城际公益点映礼　852

F

反对野生动物贸易公众教育　096
防灾减灾日主题科学表演　144
非遗保护与城镇化同行　128
疯狂科学表演秀　390
“奉献爱心　回馈社会”广西科技馆爱心义卖嘉年华大型公益活动　548
扶贫开发“双到”科普知识进校园　521
扶贫科普山区行　507

G

干冰秀　401
感知色彩科学秀　590
高校科学营走进博物馆　1031
公共文化服务校园行　419
公交车司机的子女提前过六一活动　698
共同的家园——科普童话剧　289
“构建和谐，共享科技文化”——残疾人参观中国电影博物馆活动　852
关爱儿童成长，为祖国花朵的美好绽放献力　1106
关爱孤独症儿童主题活动　273

关爱留守儿童，庆祝六一活动　608
“关爱残疾人，开心游龙园”活动　1053
观看《糖果风暴》送糖果　1218
观影活动（4D 电影）　240
“观中秋圆月，赏汾河夜景”天文观测　217
冠军之路　166
光影剧场——激光实验表演　518
广东省科技文化卫生三下乡　506
国际短片电影周　1192
国家公祭日活动　312
国庆节主题科学表演　144
国庆七天乐、天天大不同　292
“国庆，科技馆奇妙之旅”　379

H

海底后花园海底情景剧　718
《海昌小小魔法师，摩尔庄园大冒险》全国巡演成都站活动　758
《海昌小小魔法师，摩尔庄园大冒险》舞台剧　721
海狮表演　707、748
海曙区残联孩子参观科普教育基地　698
海豚表演　707
“海洋圆梦计划”五一公益活动　729
航模表演　537 幻影迷踪　401
合肥市外来务工人员子女前来参观　1058
《合肥晚报》小记者科普基地活动　405
红领巾相约中国梦——山西省少年儿童庆六一暨“我的蓝色科技梦”主题教育活动　216
湖南经视走进邵阳隆回县、湘西保靖县的偏远贫困山区“开展一心一衣温暖一人校”活动　497
湖南省 2014 年“三下乡”暨“我的中国梦”文化进万家活动　499
湖南省科技馆科普剧汇演　502
湖南省青年联合会“情暖童心”2014 公益文化湖南行活动　498
湖南省青少年活动中心“精彩六一”活动　498
护生诗画的故事——科普剧　93
“花样年华　放飞梦想”庆“六一”文艺演出暨第四届“乌海之声”全市青少年才艺大赛颁奖晚会　226
“华夏文明看山西——台湾大学生山西行”交流活动　839
画像机器人　208
“欢度国庆·科普盛宴”系列活动　314
“欢乐科普山区行”科普惠民行动　1242
欢乐假期　科学无限——端午节活动　1173
欢乐科学周末山区行　542
黄金风暴——黄金鲹表演　730
黄土剧场　208
“回归自然，亲水爱鱼”为主题的渔业资源增殖放流活动　732
“活的科学”系列活动——“生命解码”系列活动　544
“活的科学”系列活动——科普秀“液氮演示”　544

J

机器人表演　143
“纪念中国电影诞生 109 周年”电影音乐展示欣赏专场活动　854
《剑齿王朝》首映式　1218
健康新生活　527
践行群众路线，做政策的传播人　128
江海龙吟（科普剧）　298
江苏省获奖科普剧巡演　296、317
江苏省全国科普日科普文艺汇演　292
“教书育人　无私奉献”科普活动　1025
教育项目展评主题科学表演　145
节日科学宫　动感科普游——劳动节活动　249、1172
晋善晋美——首届著名作家山西行　839
“经典电影大家看，电影社区行”主题观影活动进社区　853
“聚爱北京　关注留守儿童安全”主题活动　832

K

“开启梦立方　欢度国庆节”游新馆、庆十一主题活动　247
“开启梦立方　欢乐科学日”游新馆、庆六一主题活动　246
看得见的大气压　372
“看家乡变化”体验活动　977
科技博客有奖征文　617
“科技创造梦想·劳动伴我成长”，庆“五一”系列科普活动　1254
科技馆杯——红领巾相约中国梦　1252
科技迎新齐参与·轻松欢乐一起来”元旦特别活动　313
“科技助我圆梦”科普扶贫班同学的科技体验之旅　551
科普春晚　297
科普互动剧“玩转科技馆”　588

科普互动演示　249
科普剧“光的奥秘”　615
科普剧进校园　298
科普剧——流动科普设施　537
科普剧巡演　291
科普日活动　1031
科普实验剧“‘吹’出来的科学”　453
科普实验剧“森林揭秘”　453
科普实验秀——伯努利原理　476
科普实验秀——力的大家族　476
科普实验秀——神奇的光电　476
科普送温暖　1015
科普特效电影展映月　273
科普特种电影放映活动　353
科普秀流动科普设施　537
科普演出　396
科普影视节　1209
“科普之光”——1000名农民工子女参观科技馆活动　1238
科普志愿者风采展示月　292
科学表演进社区（红领巾公园）　145
科学表演进校园　145
科学表演剧场　208
科学表演台　208
科学表演探究　143
科学表演秀　143
科学互动剧场表演　274
科学梦工厂，国庆欢乐游　249、1173
科学实验秀　302、383
科学玩家纷享舞台　355
科学秀“指尖电路”　544
科学艺术快闪秀　362
“空气大力士”科普实验剧　311
恐龙去哪儿了　128、135
快乐星期三学校社团活动　299
“快乐学习——七彩课堂”外来务工子女科普活动　115
“快乐家庭”亲子活动——免费参观金钥匙答题活动　1136
“快乐童年、精彩无限”“六一”科普系列活动　1254
昆虫世界历险记　317

L

来自宝岛台湾的魅力科学秀　465
“‘来自星星的你’春游到海底”主题公益活动　718
“蓝色的海洋，生命的摇篮”环保公益活动　1175
“劳动创造科技·科技点亮生活”庆“五一”主题活动　314
劳动者光荣、劳动者最伟大　1025
“励志成长”军事体能及安全自护乌海训练营　229
“两岸情　青奥行”港澳台青少年赴南京科技馆体验活动　311
邻里守望　志愿服务示范站活动　867
留守儿童夏令营科普活动　518
流动3D进校园　1199
流动3D立体科普影院　289
流动儿童俱乐部公益科普活动　405
流动科技馆进军营　242
“六一，挑战你的智慧”　379
六一　爱心起航　249、1173
六一儿童节科普活动　1213
六一儿童节主题科学表演　144
六一撞端午、科学乐翻天　292
律动光影　欢度国庆——中国电影博物馆送电影音乐进军营活动　853
律动光影　欢度国庆——中国电影博物馆电影音乐展示欣赏活动　853

M

马年话说（科普剧）　298
蚂蚁的愿望（微型科普剧本）　504
盲童六一行科普活动　518
梅园新村街道“文博之夏”系列活动　1043
美丽的东营我的家　981
美人鱼之吻——海牛表演　730
梦幻剧场《白垩纪之旅》　1276
梦幻剧场《酿酒大课堂》　1275
麋鹿苑的夏天——科普剧　093
魔法秀　201
魔幻六一　惊奇之旅　396

N

南极科普宣传片　669
你想挑战吗（科普剧）　402
“你是我的小月饼”——南京科技馆中秋亲子互动游　303
宁波市中小学生社会实践大课堂启动仪式　356
“暖巢社区小小科学家假日派对”活动　314

P

抛开烦恼去旅行——舞台剧　729
培训部汇报表演　547
平度贫困学生　721
平衡世界里的秘密（科学秀）　278

Q

奇妙的离心力　311
奇妙的声音（科普剧）　402
奇妙的声音世界　1221
青浦科普秀表演　166
青少年电影伙伴计划　353、1189
青少年科普“四个一”活动　1045
青少年科学影像节　255
清明节系列活动　314
情暖新盐都，欢乐进万家——2014 送文化下基层活动走进郭街核桃湾社区　127
情暖新盐都，欢乐进万家——2014 送文化下基层活动走进河口镇　127
情暖新盐都，欢乐进万家——2014 送文化下基层活动走进自贡舒平镇　127
“情牵端午在影博”为主题的端午节主题文化活动　852
“庆十一　让童话动起来”大型活动　869
庆八一，科技进军营　166
庆八一主题表演活动　645
球幕节目《星空音乐会》　777
球幕影院天文天象演示活动　353
趣味科普实验秀——神奇的泡泡　368
趣味科普实验秀——神奇的气球　368
趣味科学秀　428
趣味科学秀“比冰还冷”　542
全球首次大熊猫产仔及成长直播　099

R

“热爱家乡、保护青海湖”社区生态环境道德教育活动　1143
人鲨表演　748
人鲨共舞　707
人鲨共舞——鲸鲨喂食表演　730
人体骨骼　298
人鱼传说之美人鱼表演　707
入梦星空（科普剧）　298
弱势群体关注系列活动（留守儿童，孤儿院，残障儿童）　867

S

《赛复科学探梦》丛书首发式　166
鲨鱼进食表演　748
鲨鱼科普表演　678
山东省黄河三角洲高效生态经济区青少年科学考察　1238
上海公益伙伴日　166
少儿科普春晚演出　237
少儿科普艺术团专场演出　237
神秘的液体　311
神奇的静电　1253
神奇的空气科学秀　613
神奇的离心现象　298
神奇的泡泡　226
神奇的悬浮实验表演　283
“神奇的静电”科普剧　652
“神奇的天路之旅”现场演讲　826
生命与水　287
生日（微型科普剧本）　504
省科技馆与小记者团寒假科学探访启动活动　1180
十大科普场馆对口援疆联合活动　1252
石家庄铁道大学詹天佑班社会实践活动　916
食品安全宣传周中国科协主题日活动　157
食验达人　298
市残联康复中心残障儿童前来参观　1058
《市场星报》小记者科普基地活动　405
视错觉表演　197
“守护远古生命”主题宣传　1129
首届城市科学节主题科学表演　145
首届临沂市特效电影展映月　1203
首届少儿科普剧表演大赛　106
暑期“电影展映月”活动　1197
暑期海洋科普知识宣传　966
暑期科普惠师生，齐心共圆中国梦　1106
暑期主题科学表演　143
水上水下芭蕾舞表演　741
水中华尔兹——鳐鱼表演　730
硕博助推活动　1207
“塑料遇鼠记”科普剧　652、1253

T

“太阳系之旅”球幕电影　510

"探地矿奥秘、爱大美新疆"儿童村主题科普教育　1136
探秘地震　390
特效电影节　1199
体验科学　牵手共享——部分农村青少年科普行活动　449
同享一片蓝天　376
"童心齐颂祭先辈"清明纪念活动　867

W

外来务工孩子参观科普教育基地　698
玩转星座摩天轮——科普启蒙看片会　203、786
"玩转今夏——爱在博物馆之光影曼妙·园林婆娑"直播节目　893
万圣节小鬼市集　357
《万事通的科学实验——神奇的蝴蝶》科普剧　590
微尘公益——西藏儿童　721
"微路客"征图活动　1092
为展品插翅膀，写科普好文章　396
文化遗产日宣传活动　1113
文化助残，让残疾人走进博物馆　805
"万马贺新春·科普总动员"春节特别活动　313
"我爱我家——垃圾分类从我做起"——绿色浙江循环日公益创意活动　351
"我是中国娃、我爱自己的国家，我爱航空"主题活动　881
"我与交换机的故事"摄影征文、文物征集活动　818
我们与水（科普童话剧）　289
我是砳砳(科普剧)　298
乌海市青少年宫"手拉手迎新春　共筑中国梦"春节联欢会　226
乌海市青少年宫中国国际青少年艺术交流营——深港澳　229
"乌海少年　励志成长"大连夏令营　229
五一，我和科学有个约会　379
五一劳动节主题科学表演　144

X

西城区十二届市民学习周　1160
喜羊羊之快跑美羊羊互动式表演　489
喜羊羊之神奇的摩擦力互动式表演　489
湘疆两地青少年"手拉手，心连心，民族团结一家亲"湘疆少年融情交流活动　498
湘西的贫困儿童、留守儿童、少数民族青少年学生、长沙市残疾儿童参观体验省科技馆　498
"相聚科技馆　合影爱相传"三八妇女节大型公益活动　548
"相约科技馆　警民一家亲"五四青年节公益活动　548
小刚侃熊猫　新生大熊猫线上发布会　099
小公主游蔬菜王国　505
小候鸟 7 月 11 日—8 月 13 日外来务工者子女夏令营　1189
小候鸟公益放映专场　353
小记者团"人与健康"展区科技探访活动　273
小水滴剧场　208
"小小考古家"科普亲子活动　1101
"小志愿者"低碳服装秀　350
"校讯通杯"中国梦——爱我山西"乌金"之旅系列活动　843
《新白雪公主》科普剧　590
新春英文科普汇演　542
新生大熊猫全球征名　099
新生入学教育　1031
新市民儿童志愿者　721
新温州人子女暑期科学营　368
星光关爱行动　273
《星际穿越》中的科学知识探究　297
"星星宝贝"光临海洋奇梦馆公益活动　744
熊猫频道　098
旋转之美　402
"学雷锋、争先锋、树新风"主题放映活动　1170

Y

眼见不一定为实（舞台剧）　657
"阳光行动——爱在理想家园"文化助残公益活动　885
夜莺之歌（科普剧）　093
液氮实验表演　143、283
影片《浅蓝深蓝》公益放映及捐赠活动　852
"拥抱蓝天，放飞梦想"南京科技馆首届风筝文化节　302
"游戏中的科学——2014 新年亲子运动汇"活动　452
有趣的化学实验　443
与机器人共舞——暑期机器人展演活动　166
援建"科学探究室"　260
"约会小海豚"公益活动　703
"悦读·梦想"世界读书日主题放映活动　1170

月亮的脸偷偷地在改变　201
月亮的脸偷偷地在改变（天文科普剧）　784
月满中秋　团圆市集　356

Z

张家港市第四届科普剧汇演　314
珍惜地球资源，转变发展方式——节约集约利用国土资源共同保护自然生态空间　1127
“珍惜地球资源，转变发展方式”系列科普宣传　1046
“拯救绿色地球　从我做起”主题体验活动　1016
志愿者爱心科普活动　568
智能工业机器人　208
中国（成都）熊猫嘉年华暨首届熊猫艺术节　103
中国·宁夏宝玉石观赏节　1130
中国电影博物馆之夜——“我心永恒”经典电影交响音乐会　854
中国杭州科普特种电影品鉴会　1189
中国科技馆电影展映　1155
中国科技馆特效电影展映　155、1183
中国梦，我的梦——践梦东营行　981
“中国梦——红领巾心系蓝天情”主题教育活动　881
中国社会福利基金会芒果微基金管理委员会《变形记》之“山路弯弯”活动　497
中华农业文明论坛　805
中秋，我与月亮有个约会　249、1173
中秋节主题科学表演　144
中秋赏月　探秘月球　357
“中秋——相约科技馆”系列活动　314
“追寻詹天佑足迹，传承詹天佑精神”主题社会实践活动　826
“自闭症儿童免费　游海洋世界”公益活动　708
“走进科学、走进梦想”实验表演　205
最美“红月亮”天文观测　217、242

项目名称索引

英文与数字题名

Dampa 老虎保护区马来熊种群现状、生态研究及小区宣传活动 765
FRID 技术在圈养小熊猫种群管理上的应用及其对大熊猫野化放归训练的借鉴意义 096
GIS 技术在大熊猫保护管理与科研中的运用 765
Intel 求知计划教育 633
UFO 与外星人 780
2013 年度影人研究 847
2013 年度重点影片研究 847
2014 年“科技馆活动进校园” 077
2014 年北京天文馆陨石藏品采购计划补充 774
2014 年科普大篷车Ⅳ型车车载展品项目 413
2014 年农村中学科技馆研制及相关服务 413
2014 年生物多样性“5.22 世界生物多样性日”纪念活动 086
2014 天文奥林匹克竞赛国家集训队培训 773
2014 年“河北省科普展教资源开发原创与共享”科普专项 197
2015 年“广州市十佳科普讲解员大赛”策划与实施 181
2015 年创意机器人特训营 181
2015 年度科技馆活动进校园 181
2 个圆柱缸改造成水母展示缸 755
55 种濒危药用植物的地理分布及应用 076
80、90 后观众观影行为与偏好研究 847

中文题名

A

安徽省地质遗迹信息集成与展示 1058
安徽省古生物化石保护规划 1058
安徽省古生物化石的收集与研究 1058
安徽省重点保护古生物化石登记工作 1058
安徽早三叠世巢湖鱼龙动物群化石多样性与古生态资源的调查与研究 1058

B

百度百科数字博物馆 1095
包头市黄河湿地保护与利用对策研究初探 953
包头市南海湿地遗鸥栖息地生境营造技术示范项目 953
北冰洋全新世—晚第四纪介形类动物群及古气候复原 167
北京城市生物多样性评估与保护对策研究 086
北京道路现生植物对大气颗粒物及重金属净化、指示及抗性评价研究 086
北京极端污染天气颗粒物物化表征及其对健康的影响 086
北京麋鹿生态实验中心科普设施—地球号方舟建设 092
北京市科普基地优秀活动展评 076
北京市中小学生自然科学知识竞赛 074
北京天文馆陨石藏品采购 774
冰雪总动员 274
博物馆公众服务体系研究与建设 991

不同栖息环境下麋鹿生物学特征的国际比较及关键因子评估 086

C

彩虹之美 466
餐桌上的外来种——自然博物馆教育活动策划实例 167
嫦娥三号着陆器和玉兔月球车模拟装置动态操作演示 927
长江湖北宜昌中华鲟省级自然保护区小区共建与教育 764
长江口中华鲟幼鱼时空分布及其环境因子需求调查研究 764
长期栖息地丧失对台湾西部海域中华白海豚的影响评估 764
成都市社区科普调研 1098
崇明东滩鸟类科普基地自然教室建设 958
崇明岛东滩扬子鳄野外调查及评估项目 765
重庆市科技传播与普及项目 569
筹建防震减灾馆 322
创新工程Ⅱ—3：虚拟现实技术在新媒体环境中的应用研究与实现 773

D

“大手拉小手”科普报告希望行 633
打造空军文化传承的新平台—航空博物馆发展规划构想 879
大兴安岭地区成矿作用野外指导及技术综合研究 1031
大熊猫“阿宝”放归方案完善 765
大熊猫“张想”放归后续比较研究 765
大熊猫病理研究、解剖及取样能力提升项目 764
大熊猫尿液促卵泡素检测方法的建立及应用 096
大熊猫潜在放归地孤立小种群与圈养放归奠基种群的遗传多样性与分化比较研究 096
大熊猫生境变化快速评估及其保育需求研究 764
大学生实践活动基地 971
当代科技馆发展研究 551
地学科普教育综合实践园 1016
地质调查成果大众化服务产品开发 991
地质调查成果大众化服务产品开发 1075
地质遗迹标本采集与购置 991
地质找矿展教具研制及数字化试点 1031
第二届科技场馆科学教育项目展评活动 197
第四届广东省创意机器人大赛 181
第一次全国可移动文物普查馆藏自然类藏品登录要求 076
典型地质矿产标本调查与综合研究 991
典型矿山实物地质资料采集与集成 1004
东莞科学馆生命与健康展厅规划建设项目 528
东莞市镇街科学馆体系建设规划活动 528
东滩保护区野生动物保护执法案件专题宣教活动 958
动物标本标准化整理与数字化表达 167
独山玉原料质量评价分级体系研究 1075
对新一代战斗机探索研究 879

E

鄂尔多斯盆地中三叠统纸坊组岩相古地理研究 1103
鄂托克含恐龙足迹地层研究 077

F

防御外来物种入侵 077
防灾训练营 569
放牧对大熊猫栖息地影响评估及解决方案研究 764
菲律宾塔尼翁海峡（Tañon Strait）热带海洋景观保护区的保育蓝图 765

G

甘肃大熊猫保护区标准化巡护建设项目 765
甘肃省典型矿床岩矿石标本抢救性采集项目 1113
高科技项目嵌入展教活动设计方案研究（以节能玻璃为例） 167
古生物化石保护研究 107
古生物化石风化机理及保护方法研究 128
关于我省星级科普教育基地现状分析与发展对策研究 1241
观众问卷调查报告《白日焰火》 848
观众问卷调查报告《等风来》 848
观众问卷调查报告《分手大师》 848
观众问卷调查报告《归来》 848
观众问卷调查报告《过界男女》 848
观众问卷调查报告《后会无期》 848
观众问卷调查报告《神偷奶爸2》 848
观众问卷调查报告《私人订制》 848
观众问卷调查报告《忘了去懂你》 848
观众问卷调查报告《无人区》 848
馆藏地质标本保护与修复 991
馆藏地质标本管理标准技术规范 1092

馆校结合的科学教育研究 329
广东省大学生科学影像大赛 181
广东省科普教育和推广创新平台的建设 1243
广东省自然科学基金申请政策评估及优化研究 181
广西中小学生发明创造示范单位建设项目 551
广州地区科普资源共建共享研究与实践 181
国家防震减灾科普教育基地建设 116
国家级岩心标本采集与数字化 1004
国家科技支撑计划 2015 年度项目 197
国家林业局 2015 年珍惜濒危物种野外救护和繁育 956
国家实物资料库运行费 1004
国家岩矿化石标本资源共享平台 1031、1083
国境截获标本数字平台科普教育基地系统测试化验 076
国土资源部党的文献和党史编纂 991
国土资源公众化传播关键技术研究 991
国土资源科普基地考核评估制度研究 991
国土资源科普基地通用 3D 平台科普软件 1011
国土资源科普能力建设研究 991
国土资源年鉴 991
国土资源知识公众化传播关键技术研究 1079
国土资源知识公众化传播关键技术研究 1121
“国土资源管护知识公众化传播关键技术研究项目”子课题——土壤的形成与演变机理展教系统的研发和示范基地建设 116

H

海豹表演展示馆 746
海南三亚中华白海豚种群分布和数量研究 764
寒武纪早期小壳动物定量古生物地理演化 107
杭州市及周边城市雾霾期间大气污染特征分析及应对策略研究 343
航博装备文物管理研究与探索 879
航天科技体验展 773
河北丰宁大北沟组古鸟类系统分类及羽毛早期演化 076
河南恐龙动物群地层时代及古环境研究 1075
河南省成果地质资料数据库 1075
河南省科技馆新馆功能定位与内容建设研究 459
河南省科普场馆建设现状及全省科技馆体系建设研究 459
河南省养老服务产业发展路径研究 459
河南省重要地质钻孔数据库 1075
黑龙江嘉荫地区晚白垩世—早第三纪生物群、地层划分及 K/T 界线的最终确定 1036
湖南洞庭湖地区第四纪植被与环境演变研究 076
湖南省地质博物馆馆藏矿物晶体特征研究 1095
湖南省地质博物馆数字化建设研究 1092
虎鼻气管炎的快速诊断与临床应用 1147
互动性流动科普展示策划与实施 181
华南虎性激素变化规律分析及应用研究 1147
华南虎血常规及血液生化指标分析与应用 1147
黄河湿地生态修复技术项目 956

J

基于馆教合作的科学普及及其实施策略 329
基于科技馆平台的创新方法培训研究与实践 146
“极地生存策略”系列科学教育活动研发 167
集美乐海小学海洋科学馆设计建设项目 430
济源动物群研究 1075
监控改造 755
柬埔寨暹罗鳄保育计划：开展全国性野外放归与强化保育项目 765
江苏省全国科普日科普文艺汇演 293
教育课程资源包建设 780
近现代中国自然科学类博物馆研究 116
居里夫人的科学课 466
圈养大熊猫放归后扩散模式和食物选择的研究（二） 764

K

抗日巾帼英雄专项 867
科技馆发展研究 146
科技馆高新科技成果互动展示设计方案（制动能量回收系统） 167
“科技馆活动进校园”科学探究活动 076
“科技馆活动进校园”综合性教育项目专题调研 293
科技馆建设培训大纲研究 396
科技馆进校园作用、影响及运行管理方式研究 449、1241
科技馆科普平台建设与发展研究 368
科技馆体系发展规划研究 146
科技馆展教活动创新研究 146
科技馆展品智能导览 189
科技竞赛对获奖青少年影响评价研究 167
科普大行动——诗意星空系列天文科普活动 773
科普大篷车科普效用与探讨 438

科普和科技培训项目 956
科普和科技培训专项 953
科普进校园进社区（科普大篷车） 499
科普人才跨学科培养的研究 328
科普资源调研与建设可行性方案研究 167
“科探家族玩科学”走进校园公益行活动 357
“科学+”百日谭 328
科学传播中科技馆教育创新研究 329
科学好玩大发现——广东科学中心展项科普少儿节目（实验与发现篇） 181
空中威亚设备 755
恐龙文化视角下的自然博物馆游憩景观设计研究 1098

L

老挝 Nakai-Nam Theun 国家保护区 灵长类动物监测及保育计划 765
利用环境 DNA 调查川陕哲罗鲑的种群分布现状 764
利用环境 DNA 调查秦岭中国大鲵种群出没范围 764
利用生物信息技术对胶州湾 近岸采集水母进行种类鉴定 664
连江科技馆 430
两岸场馆科学教育活动分众化之对比研究 076
辽宁本溪中三叠世林家植物群系统研究 107
辽宁古生物博物馆精品展示工程建设项目 107
辽西早白垩世神龙翼龙超科的分类演化研究 107
临河城区小学生课外活动调查研究 233
流动科技馆进龙江 075
流动科技馆巡展 499
楼燕对北京城市化及人类活动的响应机制研究 076
旅游企业标准化建设指南 901
绿化改造 755
绿色矿山典型模式与经典案例科普推广体系建设 991
栾川恐龙动物群研究 1075

M

马门溪龙类恐龙的系统分类研究 128
蚂蚁能拉多重科技实践活动报告 274
莽山烙铁头蛇繁育研究 1147
煤炭资源储量分析与研究 1018
麋鹿苑“四不像”科普活动室建设 086
麋鹿苑科普展示方式建设 086
麋鹿苑珍稀濒危野生动物圈舍环境条件改善 086

N

南京动漫体验馆 303
南京市中小学科学教师科普剧培训 293
南中国海误捕物种的保育状况及其对可持续渔业管理的启示 764
内蒙古 1/5 万区域调查（呼和吉勒图） 1004
内蒙古乌拉特中旗巴音温都尔 1575 高地金矿调查评价 1004
尼泊尔奇旺（Chitwan）国家公园缓冲区孟加拉国虎小区参与保育计划 765
尼泊尔中部中华穿山甲小区保育项目 765
宁波市水生生物资源保护宣教 699
宁夏彩石工艺性能研究 1131
宁夏古生物化石资源调查 1127
宁夏贺兰山地质演化研究 1127
农村校外青少年非正规教育 633
农村中小学课外科技活动 633
农夫山泉抚松工厂展厅内容设计与标本采集 1031
农历二十四节气申报世界非物质文化遗产研究 806
女性革命人物、女性知名人物口述史访谈专项 867

P

婆罗洲红毛猩猩福祉及保育项目：复康放归、宣教保育、替代生计及冲突缓解 765

Q

气候变化对黑脸琵鹭之威胁评估及相应的保育管理 764
秦岭细鳞鲑小区参与保育计划 764
青海省 SMART 巡护体系的培训与应用 765
青海省柴达木盆地盐湖矿产成矿规律及找矿靶区优选 1125
青海省科技馆科普资源社会共享平台基础条件建设 633
青海省科协社区科普大学 633
青海省煤炭资源勘查现状及研究程度评价 1125
青海省祁漫塔格整装勘查区实物地质资料信息采集与示范项目 1125
青海省重要地质钻孔数据库建设 1125
青年就业创业见习基地 971
青少年动漫体验项目 303
青少年动植物识别挑战赛 484
青少年高校科学营 328

青少年科学探究体验活动　076
青少年校外科普教育创新示范工程　551
青少年载人航天科普活动　633
清史・天文历法志　779
全国博物馆科普标本调查及建档　076
全国第三次可移动文物普查　931
全国立典性剖面调查　1004
全国中学生英才计划试点工作　328
全国重要古生物化石保护规划研究　991
全国重要古生物化石典型标本调查与数据库建设　991

R

人类活动对香港中华白海豚的影响研究　765
入校展览与培训　076

S

山东省县域流动科技馆项目实施效果评估　449、1241
山西省地面沉降与地裂缝调查　1018
山西省地质矿产科学技术馆成果地质资料保护性修复　1018
山西省地质资料信息集群化共享平台　1018
山西省重要地质钻孔数据库建设　1018
山西中生代脊椎动物化石及地层系统调查研究　1018
山西重点地区脊椎动物化石调（勘）查研究　1018
陕西省大熊猫保护区制度完善及标准化建设研讨会　765
上海市科技竞赛获奖青少年发展状况调查　167
上海市科技类场馆人才队伍建设　167
上海市科普资源集成与整合　167
上海自然博物馆展教联动模式设计及其研究　167
绍兴科技馆新馆运行管理研究　328
《舌尖上的健康》资源包　633
麝类等濒危动物标本的收集、保存与维护　076
深入社区、学校等单位开展科普基地科普行活动　077
神奇的微生物　645
沈阳师范大学优秀人才支持计划　107
“生命演化”系列微动画之《生命的起源》 1031
生物多样性示范观测（缙云山观测样区）116
生物小专家系列课程　076
湿地生态系统保护与修复技术试验示范　953
“十三五”科普基础设施规划专业科技博物馆研究　806
“食人鲳”科普点改造　699
实物地质资料采集管理　1004
实物地质资料服务研究　1004
实物地质资料管理政策与技术方法研究　1004
实物地质资料汇交监管与筛选示范　1004
实物地质资料集成与服务系统建设　1004
实物地质资料科普作品编研　1011
世界沼蝇科昆虫（双翅目）分类学研究　076
手绘太阳黑子的观测和研究　798
首都师范大学科技合作　946
首届科普教育基地讲解员大赛　357
数字化科普作品开发及推广　538
数字科技馆二级子站建设　197、782
水母科普馆　746
丝绸文物信息提取与设计素材再造方法研究　876
四川大熊猫自然保护区首期环境教育培训项目　765
四川资中肉食龙足迹研究项目　1098

T

台州市海洋生物养殖观赏旅游服务标准化试点　705
探索展览教育新形势，树立科技馆活动品牌　274
特种影视系统核心技术的研究与应用　1275
提升公众参与野生动物保育项目　765
天鹅洲迁地保护江豚的种群现状评估与保育策略研究　764
天文科普宣传车科普行活动　773
天文启蒙教育幼儿园课程建设　780
“天文学名词”审定　779

W

完善博物馆青少年教育功能试点　116
皖南地区恐龙化石群的调查和初步研究　1058
王者归来流动科普车科普行活动　075
魏氏梭菌与北京麋鹿苑麋鹿猝死症的病原学关系调查　086
文化部港澳大学生专项“2014 港澳大学生文化实践活动”　076
文化旅游视域下的副中心城市建设　459
我省现代青少年科技活动创新的机制与路径研究　328
无线网络全覆盖建设　773
物联网技术科普展区建设　438

X

西城区科普能力建设　773
现场科普互动设施　755

现代科技馆展厅改造升级项目　405
香港及珠江河口中华白海豚生态保育研究第二阶段：种群变化及空间行为动态调查　764
消防科普宣传活动　832
新丰镇科普馆　376
新疆帕米尔地区世居少数民族生态适应与文化关联研究　076
新科技馆建设理念、功能定位及内容策划研究　449、1241
新媒体时代科技馆展教技术创新发展研究　449、1241
新时期我国科技馆展览展品开发策略研究　146
渲染管理平台的开发与应用　774
巡游花车　755

Y

雅培家庭科教公益项目　328
岩矿测试技术在实物地质资料服务中的应用研究　1004
《岩石里的秘密》地质学科普系列丛书编写项目　1098
阳光社区科普中心　376
一叶一世界　499
依托场馆资源的生态环境教育——黑龙江科技馆“蜜蜂王国探秘”项目　274
以科研及小区活动重新连接平武县大熊猫栖息地项目　764
以永久性大型森林样地监测岷山大熊猫栖息地的植被演化及气候变化对其的影响　764
印度禁捕海马措施之成效研究　764
印度米佐拉姆邦（Mizoram）丹巴　765
印度尼西亚佛罗勒斯岛北部科莫多龙的野外监察、栖息地保护及小区宣传活动　765
印度尼西亚苏门答腊岛 Way Kambas 国家公园苏门答腊犀牛及其他大型脊椎动物保育项目　765
印缅生物多样性热点 Keibul Lamjao 国家公园坡鹿种群生态学研究　765
“迎青奥”青少年科普辅导员队伍建设　303
影响南极企鹅生理周期变化因子的研究　764
幼年大熊猫肠道菌群动态变化研究　096
宇宙畅游展览项目（一期）　774
园林建筑立体成像互动展示功能提升　885
园区内外墙装饰刷漆　755
园区造景雕塑翻新　755
越南海伦树蛙的保育研究及能力建设项目　763

Z

造浪池舞台背景改造　755
展厅互动式解说　076
浙江水利文物和水文化遗产　859
中国孢子植物志·地衣　076
中国标准地层建立——中国地层表的完善（K-Pg 界线）　107
中国传统星官的认证研究及其电子化　774
中国大鲵的保育状况及分布调查　763
中国地质博物馆事业志　991
中国地质博物馆数字化建设　999
中国电影博物馆 2014 年度观众满意度与免费开放效果观众问卷调查数据报告　847
中国近代钢轨材料技术演变及文物价值研究　820
中国煤炭博物馆煤矿安全科普教育基地　839
中国梦，科普行　538
中国农业博物馆基本陈列和专题陈列更新专项研究　806
中国农业通史　806
中国农业文明通史　806
中国特色现代科技馆体系“十三五”规划研究　146
中国园林博物馆展陈系统和相关技术的研究与应用　885
中国沼蝇科分类学研究（双翅目：沼蝇总科）　076
中国重要农业文化遗产保护扶持政策研究　806
中华大典·蚕桑分典课题研究　806
中华大典·畜牧分典课题研究　806
中华大典·农具分典课题研究　806
中华大典·渔业分典课题研究　806
中原科技文明与省科技馆新馆建设研究　459
重要地质钻孔数据库平台建设与试点应用　1004
珠江口环境变化对中华白海豚群体动态的影响　764
珠江口中华白海豚高校联盟建设与 2014 粤港澳中华白海豚保育交流会　764
“状态变变变”科学教育活动设计研究　167
自贡侏罗纪恐龙动物群子平台　128
自然保护区综合科学考察技术规范的制订　765
自然博物馆资源开发模式梳理与典型案例提炼　076
自然科学类博物馆人才队伍建设　167
自然体验营　293
组织开展科普统计　780
组织开展天文科普活动　773

研究成果名称索引

（本索引包括著作、论文、报告、手册、教材、文集、专利、影视作品、科普挂图等名称，带*号条目为期刊名称。）

英文与数字题名

A New Hadrosauroid Dinosaur from the Early Late Cretaceous of Shanxi Provice，China（中国山西晚白垩早期新发现的鸭嘴龙） 1018

A New Lizard（Lepidosauria：Squamata）from the Upper Cretaceous of Henan，China 1076

A new specimen of Manchurochelys manchoukuoensis from the Early Cretaceous Jehol Biota of Chifeng，Inner Mongolia，China and the phylogeny of Cretaceous basal eucryptodiran turtles 107

A New Specimen of Shansisuchus shansisuchus Yong，1964（Diapsida：Archosauriformes）from the Traiassic of Shanxi，China（一件来自中国山西的标本：山西鳄） 1018

A specialized new species of Ashicaulis（Osmundaceae，Filicales）3 from the Jurassic of Liaoning，NE China 107

An advanced，new long-legged bird from the Early Cretaceous of the Jehol Group（northeastern China）：insights into the temporal divergence of modern birds 077

An unusual trackway of a possibly bipedal archosaur from the Late Triassic of the Sichuan Basin，China（中国四川盆地晚三叠世的一种可能属于两足行走的初龙类的不寻常足迹） 129

Application of a multi-fractal model for identification of Cu，Au and Zn anomalies in Western Yunnan，Southwestern China 992

Asianopodus-type footprints from the Hekou Group of Honggu District，Lanzhou City，Gansu，China and the “heel” of large theropod tracks（中国甘肃省兰州市红谷区河口群的亚洲足迹型足迹及大型兽脚类足迹之脚跟） 129

Burkholderia pseudomallei in soil samples from an oceanarium in Hong Kong detected using a sensitive PCR assay 766

CH-47 背后的故事 879

Changes of serum albumin and globulin levels in healthy Père David’s deer 087

Characterization of springtime airborne particulate matterbound reactive oxygen species in Beijing 088

Chemical characteristics and source apportionment of PM_{10} during Asian dust storm and non-dust storm days in Beijing 088

Comparison and analysis two subspecies sika deer characterison Liugong Island 088

Cranial morphology of a Scaphognathus-like pterosaur，Jianchangnathus robustus，based on a new fossil from the Tiaojishan Formation of western Liaoning，China 107

Crustal Velocity Structure from the Northern Margin of the North China Craton to the Southern Margin of the Siberian Plate 1004

Determination and Analysis on feed intake of Elaphurusdavidianusin Beijing Milupark 088

Earliest records of dinosaur footprints in Xinjiang，China（新疆恐龙足迹的最早记录） 129

Fatal systemic necrotizing infections associated with a novel paramyxovirus, anaconda paramyxovirus, in green anaconda juveniles 766
First chirothere and possible grallatorid footprint assemblage from the Upper Triassic Baoding Formation of Sichuan Province, southwestern China（中国西南四川省上三叠统宝顶组首次发现的手兽足迹和可能的涉水禽类足迹组合） 129
FORCOM 框架理论在解说系统现状评估中的应用 087
Fossil evidence of a terrestrial decomposer: A Triassic basidiomycetous mycelium 108
Geology, geochemistry, and geochronology of the angjiazhuang porphyry - breccia Cu（- Mo）deposit in he Zouping volcanic basin, eastern North China Block 992
Hypoxia Adaptations in the Grey Wolf（Canis lupus chanco）from Qinghai-Tibet Plateau 096
Large theropod trackway from the Lower Jurassic Zhenzhuchong Formation of Weiyuan County, Sichuan Province, China: Review, new observations and special preservation（中国四川省威远县下侏罗统珍珠冲组的大型兽脚类足迹：回顾、新观察及特别保存） 129
Late Miocene wood flora associated with the Yuanmou hominoid fauna from Yunnan, southwestern China and its palaeoenvironmental implication 992
LD 侧面泵浦全固体激光器实验系统的研究 266
Linux 服务器安全防护部署 261
Measurement of growth hormonein healthy Père David's deer 087
Mineral species resource information preliminary investigation and its relative problems 993
Nd：YAG 双棒串接激光器的研究 266
Nd：YLF 脉冲激光器倍频的研究 266
ND4 型 15 号内燃机车 822
New information on the anatomy of the Chinese Early Cretaceous Bohaiornithidae（Aves: Enantiornithes）from a subadult specimen of Zhouornis hani 077
New species of Hybos Meigen from Northwest China（Diptera: Empidoidea, Hybotinae） 077
Oxidative potential and inflammatory impacts of source apportioned ambient air pollution in Beijing 088
Pharmacokinetics of su b cu tan e o u s ve rsu s intramuscular administration of ceftiofur crystalline? free acid in inland bearded dragons（Pogona vitticeps） 766
Prehistorical Wonders— Nanjing Yuhua Pebble 1040
Quanta200F 场发射环境扫描电镜故障排除二例 077
Sauropod and Small Theropod Tracks from the Lower Jurassic Ziliujing Formation of Zigong City, Sichuan, China, with an Overview of Triassic - Jurassic Dinosaur Fossils and Footprints of the Sichuan Basin（中国四川自贡下侏罗统自流井组的蜥脚类和小型兽脚类足迹，及四川盆地三叠纪—侏罗纪恐龙化石和足迹化石简述） 129
Seasonal Variation of Physical and Chemical Properties in TSP, PM_{10} and $PM_{2.5}$ at a roadside site in Beijing and Their Influence on Atmospheric Visibility 087
Source apportionment of Personal Exposure to CarbonyI Compounds and BTEX at home in Beijing, China 088
Sympatric Asian felid phylogeography reveals a major Indochinese? Sundaic divergence 766
The Jiyuan tetrapod fauna of the Upper Permian of China-2.stratigraphy, taxonomical review, and correlation 1076
The non-avian theropod track Jialingpus from the Cretaceous of the Ordos Basin, China, with a revision of the type material: Implications for ichnotaxonomy and trackmaker morphology（中国鄂尔多斯盆地白垩纪的非鸟兽脚类足迹——嘉陵足迹及这类足迹化石的修订：对足迹分类学和造迹者形态学上的意义） 129
The Processing and Classification for the Spectra of Six Comets 774
UFO 与外星人（影视作品） 778、1157
Zhangjiajie A Dreamland on Earth 1092
1887 年美国制造的钢轨 820
1899 年汉阳铁厂造钢轨 822
1942 年河南大灾荒再认识 807
2 例孔雀球虫病的诊断 086
2011 重点影片研究 856
2012 年春季京津冀地区一次沙尘暴天气过程中颗粒物的污染特征分析 087
2013 年青海省矿产资源年报* 1122
2014 年春节烟花燃放对北京市降尘重金属含量的影响 087
2014 年科学探究教案初稿 299
2014 年云南省暨昆明市“全国科普日”活动指南 615

2014 山东省科技馆年刊* 450
2014 中秋节微贺卡（影视作品） 545
355nm 激光泵浦 BN 晶体受激拉曼散射实验的研究 265
360 度台风体验装置（专利） 1284
3G 时代博物馆手机 APP 现状分析与建议 821

中文题名

A

爱丽丝漫游色彩王国 405
安徽黄山中侏罗世蜥脚类恐龙一新属 1058
安徽省地质博物馆* 1058
安徽省地质博物馆宣传折页 1058

B

八思巴文及其文物文化价值 807
巴斯夫小小化学家活动带来的启示——浅谈科技馆教育活动的改进 149
灞河流域非点源污染最佳管理措施模拟研究 077
白膜沙盘数字投影系统（专利） 1272
白鳍鲨外伤治疗实例 721
百年铁路见证：中华工程师学会会员证书 822
百色盆地高岭坡遗址的石制品 077
斑头雁的故事 1144
半导体制冷演示器（专利） 413
半野化状态下华南虎的繁育技术研究 1147
包头南海湿地遗鸥保护与研究 953
包头市南海湿地管理处 2013 年论文集 956
“暴风骤雨话安全”防灾动画片（影视作品） 545
北极狐膀胱结石的治疗与分析 739
北极狼细小病毒感染的治疗 705
北京城郊冬季一次大气重污染过程颗粒物的污染特征 088
北京南海子麋鹿苑动物粪便资源化利用初探 088
北京汽车博物馆* 902
北京市三环沿线油松叶片重金属的累积特征、季节变化和来源分析 088
北京野鸭湖国家湿地公园科普宣教建设情况 946
北京自然博物馆研究报告 079
北羌塘无人区考察记——访郑度先生 078
《贝贝传奇》科教专题片（影视作品） 1081
本溪洞天报* 1025
毕节科技馆——我们的科学家园（影视作品） 610
变革与发展——中国电影产业新世纪十年 856
标本产品与科普教育的联系 971
标准模型能够描述现实吗 147
伯努利原理之听话的小球（影视作品） 402
博物馆成为城市视觉符号的现实意义 839
博物馆的个性化与唯个性化 939
博物馆教育功能实现 168
博物馆开展青少年科普教育活动的开发与运用——以中国铁道博物馆为例 822
博物馆开展系列亲子科普教学活动的设计 1098
博物馆里的探究 829
博物馆数字化研究——以湿地博物馆为例 1271
博物之旅——探秘东方侏罗纪 130

C

彩色珍珠致色成分的拉曼光谱研究 1083
蔡元培妻族周氏家谱及族脉递传考略 860
藏品车修复项目可行性研究报告 909
藏品管理与发挥社会效益的关系 130
“察沃石”的正确命名 993
嫦娥驻月　千年梦圆（科普挂图） 425
重庆金佛山蜻蜓目昆虫区系调查 117
臭氧处理对圈养大熊猫食用竹笋的保鲜 097
初探科学传播中科技馆事业的理论与实践 329
处州孔庙碑刻考 860
川金丝猴（影视作品） 178
穿越中生代——河南省地质博物馆古生物研究论文集 1081
创 E 机器人（一级）（教材） 430
创客马拉松：科学中心展项创新的可能模式 182
创新管理工作方式 190
创新管理模式　提高科学中心可持续发展 182
从场馆实际出发谈科技馆特色建设 322
从干群、党群、公民关系认识党的群众路线 1098
从广西科技馆科普志愿者团队建设浅谈社会志愿行为与青少年科技教育的辩证关系 552
从广西科技馆与合肥科技馆展区展品改造更新工作探究科普教育基地可持续发展建设 551
从科技馆展区展品改造更新工作探究科普教育基地可持续发展建设 552
从科技教育视角深化地质博物馆青少年社会教育——以中国地质博物馆为例 993
从客流量看科技馆发挥社会效益的有力举措 189
从皿方罍回归谈青铜器鉴藏 807

D

打造野生动物保护科普教育品牌之探索：以重庆自然博物馆为例 117
大肚海马人工繁养殖技术初探 694
大金山岛科学考察报告 169
大连圣亚对科普教育活动的探索与感受 684
大脑，你别上当了 183
大脑银行智慧卡系列丛书 7 本 330
大鸟历险记（影视作品） 1186
大兴安岭造山带及两侧盆地的地壳速度结构 1005
大熊猫保育实用手册 097
大熊猫冷冻精液制备方法 097
大熊猫食用竹笋的保鲜方法 097
大熊猫适时放对自然交配方法 097
大熊猫适时人工授精时机的判断方法 097
大熊猫预产期的预测方法 097
大熊猫杂志* 097
大熊猫正常或延迟排卵的确定方法 097
"大跃进"浪潮中的奶业发展（上） 807
"大跃进"浪潮中的奶业发展（下） 807
大众媒体在科学传播活动中的定位与基本素养 078
大众农学史 809
大自然* 079
大自然的"礼花"——小叶冷水花 078
带魔力的球球飞行器 148
当心坠冰（影视作品） 150
《当心火患》消防安全专题片（影视作品） 837
德国科技博物馆教育（上） 147
德国科技博物馆教育（下） 147
低碳城市与能源科普新范式 169
低碳信息快报* 343
《地层里的生物化石》系列讲座 1107
地球* 993
地球梦境——张家界 1095
地震来了（影视作品） 150
地震应急避险常识 837
地质矿产信息* 1064
地质遗迹景观资源 1095
地质资料信息化管理策略探讨 1005
第 45 个"世界地球日"北京紫竹院公园科普宣传活动总结 992
第二届华北地区科技馆发展论坛论文集 210
第三届东亚气候论坛文集 343
滇西保山地块中—新生代岩浆作用及其构造意义 1004
电动机演示模型（专利） 413
电子游戏在科普教育中的应用探讨 500
东方龙宫* 130
东非铬钒钙铝榴石（"察沃石"）宝石的矿物学和地球化学研究现状 992
东莞科技馆馆报第 100—111 期* 538
东莞科技馆在科学教育中的角色定位 539
东莞科学馆工作简报* 528
东莞科学馆科普教育的开发与实践 528
东莞市镇街科学馆体系建设规划报告 534
动感座椅（白色一拖二）（专利） 1261
动感座椅（黄色一拖二）（专利） 1261
动量守恒（影视作品） 402
动物多功能通道装置（专利） 1147
动物多功能通道装置设计制作与应用 1147
独闯魔鬼城，遭遇鼠、鸟、蜥 088
对 313 号小行星掩 HIP47310 的观测和研究 774
对 3D 打印技术的思考 329
对打造科技馆展览特色的探讨——以盐城科技馆为例 322
对大同云冈龙沉积环境的分析 1018
对典型科学教育项目的剖析与思考 479
对发达国家博物馆未成年人教育实践的研究 1099
对科技场馆"展品答疑台"设想及思考 275
对科技馆工作创新的一点思考 303
对科技馆科普展品建设的思考 249
对科技馆未来特点和发展趋势展望 329
对流中水的循环利用装置 261
对数字科技馆建设的思考 249
对我国实物地质资料管理工作的思考与建议 1005
对西方博物馆学者教育观点在未成年人教育领域的研究与借鉴 1099
对制定中铁博文物定级标准及馆藏文物等级鉴定的回顾与思考 822
多功能地球仪模型（专利） 397
多媒体互动展示技术在现代博物馆中的创新及应用 902
多媒体展示茶几（专利） 1260
多媒体展示柜（立式结构）（专利） 1260
多媒体展示台（专利） 1260
多幕拼接投影系统（专利） 1272
多元智能理论对科技馆科普培训活动的启示 149

E

俄罗斯民族传统服饰对中国北方地区的影响 867
儿童科普益智节目“好奇魔学堂”（影视作品） 545
二十四节气 815
二维码系统推进科技馆科普方式变革 198
二轴平台地震体验装置（专利） 1284

F

发电机演示模型（专利） 413
发挥海洋科普场馆优势 促进中国海洋科普教育发展 664
发挥海洋科普场馆优势 着力打造蓝色科普旅游品牌 689
发挥科学史在科技馆科普展教中的作用 168
发挥中国湿地博物馆作用 积极开展湿地科普宣教活动 939
发挥自然博物馆在动物学教学中的积极作用 078
发明天才——他们这样改变世界（译著） 150
飞翔的文明——浅谈航空博物馆雕塑景观 879
飞向未来（影视作品） 1195
非机械式硬盘在科技馆展品中的应用 438
风力发电（影视作品） 477
疯狂的石头：冒充翡翠的“翠玉” 078
佛罗里达鳖 078
抚仙湖冬季观鸟之为旅 078
富国海底世界教育手册 670

G

改造报废展品 焕发勃勃生机 528
高功率掺铥光纤激光器及其在共振泵浦激光技术中的应用 266
高灵敏度触摸电路（专利） 1295
高强经编聚酯纤维筋—钢筋混合配筋混凝土梁抗弯性能试验研究 182
高校博物馆展览的社会性和时效性 1032
高原迷踪（影视作品） 1225
高原舞者——黑颈鹤 1144
个碧石寸轨铁路使用的轨排 820
各类中心食的发生比例——基于概率论的估算 774
跟我一起去追星：星空摄影指南 774
公共场所火场逃生方法 837
公益科普讲堂品牌创建的再思考 182
公众参与和全球气候问题 343
公众对高校科普场馆的要求 1032
构建基于建构主义理论指导的科技馆教育活动 275
构筑科学与艺术的共同体——当下科学秀表演之本体研究 149
古蝉科昆虫化石研究进展 077
古代谷物加工器具之传承 808
古代品种选育和种子处理 808
古今农业* 809
古植物学创新型实验教学途径的探索 108
关于“聪明的植物”展览的再思考 077
关于“珠江大讲堂”的若干思考 182
关于博物馆社会教育功能理念的新探索 992
关于构建网络科普的思考 617
关于光纤激光器的原理研究 266
关于贵州科技馆科普教育转变的思考 600
关于湖北省科技馆新体系建设的几点思考 479
关于加强科协系统科技档案工作的思考——以浙江省科协档案管理工作为例 329
关于结合科技馆资源扩展科普讲座教育功能的探讨 149
关于科技馆常设展览教育活动的几点思考 249
关于科技馆管理与运营的几点思考 397
关于科技馆科普专业人才培养的几点思考 210
关于科学中心网站发展的探讨 148
关于如何创新科技馆实验教育活动的几点思考 500
关于市场信息系统业务培训提升能力的报告研究 808
关于特色科技馆体系建设的几点思考 293
关于我国中小企业实施会计电算化制度的探讨 438
关于中西部及少数民族地区科技辅导员人才培养的思考 438
观察海滨的潜伏者 078
观点、要点与卖点：以山西省科学技术馆常设展览展示规划为例 210
观鸟的历史观与美学观 087
观鸟简史 087
观鸟情趣 087
观影用球幕（专利） 1261
“馆校合作”，浅析高中生科普志愿服务活动模式 552
馆校结合科学教育的新桥梁——新媒体 569
馆校结合在非正规教育与正规教育一体中的作用 430
馆校结合中科普主题活动的开发与传播 569
馆政协作 馆校互动 馆社联合 329

管理创新“5S”理论在科技馆应用上的几点思考 198
管理创新在展品维护工作中的应用初探 198
光的传播之光纤传输（影视作品） 402
光电轴角编码器转角精度检测装置研究 266
广播电台直播科普问答 1036
广东科学馆工作简报 * 508
广西科技馆科普教育与能力建设工作论文集 565
广西科技馆通讯 * 551
贵州赤水桫椤自然保护区天蛾科昆虫区系的初步研究 117
贵州科技馆的发展现状与社会经济发展中的作用研究 600
贵州科技馆简讯 * 600
国际及港澳台地区科技馆建设概览 462
国家湿地 * 939
国家实物地质资料馆服务研究 1005
国家自然科学基金委员会—广东省人民政府自然科学联合基金资助成效及创新模式分析 182
“国庆号”蒸汽机车 822
国土资源科普基地工作动态 * 998
国土资源科普基地通讯 * 998
国土资源科普在两型社会建设中的作用 1092

H

海昌科技内刊 * 675
海底世界（影视作品） 1175
海龟之旅（影视作品） 1186
海外民办博物馆管理经验及启求 992
海洋馆里的动物食谱 758
海洋期刊 * 705
海洋探秘丛书 664
海洋童话故事丛书 664
海月水母对海蜇的捕食功能研究 664
杭州地区太阳能光伏建筑一体化应用分析 343
杭州西溪湿地申报世界文化遗产程序及技术要点研究报告 944
航空档案 * 879
航空科普场馆泛在环境下开展航空科普教育初探 879
航空相机电源板故障诊断 265
合肥市科技馆通讯 * 397
河南国土资源年鉴（2013） 1080
河南年鉴（2014） 1080
河南汝阳盆地早白垩世腹足类及古环境意义类及古环境意义 1076
黑海刺水母人工养殖及繁育技术创新成果 681
黑龙江嘉荫晚白垩世—古新世生物群、K–Pg 界线及恐龙灭绝 108
黑龙江省科技 类博物馆服务体系发展研究现状 275
弘扬湿地生态文化 加强湿地资源保护 946
弘扬湿地生态文化 开展特色科普活动 946
湖南省科学技术馆 * 500
虎滩工人 * 681
华北国土资源 * 1019
华北克拉通北缘—西伯利亚板块南缘的地壳速度结构特征 1004
华南虎繁育技术 1147
华南虎皮肤感染的诊治 1147
华南虎人工驯养技术及发情交配行为观察 1147
华南虎幼虎肺部感染的诊断和治疗 1147
华南虎源大肠杆菌病的快速诊断及致病特性的初步研究 1147
化石保护与研究通讯 * 998
画说恐龙——凌曼、余勇恐龙绘画作品选 130
环境演变背景下的早期人类起源与演化 077
环太平洋地区星空传说——中国壮乡星空 552
幻影剧场演示系统（专利） 1272
荒漠科学——探寻嘉峪关外的恐龙足迹 079
黄果树奇石 1089
黄海江豚搁浅救助病例报告 675
火场逃生要点 837
火车上的民国 823
火星探秘（影视作品） 1175
火灾发生时我们怎么办（影视作品） 620

J

机械传动演示装置（专利） 528
基层科技馆科普剧现状及改进措施 198
基层文物保护管理工作现状及对策探讨 117
基于 CC2530 的场馆人员无线定位系统研究与实现 528
基于“5E 学习环”探究模式的展品说明牌内容设计 148
基于“科学 +”品牌的科普模式创新初探 330
基于 5W 模式下，探讨科技类博物馆传播要素的演变与创新发展——以上海科技馆为例 168
基于参观者体验的生态导视系统设计与应用 086

基于科技馆的泛在学习研究——中国数字科技馆的实践与思考　147
基于青少年创新能力培养的编程学习系统的设计与实现——以广东机器人科普活动为例　181
基于生态承载视角的城市生态用地研究——以北京市生态利用为例　087
基于数据输出控制卡的 4D 特效控制系统设计　774
基于数字化时代的科技馆创新策略探究　182
基于双目立体视觉的孔洞填充方案研究　182
基于微博平台的展览推广个性化探索实践——以“京铁粉丝寻梦铁博行”活动为例　821
基于微光与红外夜视技术的理论研究　266
基于云计算技术的科技馆质量管理模式研究　169
基于增强现实的造园　交互系统（专利）　886
激发兴趣，寓教于乐——论馆校结合教育开展思路　569
吉海铁路鸡冠岭山洞土石质标本纪念品　822
吉林省科技馆展品突出地方特色的做法与创新　261
计算机网络安全的现状与应对措施　992
记云南禄丰侏罗纪硬鳞鱼类鳞片标本　992
加强国企党员队伍建设推动企业经营发展　430
加强科技馆教育　培养青少年创新素质　198
加强科学规划　切实推动地方科技馆良性发展　551
加压式调 Q 固体脉冲激光器的研究　265
家庭火灾逃生路线图　837
家庭火灾隐患须知　837
贾氏珍藏青铜器老照片二三事　807
坚持以科学与艺术结合的形式　开创博物馆陈列展览的新局面——以北京自然博物馆为例　077
坚持以科学与艺术结合的形式　开创博物馆陈列展览的新局面——以北京自然博物馆为例　078
坚强的鸡蛋（影视作品）　150
建立健全事业单位会计监督制度的若干建议　992
剑齿王朝（影视作品）　454、1217、1239
江苏省科普剧汇演优秀剧目选　298
江苏省首届科普场馆论坛论文集　1235
将人文理念融入新时期科技馆的重要性　274
讲座深入社区　科技融进生活　343
焦作市科技馆展品汇编　475
焦作市科技馆展品维护手册　475
教学实习简明图册　1011
解读埃博拉病毒（影视作品）　150
解放初期奶业发展的政策措施概述　807
金佛山地质旅游考察记　117
金毛大圣——川金丝猴（影视作品）　175
近代三晋植毒与灾荒　807
近代中国早期博物馆——中国西部科学院附设公共博物馆与民众教育　116
近代中国植物园（上）　116
近代中国植物园（下）　117
京奉铁路注定建造铁路车辆及机车各章程图式目录表册　822
京奉铁路注定建造铁路车辆及机车各章程图式目录表册　917
京郊盛景野鸭湖　946
荆楚文化与湖北省科技馆体系建设　493
景区商业服务配套设施规划管理分析　182
景深感知技术在立体影片制作中的应用　774
径向重子声学振荡测量和观测哈勃参量数据的宇宙学限制　774
镜像组合灯光通道（专利）　528
举办主题展览　彰显地域特色　493
巨龙惊现——“巨型汝阳龙”纪实　1076
具有抓取魔方功能的智能解魔方机器人及人机互动系统（专利）　1292
圈养黇鹿对北方 4 种常见苗木叶片适口性浅析　088
决战中生代——霸王龙之搏杀　1052
决战中生代——恐爪龙之追击　1052
蕨类植物调查　168

K

开发体现地域特色的品牌科学教育项目　274
开放型社区实验室初探——以 GENSPACE 为例　330
开展流动科普宣传服务的实践与思考　322
看点科学*　420
看科技*　256
看台承重结构（专利）　1261
科技博物馆教育功能“进化论”　148
科技创新与科普协同发展机制的探究　167
科技馆*　150
科技馆常设展览教育模式探析　149
科技馆常设展项的定位、创新及效果评估　645
科技馆的时代性特征与发展方向　1234
科技馆辅导员讲解的技巧解析　198
科技馆辅导员讲解服务浅析　198
科技馆观众类型识别与展项辅导策略开发　147
科技馆活动的结与解　293
科技馆简报*　275

科技馆教育的基本属性与特征 147
科技馆教育对培养青少年创新能力的补充作用 209
科技馆教育活动研究——基于黑龙江省科技场馆教育活动开展情况的调研与实践 274
科技馆教育活动与学校教育零距离对接的实践和思考 304
科技馆开展工程教育活动的实践与探索 275
科技馆开展活动组织法与三种关系 493
科技馆开展学龄前少儿科普教育浅议 198
科技馆科普场馆展览的创新与美的结合 210
科技馆科普电影院线制运营浅析 249
科技馆科普能力建设与可出续发展 190
科技馆科学实验演示活动特性及设计原则分析 149
科技馆理论研究 190
科技馆免费开放，你准备好了吗? 198
科技馆涉外研讨培训后的思考与探索 330
科技馆实验类教育活动体系研究 147
科技馆特点的新媒体渠道推广及内容运营 430
科技馆体系下大中小城市科技馆能力建设—关于科技馆管理创新的认识与思考 322
科技馆研究* 183
科技馆与创新人才培养浅议 182
科技馆在青少年科学教育中的作用及具体运用策略 330
科技馆展教工作的管理与创新 190
科技馆展教人员现状和人才培养模式的探索——以南京科技馆展览教育部为例 303
科技馆展教人员专业化发展的探索 329
科技馆展教形式创新初探 198
科技馆展厅教育的创新与发展 493
《科技馆》2014年3期（总第119期）（注：湖北省科技馆学习考察专刊）* 480
《科技馆说》系列片——从地震预警看防震减灾（影视作品） 150
《科技馆说》系列片——看科幻品科学（影视作品） 150
《科技馆说》系列片——星际穿越里的时空科学（影视作品） 150
科技教育方式与青少年创新能力培养 198、209
科技影视厅在科技馆可持续发展中的创新应用 1275
科技展馆智能交互控制器（专利） 1284
科技展馆智能交互一体化控制系统（专利） 1284
科技展区更新改造的创新与思考 329
科普场馆建设刍议 1099
科普场馆科普人才引进浅析 210
科普场馆市场化意识建设 1234
科普教育基地志愿者队伍动员机制建设初探 551
科普教育如何适应社会发展 190
科普轮船模型（专利） 397
科普人才培养问题的理论与实践创新 329
科普系列读物* 1013
科普小推车的开发与妙用 149
科普宣传专题片 1028
科普学习单 699
科普展项在科学传播中的理念探索——以上海科技馆“魔方机器人”展项为例 168
科普专门人才队伍建设研究 303
科学传播活动何以创新——以浙江省科技馆“科学+”活动为例 329
科学传播蓝皮书/中国科学传播报告（2013—2014）：科普期刊高影响力微博的因素分析及运营策略 169
科学传播与戏剧艺术的结合——北京自然博物馆&台中科博馆戏剧式教育活动之比较研究 077
科学酷职业——与恐龙打交道的人 130
科学乐园里的儿童科学教育 148
科学洗手·健康生活科普宣传小册子 512
科学有趣、科学好玩 584
科学中心主题化设计中的“故事线” 182
《科学的历程——湖北省科技馆内容建设》展示片（影视作品） 482
《科学教师拓展营》教师培训系列视频（影视作品） 553
可操作式动态展示装置（专利） 1281
克拉玛依，真的“鸟儿也不飞?” 088
空军106架老飞机被鉴定为国家一级文物 879
空军航空博物馆馆藏首批文物飞机鉴定会在京召开 879
空中安全（影视作品） 150
空中指挥官 879
恐龙宝宝传奇——“路易贝贝”恐龙化石回家记 1076
恐龙宝贝（影视作品） 1052
恐龙宝贝之龙神勇士第四季　失落的文明（影视作品） 1053
恐龙雕塑与展陈艺术——让昔日巨兽“复活” 992
恐龙化石保护新材料研制的探索与实践 129
恐龙化石的人工加速腐蚀研究 129
恐龙是何种颜色 078
苦难的行走——当年在沦陷区坐火车 821

跨平台移动流媒体点播直播方案　261
快乐家园*　745
快乐体验——广西科技馆展品趣味故事集　551、565
快速提取指纹　147
宽吻海豚感染皮肤疹块型猪红斑丹毒丝菌诊治一例　721
矿物晶体标本收藏　1114
昆虫小百科　078

L

垃圾分类处理（科普挂图）　425
来之不易的《京奉铁路》相册　820
蓝腹鹇在老虎滩海洋公园鸟语林繁殖　681
蓝鲸的“大嗓门”是怎样炼成的　087
蓝鲸灵科普手册　732
朗霁月刊*　266
乐I科学（教材）　435
立足馆藏资源，大力弘扬铁路文化——中国铁道博物馆展陈工作实践与探索》　822
利用XRD、XRF、FT-IR和RS分析浙江缙云恐龙化石及围岩　129
利用促黄体生成激素（LH）结果优化大熊猫适时人工授精时机的判断方法　097
利用虚拟陈列提升博物馆教育功能　808
连接件（1）（专利）　1261
连接件（金属1）（专利）　1261
连接件（金属2）（专利）　1261
两例小熊猫疑似布鲁菌感染的鉴别诊断　097
两种科学纲领的对撞——从《利维坦号战记》说开去　147
辽宁本溪地区野外实习的地质条件分析　107
临时展览对科技馆的重要性　330
灵丘支家地铅锌银矿成矿规律及深部成矿预测　1019
六西格玛方法在科技馆教育活动中的应用　147
六自由度平台地震体验装置（专利）　1284
吕正操题写詹天佑纪念馆馆名　822
绿色生活*　261
略论科技馆的展项工程档案管理　182
《路易贝贝》科学电影（影视作品）　1081
论1917年京畿直隶大水灾　808
论“菠萝科学奖”对科技馆科普功能的启示　330
论“三心二力”——关于科普场馆公共教育岗位的职业素养　077
论“中国肯氏兽动物群”的多样性及生存年代　1019
论当代书法展览的形式、特性及展厅效应　939
论恒山—五台山区五台岩群构造岩石地层划分　1018
论华北北缘区域多金属矿的成矿特征及深部找矿　1019
论江苏东海早白垩世地层　992
论科技场馆生命的延续　322
论天文奥林匹克竞赛对我国青少年天文教育的推动　774
论新媒体技术对科技馆科学教育的转变及对策　168
论益智教育产品的教育功能　182
论自然博物馆展陈设计的形式与空间布局　1069

M

马的演化与马文化的发展　078
马年话马　087
马上有一切　087
幔源辉石巨晶晶体化学特征及结构水的红外光谱反映的各向异性特征　1040
漫步中国星空　774
盲人的眼睛　078
“毛泽东号”机车车徽　820
媒体融合促进科普创新发展　1244
媒体眼中的广西科技馆　565
煤的形成——煤炭科普专题片（影视作品）　843
煤炭博览*　839
煤炭的开采——煤炭科普专题片（影视作品）　843
煤炭与人类——煤炭科普专题片（影视作品）　843
煤中硫酸盐硫定测方法中氯化钡加入量探讨　1005
每月认星指南（影视作品）　778、1158
美国红鱼的养殖与危害　078
美丽而恼人的大藻　078
《美石》节目（影视作品）　1111
蒙难的河马　087
梦幻河姆渡（影视作品）　1275
迷人的宝石　992
麋鹿健康监测体系初探　086
麋鹿生物学研究　088
米多龙（影视作品）　1052
蜜蜂的世界（影视作品）　1216
面对挑战的行动与合作　343
民国火车记忆之八：携带钞票限重量　821
民国火车记忆之九：民国火车不退票　821
民国火车记忆之六：民国火车买票难　821
民国火车记忆之七：不准时的民国火车　821
民国火车记忆之三：民国火车不对号入座　820

民国火车记忆之十：火车站里的脚夫　821
民国火车记忆之四：民国时期的铁路“春运”　820
民国火车记忆之五：民国火车不报站　821
民国时期的地质矿产类博物馆　117
民国时期我国铁路人才的培养　821
明制简仪上地平日晷　789
明制简仪上地平日晷时间刻线的偏差与地理经度差修正问题的考证　789
魔法的汽水（影视作品）1216
末次冰消期后大西洋水进入美亚北冰洋：来自楚科奇海台介形虫化石群的证据　168

N

南海湿地保护行政执法手册　954
南海野鸟救护手册　956
南极企鹅外周血细胞初步研究　675
南京长江大桥栏杆铸雕　820
南瓶鼻海豚的生产和护理　711
内陆新生代断陷盆地区地面沉降机理及模拟——以山西省大同市为例　1019
内蒙古朝不楞铁铜锌铋矿床的地质特征及矿床成因　1005
内蒙古林西地区晚二叠世—早三叠世孢粉组合及三叠系的发现　1004
内蒙古南海子湿地鸟类　955
内蒙古南海子湿地植物　953
内蒙古三叠纪担子菌化石新发现　108
泥河湾盆地东谷坨遗址底层粒度、磁化率特征及其环境意义　077
泥河湾盆地许家窑遗址古人类生存环境　077
年鉴编纂规范　999
鸟岛上的鸟事　1144
宁波海洋世界科普活动实例　699
宁波市水生野生动物救护中心救护水生野生动物事例　699
宁夏地质遗迹与古生物化石概况　1130
宁夏古生物化石资源特征及其意义　1127
宁夏贺兰山地质演化研究　1127
宁夏灵武市宁东工业园区保护方案　1131
凝固的历史　永恒的遗存——解读全国重点文物保护单位中的铁路文化遗产　823
凝胶标本制作方法(专利)　667
纽扣的循环应用　343
农耕文化常识读本——农技篇　807
农耕文化常识读本——农史篇　808
农耕文化常识读本——土壤篇　807
农耕文化常识读本——习俗篇　807
农耕文明之精髓——精耕细作　808
农民专业合作社发展过程中的困境与出路　808
农业博物馆虚拟展示：服务社会的时空拓展　808
农业观光园产业的发展　808
农业统一累进税——抗日根据地财政工作的伟大创举　808
农业文化遗产保护及利用实践初探　808

P

排队，曾经怎样改变国人的生活　821
瓶鼻海豚难产助产一例诊治　721
普氏原羚——南卡的故事　1144

Q

企业员工心理幸福感的影响因素的实证研究　774
气候暖干化背景下松花江流域的种植结构调整　807
气球飞行器　149
汽车类藏品档案的管理及利用探讨——以上海SH760A型轿车为例　902
《汽车新材料》科普图册　909
迁入都江堰野放中心的大熊猫野化放归个体皮质醇水平变化初步研究　096
钱塘江古海塘文化与展示价值初探　860
黔西地区煤储层物性差异及其成因机制分析　1004
浅层孔隙地下水系统环境演化及污染敏感性研究　1019
浅论电子工程自动化技术　569
浅论科普人才的跨学科培养　329
浅论生物多样性保护与生态文明教育的协同发展　086
浅论我国科普产业的现状与发展　329
浅述立体成像技术及其在科普场馆中的应用　182
浅谈C2H2气体光声光谱应用可调谐光纤激光器的检测分析　266
浅谈博物馆藏品的保护与管理　822
浅谈博物馆的数字化建设　992
浅谈大山铺恐龙化石群遗址的解说系统建设　130
浅谈档案在当代科技馆创新途径的作用　198
浅谈广东科学中心与高校联合培养高层次科普专门人才工作的创新　181
浅谈江苏特色现代科技馆体系建设中的问题与思考　293

浅谈讲解员在科技馆展厅的作用　198
浅谈开展社区流动科普服务的路径和方法　304
浅谈科技馆儿童科学乐园的意外伤害　148
浅谈科技馆教育与学校教育的有机结合　466
浅谈科技馆可持续发展之路　329
浅谈科技馆人才培训的有效措施　569
浅谈科技馆展教队伍建设　303
浅谈科技馆展教工作的重要性　198
浅谈科技馆展览的讲解词编写——以科技史题材展览《岭南科技纵横》为例　182
浅谈科技馆志愿者资源的开发与管理——以浙江省科技馆为例　330
浅谈科技新媒体技术在科技展品中的应用　209
浅谈科普场馆如何利用“微平台”推广科普工作——以东莞市科学技术博物馆为例　538
浅谈科普教育活动对科技馆发展的重要性——以东莞科技馆为例　538
浅谈科普剧在公众科学文化素质提升中的作用　293
浅谈科普形势的多样化　304
浅谈科普专门人才队伍的建设　303
浅谈鹿科动物进行麻醉时的有效措施　087
浅谈青少年科普教育的重要性　198
浅谈日本科普　198
浅谈如何打造有生命力、有价值的中小型科普展览　430
浅谈如何发挥地质博物馆科普教育功能的几点看法　1092
浅谈如何解决基层科普教育资源匮乏问题　500
浅谈如何实现博物馆社会教育与学校教育的融合　808
浅谈如何以叶子为主题开展探究式科普教育项目　500
浅谈如何有效开展辐射基层的流动科普服务　322
浅谈山西的“中国青氏兽动物群”——山西古生物化石调查纪实　1019
浅谈生态农庄的规划建设　808
浅谈特色化专题展览的策划　600
浅谈完形理论在科技馆翻译中的运用　182
浅谈温湿度对实物岩心、标本风化的影响　1005
浅谈我国煤炭地质勘探技术发展的趋势　1018
浅谈新时期展馆中央空调的管理　569
浅谈新形势下博物馆的服务理念和服务手段　130
浅谈新形势下科技馆如何高效运行和合理经营　209
浅谈展品维修技术能力建设　149
浅谈展项工程档案质量控制　182
浅谈中小城市科技馆发展建设的思考　322
浅谈重庆科技馆在馆校结合科学教育中的实践　569
浅谈自然博物馆在科普活动中的定位　1058
浅探国内科普场馆3D打印技术的展示现状及应用前景　168
浅析“微”媒体在科普传播领域的应用和影响　330
浅析当今科技馆的教育理念——以郑州科技馆与教育行政部门合作开展活动为例　466
浅析电子信息技术的发展与展望　209
浅析服务品质在科技馆运营实际中的重要性　569
浅析国家科学教育标准在馆校合作中的作用　168
浅析行业博物馆的科技教育功能　807
浅析科技馆辅导员的队伍建设　343
浅析科技馆科普辅导员队伍素质再造的途径和方法——以浙江省科技馆科普辅导员队伍素质建设为例　329
浅析科技馆临时展览　198
浅析科技馆内部服务与管理　569
浅析科普场馆科教产品的发展策略　182
浅析科普场馆里的特效影视——球幕电影　198
浅析科普期刊未来发展对策　343
浅析科学传播中的“受众”角色在新媒体中的变化　500
浅析如何结合本土特色资源开展科学教育活动　551
浅析温稳定多波长光纤激光器技术进展　266
浅析我国机械制造加工技术的现状与未来　569
浅析我国自然科学基金青年人才培养制度　181
浅议博物馆观众群的培育及观众行为的引导　839
浅议地球环境的变迁及环保措施　329
浅议行业博物馆在企业品牌塑造和文化建设中的作用　822
浅议科技馆人才的培养　198
浅议科技馆实验活动的开发与实施　466
浅议科普场馆专业人才培养的理念创新　210
浅议麋鹿苑博物馆建设的美学探索　088
浅议青少年天文科普活动的现状及开展　198、782
浅议如何有效发展科技馆的实验教育　500
浅议浙江省科技馆的涉外研讨培训　329
浅议中外童声合唱表演特点　293
枪吻海龙繁殖及幼体养殖　694
强国梦孕育大学梦——评《印度理工学院的精英们》　147
强悍有毒的外来入侵植物　078

青藏高原东北六盘山—鄂尔多斯盆地的地壳速度结构特征　1005
青海湖水鸟　1144
青海湖野花　1144
青海纳日贡玛斑岩型 Cu-Mo 矿床遥感蚀变异常提取与找矿预测　1004
青少年科技创新大赛与青少年创新意识培养的关系　330
青少年科技教育的现状及对策　209
清代末年我国铁路人才的培养　820
清代庄田再认识　807
犰狳——巴西世界杯的吉祥物　078
球幕飞行影院（可移动式）(专利）　1261
球幕影院（360 度）(专利）　1261
“趣味小实验　奇妙大科学”专题节目（影视作品）　453
圈梁结构（专利）　1261
全国部分市级科技馆建设概览　462
全国省级以上科技馆建设概览　462
全国水利遗产研究文集　862
全国水文化遗产专项调查数据处理及系统建设工作方案　862
全国自然科学类博物馆人才结构现状和需求调研报告　005
全媒体时代科学教育活动的设计与实施　569
全面解析文物藏品,“因人施讲”提升服务——铁路机车陈列讲解实践探析　822
全球农产品贸易与中国农产品国际竞争力研究　808

R

让博物馆活起来的几种模式分析　860
让孩子们在实验中找到学习的快乐　716
让科技教育回归生活——以科技馆内容建设为例　209
让科普活动更多面　430
让科普展览走出“殿堂”　169
让纸片飞（影视作品）　150
扰人耳目的玛瑙收藏　078
人类的语言有故事　078
人类实现飞天梦想的历程　789
人体跟腱受力演示设备（专利）　397
人体生物钟展示模型（专利）　397
人与健康　187
认识宇宙的艰难历程　189
日本的研究者参与科学传播的情况评述　147
如何打造新一代创新型、可持续发展科技馆　461
如何提升观众对科技馆的满意度　210
“软”“硬”兼修，充分发挥好科技馆展教功能　397

S

赛复科学探梦丛书——水果可以发电吗　169
赛复科学探梦丛书——眼见一定为实吗　169
三次轰炸大小河岛作战启示　879
三种探究形式的比较——美国探索馆探究式教育活动案例分析　148
色觉疲劳演示系统（专利）　528
纱幕幻象系统（专利）　1272
山地动物观察记　078
山东金翅岭金矿成矿构造及应力场研究　1005
山水“盆景”——天河潭　992
山西地质发展史浅说　1019
山西地质趣谈　1019
山西分水文化探析　860
山西科学讲坛系列光盘　210
山西人文地质　1019
山西省科学技术馆简讯*　210
山西省煤炭资源图集　1023
山西王莽岭国家地质公园地貌景观特征及其成因研究　1004
山西永和黄河蛇曲国家地质公园地质遗迹资源特征及评价　1019
陕西科学技术馆 2014 工作回顾*　617
陕西科学技术馆工作简讯*　617
善用“化学武器”的胜红蓟　078
上海地区标本害虫的习性及其防治　168
上海科技馆馆刊*　170
上海科研机构向公众开放情况调研分析　168
上海市科技竞赛获奖青少年发展状况调查研究　169
上海市生物多样性示范——2013 年越冬水鸟监测报告　168
上海自然博物馆 LEED 认证能源优化策略　168
上海自然博物馆工程建设与管理　169
上海自然博物馆与地铁 13 号线共建工程的建设对策　169
上天之触　169
舌尖上的极地（影视作品）　678
设计科学教育活动，提升科普基地能力——以重庆自然博物馆为例　117

社区居民科学生活手册　233
深空激光通信中环境对激光捕获的影响　266
深切怀念陈文华先生　807
神秘的钻石　078
神奇的科学——声音的速度　150
神奇的土龙——扬子鳄　169
神奇的液氮（影视作品）150
沈阳科学宫简报*　249
生活里的科学　169
生活中的科学——食品安全　491
生态补偿专刊*　982
生物学杂志*　397
诗酒香茗——茶酒文化　807
湿地博物馆营造中的场所精神与自然之势力　1271
湿地场馆科普教育现状分析及发展对策　939
湿地场馆研究职能的发挥——中国湿地博物馆的展览与实践　939
湿地南海　955
湿地探悉　087
石——中国地质博物馆地质遗迹标本采集与购置项目成果精品选之一　993
十届航展磨剑　十八岁成人献礼　879
实物地质资料管理动态与研究*　1005
实物地质资料管理体系初探　1005
实物地质资料论文选编（3）1005
实物地质资料筛选的必要性　1005
实物地质资料数字化与可视化展示方法　1005
食品安全问题（科普挂图）417
史前石农具探析　807
世界地球日“科普宣传活动”　992
世界电影发展报告——北京国际电影节　848
世界电影发展报告——上海国际电影节　848
世界电影发展报告——中国金鸡百花电影节　848
世界科技馆教育活动的发展趋势研究　149
世界科技馆展览的发展趋势与启示　148
市场信息业务知识培训专刊　807
守护家园——甘肃省地质灾害预防宣传片（影视作品）1114
守护家园——甘肃省地质灾害预防知识手册　1114
首尔攻略　343
数字博物馆解决方案初探　879
数字化监控系统在华南虎驯养繁殖研究中的实践　1147
数字科技馆对科普事业的重要作用　198
谁来拯救鲸　078
水境界*　910
水母生物学性状综述　664
水源热泵 + 冰蓄冷复合型中央空调系统的运行分析　343
水族馆大型海水鱼类混养池鱼病防治小结　721
朔方科普夕拾　1129
四川第一条铁路——北川铁路　821
四川科博场馆*　584
四川盆地上三叠统木化石新发现及其古气候意义　108
四川省科博协文集　1250
四大怀药和虚拟太极拳（影视作品）477
松花江流域农业结构的演化规律与调整策略　807
宋代的因灾捐助　807

T

谈临时展览开发设计与资源共享的几点意见　198
探访乌邦　087
探索*　357
探索“四化”工作法，以“四化”贯穿群众工作　1098
探索以特色科普活动推进科技馆科普传播之路　210
探寻动物的踪迹　078
探寻恐龙足迹　078
探寻润物细无声的科学教育方式　147
梯度下降法标定三轴加速度计研究　182
天安门地区井盖　914
天津科技传播*　190
天坛公园的鸟精灵　078
天文爱好者*　774
天文爱好者增刊*　774
天文科学校本课程——在天文活动中深化推广　190
铁道博物馆机车车辆类文物展品展览效果提升初探　822
铁路博物馆文物藏品征集之我见　822
铁路行业博物馆文化产品设计研发机制初探——从台北故宫“‘朕知道了’胶带”说起　822
通道式台风体验装置（专利）1284
童心未免鸟宛转，上不够的鸡公山　087
统筹规划　推动地方科技馆建设　551
投影机固定架（专利）1260
投影机固定架（专利）1260
图说我们的价值观（科普挂图）417
图说中国铁道博物馆珍贵文物（第一、二辑）823、917

索引

图像展示系统（专利） 886
土地科普知识手册 1130
土地整理是甘肃省土地资源可持续发展的必然选择 1113
土地政策如何促进城市建设 992
土壤水分条件对燕子掌抗氧化系统的影响 087

W

挖掘场馆外自然和社会资源，创设科学探究情境 275
外投球投影系统（专利） 1272
完善高校科学教育专业实践性课程的新途径 167
玩转科学，快乐无限之亲子趣味小实验 386
晚清山西茶商之运销行为 808
万千变幻任我循——走进科技馆 169
网络科技馆对科普事业的重要作用 198
网络科普的探究与可持续发展 190
网络科普在科技馆科普创新中的作用 148
网络时代下科技馆发展初探 147
网络时代志愿者价值及服务内涵初探——基于浙江省科技馆志愿者服务情况 329
“微”力无边——打造科技馆微博营销的实战能力 430
未来的未来，太空武器长什么样 147
《未来更美丽》MV（影视作品） 559
温度和水流对八斑唇腕水母生长发育的影响 664
文化建设视域下科技馆的创新发展 181
文物修复研究 2012—2014 809
我的家乡青海湖 1144
我国博物馆与学校合作的历史进程 168
我国科技馆教育的实践困惑与理论“盲区” 148
我国科技馆教育活动能力问题分析与发展对策 148
我国科技馆系统专业人才队伍建设研究 149
我国科普电影产业的市场机遇与发展建议 149
我国人工繁殖濒危野生动物放归野外现状 087
我军飞机机徽初考 879
《我们的竹林》儿童双语绘本 097
乌海青少年之窗 * 226
无边界的抵达——中国地质博物馆教育活动特征探析 992
无线数据传输系统硬件电路设计 438
五大连池市太平乡硅化木化石点的开发与保护 1036
《五年之路》画册 528
五水共治与宁波水文化的保护利用 860
武汉长江大桥 822
物理学界的音乐“发烧友” 148
“物联网芯片制造过程质量检测系统研究与开发”宣传片（影视作品） 545
雾霾是什么 491

X

西北冰洋表层沉积物中介形虫组合的分布与水深关系初步研究 168
西溪国家湿地公园大型底栖无脊椎动物生物多样性研究 939
西医从业人员科学素养测评研究 181
西侏罗纪紫萁根茎化石新材料（Ashicaulis wangiisp. nov.）及古生物地理学和演化意义 107
犀牛角只有长在犀牛头上才有用 078
细菌大作战（影视作品） 178、585
细菌大作战（影视作品） 457
细菌大作战（影视作品） 1240
细菌大作战漫画故事书 169
厦门科技馆培训中心 2014 年刊 * 430
厦门科技馆深度看展品图册 430
厦门科技馆通讯 * 430
现代农业发展与乡村旅游有机结合 808
小恐龙撬动大市场 1048
小龙甜品工房（影视作品） 1052
小龙虾——餐桌上的美味，梯田里的大害 078
小强的故事（影视作品）778 1158
小球轨迹演示器（专利） 413
小小科学家——能源的奥秘（教材） 500
小小科学家——神秘的空气（教材） 500
小小科学家——生命科学（教材） 500
校内外教育衔接机制下未成年人科学素质的培养和提高 551
《携手关爱 共同行动》——中小学动物与自然保护教育课程实用册 097
新技术、新媒体让科技馆更好“玩” 189
新疆宝石资源 1134
新疆优势的矿产资源 1134
新媒体技术在纪念馆工作的应用 500
新媒体时代的科普传播新途径 209
新媒体是科学传播的新战场 1244
新媒体与博物馆发展 169
新媒体在馆校结合科学教育中的应用 569

新时期博物馆生态景箱展示功能再思考——以美国纽约自然历史博物馆为例　169
新时期治水理念与浙江水文化遗产的保护利用　860
新意识与博物馆可持续发展——以中国铁道博物馆科普资源开发及利用为例　822
新闻报道与上海科技馆形象建构　169
新形势下科普场馆发展的制约因素分析　210
新形势下自然科学博物馆应突出以人为本的讲解特点　1114
新中国百位女性第一与中国梦　868
信息图在科普网站的应用实践和思考　149
星空音乐会（影视作品）　1158
形状各异的鸟喙　078
熊猫传奇之熊猫与巨猿（影视作品）　1155
熊猫与巨猿（影视作品）　163
虚拟技术在浙江省科技馆中的运用　329
绚丽多彩的宝石世界——天然珠宝玉石科普知识100问　1045
学龄前儿童科普教育活动的实践及思考　821
学校科普剧创作与表演的基本思路　293
雪域藏羚羊（影视作品）　1225

Y

延拓科技的语言——新媒体时代下科技馆的发展思考　148
岩羊（影视作品）　174
演示用的显微镜载物台（专利）　528
养育华夏儿女的五谷杂粮　808
野象在呼唤　079
野鸭湖——春季鸟类迁徙的重要停歇地　946
液晶显示技术演示装置　266
一例班海豹疑似瘟病毒继发急性细菌感染的诊治　699
一例绿海龟颈背部皮下肿瘤切除手术　694
一拖二电动缸动感座椅（专利）　1260
一种摆锤摇椅（专利）　1295
一种多媒体展示台（专利）　1260
一种多自由度环保纸拼装仿人机器人（专利）　1292
一种集成了智能家居系统的机器人（专利）　1292
一种具有图像识别系统的猜拳机器人（专利）　1292
一种看台承重结构（专利）　1261
一种穹顶框架结构体系（专利）　1260
一种圈梁结构（专利）　1261
一种热力水车（专利）　413
一种室内汽车模拟驾驶装置（专利）　1272
一种双卡扣链接装置（专利）　1261
一种越冬蛇笼（专利）　1147
一种展示箱（专利）　413
依托“居里夫人的科学课”开展场馆科学教育的实践与思考　466
移动互联网来了，科技馆能做什么？　343
移动互联网下地方科技馆网络科普之路初探　397
以“学生实践体验素材”为载体的馆校合作模式初探　149
以标准化为抓手　提升景区综合效益　946
以教育项目为载体的科技馆青少年教育研究　343
以郑州科技馆的科普活动为例浅析馆校结合策略下的场馆教育　466
音乐的微博传播特征与实践　147
音乐墙科普设备（专利）　397
英国农业科技人员管理的特点及其启示　808
影博・影响*　848
用于SPE的醋酸纤维素薄膜在抛光木化石鉴定中的新应用　108
优化政府公共管理绩效，推动科普场馆事业发展　181
由学习单分析科技馆展品的基本特征与教育属性　149
幼龄华南虎三种哺乳方法结果初报　1147
鱼龙勇士（影视作品）　1182
宇航员的健康难题　148
羽龙传奇（影视作品）　457
羽龙传奇（影视作品）　1240
羽人竞渡——宁波发展史话　860
元朝八思巴文字及其影响　807
圆翼传奇　879
月球属于全人类吗？　147
“月全食——红月亮”科普报告　792
越南广宁省晋磨锑矿床变质岩岩石学特征及原岩恢复　1005
越南广宁省晋磨锑矿床流体包裹体和氢氧同位素地球化学研究　1004
粤北华南虎与虎文化　1147
云蒙山脊椎动物考察记　078
运用互联网理念，大力发展网络科普　147
恽毓鼎铁路思想研究　821
恽毓鼎与四川保路运动　821

Z

在科普工作中角色转换方法的应用　438

咱龙江人的科技馆* 284
扎实开展“科技馆活动进校园”工作 倾力打造特色科普活动品牌 493
詹天佑批阅的《汉粤川铁路借款合同》 821、917
詹天佑使用的象牙名章 821
展示柜（专利） 413
张荫桓发配新疆缘由考 821
沼气发酵在麋鹿苑中的应用展望 087
照片背后的故事——毛主席纪念堂竣工合影 914
浙江发现重要外来入侵物种——尖膀胱螺 939
整合科普场馆人力资源 提升科普“软实力” 210
整合科普资源走创新发展之路——以南京科技馆为例 303
正确的校外科技教育方式与青少年创新能力培养 645
知识爆炸的信息时代科普工作需要更多科学家参与 168
志愿者服务体系建设的实践与思考 190
制度分析视角下的中国馆校合作 168
质朴无华 千古流韵——传统农具 807
治水石刻词语研究 862
智能化交通模拟演示装置（专利） 1272
智能终端导览系统在科普场馆中的应用 209
中国“国蝶”金斑喙凤蝶 939
中国兵马俑（影视作品） 1275
中国传统的时尚意味 867
中国传统农具 807
中国电信年鉴* 816
中国古代农业科技史——传统农具 807
中国古代农业科技史——女织篇 808
中国古代农业科技史——饮料篇 807
中国古代农业科技史——园艺篇 808
中国古代农业科技史——种植篇 808
中国杭州低碳科技馆简报* 343
中国煤炭工业科学技术志 845
中国煤炭实物标本资料库体系建设与认识 1004
中国梦·科技梦——核科学技术展特刊* 150
中国梦·科技梦——中国互联网20年展特刊* 150
中国农业通史 814
中国农业文化遗产保护与开发简论 807
中国铅锌矿产资源现状及其实物地质资料筛选（摘要） 1004
中国湿地科教育论文集 1271
中国湿地科普论文集 939
中国湿地文化略览 939
中国书法发展史与创新之路探讨 551
中国特色现代科技馆体系建设探析 198
中国特色现代科技馆体系下科技馆科普商店能力提升初析 397
中国特色现代科技馆体系下科普展教资源能力建设问题研究 149
中国铁道博物馆通讯* 823
中国铁矿石进口市场结构与需求价格弹性分析 1083
中国西部科学院叠溪地震调查及其著述《四川叠溪地震调查记》 117
中国园林博物馆规划建设的实践与探索 886
中国园林博物馆建设中建筑垃圾处理及再利用 886
中国园林博物馆片石山房展园营建研究 886
中国园林博物馆染霞山房展园营建研究 886
中国园林博物馆展陈体系与相关技术研究 891
中国园林博物馆展陈系统与相关技术研究 886
中国园林博物馆展览陈列设计与实施 886
中国园林的本质 886
“中国古代科学技术”在科技馆展示之思考 148
“中国互联网20年”主题展览的创新探索 148
中华大典·天文典·天文分典 169
中华农业文明的早熟、融合发展与再生性 808
中华全国铁路协会本部职员写真册 822
中央地质调查所抗战内迁北碚史实 117
中原科技文化遗产* 459
珠宝首饰营销教材 1083
专业科技博物馆“十三五”规划研究专题报告 053
转基因作物：欧洲与大西洋彼岸的分歧 808
自然博物馆的绿色使命及其可持续建设初探 168
自然博物馆的生态文明教育 169
自然博物馆露天展区面向中小学生的解说体系研究 1099
自然博物馆提升公民科学素养机制研究 1099
自然科学与博物馆研究 079
自然体验营 293
自然与科技* 170
总有一丝温暖在心中 992
走进黑洞（影视作品） 778、1157
走进山西地质博物馆 1019
走近互联网（影视作品） 150
走近科学* 275
座椅（博涛动感）（专利） 1261
做好科技馆基本建设工作应注意的几个问题 198

特效影院索引

4D 影院——青海科技馆　1224
4D 影院——本溪地质博物馆　1177
360 度球幕飞行体验馆　1260
360 度球幕飞行影院　1259
3D 剧场——北京天文馆　1157
3D 流动影院　438
3D 数字影院——东莞科技馆　1216
3D 数字影院——陕西科技馆　616
3D 小电影——流动科普设施　507
4D 动感影院——东莞科技馆　1216
4D 动感影院——江苏科技馆　1182
4D 动感影院——内蒙古科技馆　1168
4D 动感影院——深圳宝安科技馆　1211
4D 动感影院——重庆科技馆　576、1220
4D 科普剧场——北京天文馆　1157
4D 科普影院——襄阳市科技馆　1205
4D 影厅——中国煤炭博物馆　839
4D 影院——广西科技馆　1217
4D 影院——黑龙江省科学技术馆　1179
4D 影院——湖南省科学技术馆　1208
4D 影院——江西省科技馆　1196
4D 影院——临沂市科技馆　1201
4D 影院——厦门科技馆　427
4D 影院——沈阳科学宫　1171
4D 影院——四川科技馆　578
4D 影院——盐城科技馆　1185
4D 影院——中国科学技术馆　1153
4D 影院——中国湿地博物馆　934
5D 动感影院——新疆科技馆　644
IMAX 巨幕影院——重庆科技馆　1220
IMAX 球幕影院——东莞科技馆　1215
XD 动感影院——山西省科技馆　1166
动感立体影院——临沂市科技馆　1202
动感影院——安徽省科技馆　1194
动感影院——中国科学技术馆　1153
飞行影院——厦门科技馆　427
观光塔穹幕影院——中国湿地博物馆　934
互动立体影院——临沂市科技馆　1202
环幕 4D 影院——贵州科技馆　1222
环幕电影厅——中国航空博物馆　881
环幕影院——临沂市科技馆　1202
金石滩球幕体验馆　1174
巨幕 /4D 二合一影院——甘肃科技馆　629
巨幕影院——中国科学技术馆　1153
巨幕影院——重庆科技馆　576
流动 4D 影院——流动科普设施　633
流动 5D 影院——流动科普设施　633
流动球幕影院——流动科普设施　633
穹幕影院——江西省科技馆　1196
穹幕影院——山西省科技馆　1166
穹幕影院——盐城科技馆　1185
球幕立体宇宙剧场——北京天文馆　777、1157
球幕影院——甘肃科技馆　629
球幕影院——广西科技馆　1217
球幕影院——黑龙江省科学技术馆　1179
球幕影院——湖南省科学技术馆　1208
球幕影院——临沂市科技馆　1201
球幕影院——宁波科学探索中心　1191

球幕影院——青海科技馆　1224
球幕影院——山东省科技馆　445
球幕影院——深圳宝安科技馆　1211
球幕影院——沈阳科学宫　1171
球幕影院——中国科学技术馆　1153
数字立体巨幕影院——杭州低碳科技馆　1188
数字立体巨幕影院——内蒙古科技馆　1168
数字球幕影院——杭州低碳科技馆　1188
数字球幕影院——内蒙古科技馆　1168
星恒影院——青海科技馆　1224
移动球幕影院——流动科普设施　507
宇宙剧场——河北省科学技术馆　1164
宇宙剧场——天津科学技术馆　1162